财经院校通识教育核心课程系列教材

大学语文

（第二版）

DAXUE YUWEN

主编 方琦 副主编 伍韧 黄益倩

西南财经大学出版社

图书在版编目(CIP)数据

大学语文/方琦主编 .—2 版 .—成都:西南财经大学出版社,2018. 8
(2019. 8 重印)
ISBN 978-7-5504-3409-7

Ⅰ. ①大… Ⅱ. ①方… Ⅲ. ①大学语文课—高等学校—教材
Ⅳ. ①H193. 9

中国版本图书馆 CIP 数据核字(2018)第 046273 号

大学语文(第二版)

主　编　方琦

副主编　伍韧　黄益倩

责任编辑:朱斐然

封面设计:穆志坚

责任印制:朱曼丽

出版发行	西南财经大学出版社(四川省成都市光华村街 55 号)
网　　址	http://www. bookcj. com
电子邮件	bookcj@ foxmail. com
邮政编码	610074
电　　话	028-87353785
照　　排	四川胜翔数码印务设计有限公司
印　　刷	郫县犀浦印刷厂
成品尺寸	185mm×260mm
印　　张	18. 75
字　　数	420 千字
版　　次	2018 年 8 月第 2 版
印　　次	2019 年 8 月第 2 次印刷
印　　数	2001— 4000 册
书　　号	ISBN 978-7-5504-3409-7
定　　价	38. 00 元

序

当前，中国特色社会主义建设已经进入了新时代。这是一个承前启后、继往开来、在新的历史条件下继续夺取中国特色社会主义伟大胜利的时代，是决胜全面建成小康社会进而全面建设社会主义现代化强国的时代，是全国各族人民团结奋斗、不断创造美好生活、逐步实现全体人民共同富裕的时代，是全体中华儿女勠力同心、奋力实现中华民族伟大复兴中国梦的时代，是我国日益走近世界舞台中央、不断为人类做出更大贡献的时代。从国内来看，我国社会主要矛盾已经转化为人民日益增长的美好生活需要和不平衡不充分的发展之间的矛盾，人民空前团结，在21世纪中叶把我国建设成为社会主义现代化强国的热情日益高涨，信心越来越足。从国际来看，一方面，以网络信息科技、生命科技和人工智能为代表的现代科学技术突飞猛进，正日益改变我们的生活；另一方面，经济全球化、构建人类命运共同体的浪潮和贸易保护主义、极端思潮、逆全球化浪潮激烈博弈，多元文化主体既相互融合又激烈冲撞的现实，给人类发展带来了更大的挑战。伟大的时代需要高素质的人才。在这样一个伟大的变革发展时代，高校通识教育如何跟上时代的步伐，如何才能为我们人类培养出优秀的、符合时代精神的人才，是全球每一所高等院校都必须面对的重大课题。

在古代中国，通识教育的思想，源远流长。《易经》有言“君子多识前言往行”；《中庸》认为，做学问应“博学之，审问之，慎思之，明辨之，笃行之”。古人一贯认为博学多识就能融会贯通，明晓事理。《淮南子》中说“通智得而不劳”。《论衡》中说“博览古今为通人”。通识教育可以产生通才，即博览群书，知自然人文，知古今之事，博学多识，通权达变，通情达理，兼备多种才能的人。

在古代西方，通识教育思想同样也很古老，亚里士多德主张“自由人教育”，他因对话式、散步式、讨论式多学科教育思想而被称为吕克昂式逍遥学派的代表。柏拉图在他的《理想国》中也把体育训练和文化课程认定为教育的必修课程。他认为：身体训练是核心，关系学生对生命的认知；文化课程则包括算术、平面几何和立体几何、天文、辩证法、文法和修辞。伴随着工业革命的进程，纽曼倡导的博雅教育，则主张培养博学多才、行为优雅的人。

在现代教育中，由马修·阿诺德倡导的现代大学“通识教育”影响广泛，逐步得到世界知名大学的认同。例如，较早开展自由教育的耶鲁大学倡导学生选修人文艺术课程；哈佛大学则在通识课中极力打造通识核心课程，在教育计划中倡导文理交叉；北京大学的“通识教育文库”与芝加哥大学的“名著课程计划”在通识教学中有异曲同工之妙，这些课程都试图把“全人类的文明经典”介绍给学生。台湾大学、台湾辅仁大学、香港中文大学等，在通识教育中，也试图增加学生知识的广度与深度，拓展学生视野，使学生兼备人文素养与科学素养，把学生培养成“全面发展的人”。

“大学语文”是我国高校普遍开设的人文类基础性课程，同时也是新入学学生通识教育中的一门核心课程。设立本课程的目的，是为了更好地贯彻通识教育的理念。

中外文学源远流长，世界文明的多元化发展已孕育出无数的文学瑰宝。各民族在数千年岁月里都产生过杰出的文学大师和众多名家名著。人们珍爱这些作家和作品，是因为优秀的文学作品体现了人类对客观世界的认识，显示了人类成长的精神轨迹，并给世世代代的人们以丰富多元的精神食粮和失落无助时的情感慰藉。

本课程充分发挥文学学科的人文性特点，以祖国悠久的文学文化精品为主要讲授内容，同时也讲授西方部分传统文学精品。并力求通过课程教学，把人类优秀的人文素质内化为学生的人格、气质和修养，成为学生生命意识中相对稳定的内在品质。本课程是对古今中外优秀传统文学文化精品内容的升华与总结，它能够提高当代大学生汉语言文学方面的阅读、理解、欣赏、表达和写作能力，同时也能够提升学生的思辨能力和文学感悟能力。它对于陶冶当代大学生的人文性情，提升学生们的文化素养，拓宽学生们的视野具有明显的作用。本课程能够使当代大学生在毕业后更加适应当代人文科学与自然科学日益交叉渗透的发展趋势，为学生今后走向社会，参与市场竞争，参与全球化建设，参与多元文化交流，为中华民族伟大的复兴梦，为全球命运共同体建设打下人文精神基础。

教材编写组

目　录

1　**中国古代文学**

1　**精读部分**

1　诗经（三首）
伯兮　黍离　七月
9　礼记·大学（节选）
11　左传·宫之奇谏假道（节选）
13　战国策·司马错论伐蜀
15　老子（三章）
道可道　上善若水　曲则全
20　庄子　秋水（节选）
23　屈原　九歌·湘君
26　李斯　谏逐客书
30　司马迁　史记·刺客列传（节选）
37　晁错　论贵粟疏
41　桓宽　盐铁论·错币第四
45　王粲　登楼赋
47　刘勰　文心雕龙·神思
52　刘义庆　世说新语（两篇）
54　李白　行路难·其一
56　张若虚　春江花月夜
58　白居易　长恨歌
63　刘禹锡　西塞山怀古
65　晏殊　蝶恋花（槛菊愁烟兰泣露）
67　秦观　踏莎行（郴州旅舍）

70 李煜 清平乐(别来春半)
72 苏轼 留侯论
76 王安石 答司马谏议书
79 汤显祖 牡丹亭·惊梦
85 罗贯中 三国演义·曹操煮酒论英雄

88 **泛读部分**
88 山海经(三则)
精卫填海 夸父逐日 黄帝战蚩尤
90 淮南子(二则)
女娲补天 后羿射日
92 左传·郑伯克段于鄢
96 孙武 孙子·谋攻
99 礼记·大同
101 孔子 论语(节选)
103 墨子 墨子·公输
105 韩非子 五蠹(节选)
112 屈原(楚辞二篇)
九章·哀郢 渔父
117 班固 汉书·苏武传(节选)
122 汉乐府民歌(二首)
上邪 十五从军征
125 古诗十九首(三首)
行行重行行 迢迢牵牛星 明月皎夜光
130 江淹 别赋(节选)
133 刘勰 文心雕龙·知音
137 李煜 乌夜啼(林花谢了)
139 陈子昂 登幽州台歌
140 王勃 送杜少府之任蜀川
142 岑参 走马川行奉送封大夫出师西征
144 王昌龄 长信秋词五首(其三)

146 李颀 古从军行
148 李白（诗五首）
古风（大车扬飞尘） 子夜吴歌 秋浦歌（十四）（十五）
宣州谢朓楼饯别校书叔云
152 杜甫（诗四首）
丽人行 春望 春夜喜雨 闻官军收河南河北
156 孟浩然 过故人庄
157 白居易（诗二首）
杜陵叟 钱塘湖春行
159 李贺（诗二首）
雁门太守行 金铜仙人辞汉歌并序
161 柳永 雨霖铃（寒蝉凄切）
163 苏轼（词二首）
江城子（十年生死两茫茫） 江城子（密州出猎）
166 秦观 鹊桥仙（纤云弄巧）
168 陆游 钗头凤（红酥手）
170 李清照（词二首）
点绛唇（蹴罢秋千） 渔家傲（天接云涛连晓雾）
172 辛弃疾 水调歌头（舟次扬州和人韵）
174 韩愈 张中丞传后叙（节选）
178 王实甫 西厢记·长亭送别
183 曹雪芹 红楼梦·抄检大观园

189 **中国现当代文学**

189 **精读部分**
189 沈从文 萧萧
200 张承志 荒芜英雄路
206 贾平凹 秦腔

212 **泛读部分**
212 郭沫若 地球，我的母亲（节选）

217 艾青(诗二首)
北方 雪落在中国的土地上
226 朱自清 桨声灯影里的秦淮河
233 钱钟书 论快乐
236 舒婷 致橡树

239 **外国文学**

239 [美]杰罗姆·大卫·塞林格 麦田里的守望者(节选)
251 [英]莎士比亚 哈姆莱特(节选)
256 [法]罗曼·罗兰 约翰·克利斯朵夫(节选)
264 [印]罗宾德·拉纳特·泰戈尔 吉檀迦利(节选)
269 [英]萧伯纳 华伦夫人的职业(节选)
279 [俄]列夫·尼古拉耶维奇·托尔斯泰 复活(节选)
284 [英]亚当·斯密 国富论·商品的真实价格和名义价格(节选)

290 **后记**

中国古代文学

[精读部分]

诗　经（三首）

[题解]

《诗经》是我国最早的一部诗歌总集，汇编了从西周初年到春秋中叶五六百年所产生的诗歌，分为风、雅、颂三类。

颂有周颂、鲁颂、商颂，共40篇，为宗庙祭祀乐歌，主要产生于西周前期社会兴盛时。颂诗歌颂先王的功业、美化开国者的完美品格、膜拜上天的仁德和无上权威，祈求国运长久、五谷丰登等。

雅分为大雅、小雅。大雅31篇，全部是西周作品，主要是朝会乐歌，应用于诸侯朝觐、贵族享宴及君王征伐。小雅74篇，基本上是西周后期作品，其中，针砭时政的讽谏怨刺之作较有价值。

风，又称国风，160篇，是15个诸侯国和地区的民间歌诗，各以其所在国和地区命名。其中小部分是西周后期作品，大部分是东周前期作品，社会各阶层都参与了国风的创作。国风多数是抒情诗，内容广泛，多描写男女恋情、夫妻离别与相思，劳作与日常生活也有所涉及。

《诗经》题材十分广泛，反映了当时社会生活的各个方面，其多数作品深刻反映现实，关心国家存亡、社会兴乱和人民疾苦。

《诗经》在汉语发展史上的地位也非常重要，它反映了周初到春秋中叶文学语言的真实面貌，具有丰富的词汇。在研究上古词汇和音韵方面，它是极重要的资料。

《诗经》在先秦时只称为"诗"，在汉代时儒家将其奉为经典，才称为"诗经"。

《诗经》在艺术方法上有开创之功，如赋、比、兴三种基本艺术表现方法广为后世承袭。

卫风·伯兮

[题解]

本诗描写妻子思念出征打仗、久不归家的丈夫，感情深厚，描写细腻。创作年代应为东周初年，其时东周王室虽托庇于诸侯，但周王尚有一定的地位，王师尚有相当的力量。周王多次征召郑、卫、宋、秦、陈、蔡诸侯军队抵御外族入侵或者讨伐诸侯。

伯兮朅兮[1]，邦之桀兮[2]。伯也执殳[3]，为王前驱。
自伯之东[4]，首如飞蓬[5]。岂无膏沐[6]，谁适为容[7]。
其雨其雨，杲杲出日[8]。愿言思伯[9]，甘心首疾[10]！
焉得谖草[11]，言树之背[12]。愿言思伯，使我心痗[13]！

（选自上海古籍出版社 1979 年出版的朱东润《中国历代文学作品选》第一版）

注释：

1. 伯：兄弟姐妹中年长者称伯，此处指其丈夫。朅（qiè）：健壮英武貌。

2. 桀：通作杰，杰出的人。

3. 殳（shū）：梃棍之类的兵器，较长，无刃。

4. 之：往。

5. 首如飞蓬：头上的乱发如飞散的蓬草。蓬：一种野生植物，枯后常在近根处折断，遇风飞旋，故称飞蓬。

6. 膏：润发的油脂。

7. 适（dí）：马瑞辰释为悦（《毛诗传笺通释》）。容：容貌。谁适为容：修饰容貌是为了取悦谁呢？

8. “其雨”两句：杲（gǎo）杲，日出明亮。《郑笺》：“人言其雨其雨，而杲杲然日复出。犹我言伯且来，伯且来，则复不来。”

9. 愿：念念不忘。言：语助。

10. 甘心首疾：犹言苦心疾首。首疾：倒文以协韵。甘与苦相反以为义。一说，疾，痛。这句意谓，虽头痛也心甘情愿。

11. 谖（xuān）草：即萱草，古代以为此草可以使人忘忧，故又名忘忧草。

12. 背：通北，指北堂，即后庭。

13. 痗（mèi）：病。心痗：忧思成病。

[提示]

本诗的作者是一位贵族妇女，作为军人的妻子，她在诗中所抒发的情感很有代表性。她既为出征的丈夫感到自豪、骄傲，同时又为丈夫担忧。两种情绪交织体现其内心的矛盾。

诗歌必须有真情实感，但诗人并非都可以尽情抒发。本诗体现了中国古典美学所提倡的“乐而不淫，哀而不伤”之美。诗人对亲人的强烈感情经过责任感的过滤，而变得柔婉，担忧的恐惧、思念的痛苦，没有化为激烈的怨愤。本诗的情感表现成为后世同类诗歌的典范，影响深远。

第一章骄傲自豪之情与第二章担忧思念之情相呼应。第二章暗伏的情感自然转折，无心打扮，丈夫是唯一思念对象，思念之情油然而生，自然地转入三、四章的忧思痛苦的情绪。

在表现手法上，赋与兴相结合，使情感表达既淋漓尽致又委婉含蓄，让人回味无穷。

思考与练习：

1. 你怎样看待“士为知己者死，女为悦己者容”？

2. “兴”是《诗经》常用的艺术手法之一，谈谈本诗兴句的表意功能与表达效果。

3. 《诗序》说：“《伯兮》，刺时也。言君子行役，为王前驱，过时而不反焉。”你同意它的看法吗？

王风·黍离

[题解]

王在周代本指周王，这里指东周时周王统治的地区。公元前770年，周幽王死，平王即位。因周故地丰京、镐京一带残破不堪，加上北方游牧民族的侵袭，平王迁都于雒邑（今河南洛阳），史称东周。

平王东迁对中国文学史影响巨大，从此《雅》诗不再创作，《风》诗大量产生。《王风》从地理上讲是王城之歌，从政治上讲已无《雅》诗那种忧怀国事、关心王室的精神，代之而起的是对个人情感的关怀与抒发，所以称之为《风》。

关于此诗的作者，《诗序》认为是周大夫，周大夫行役至此，看见西周的宫室残败，忧愤伤感而写下这首诗。而现代的一些研究者认为此诗是一个流浪汉在抒写其思乡之情。

彼黍离离[1]，彼稷之苗[2]。行迈靡靡[3]，中心摇摇[4]。知我者，谓我心忧。不知我者，谓我何求[5]。悠悠苍天[6]，此何人哉[7]？

彼黍离离，彼稷之穗。行迈靡靡，中心如醉。知我者，谓我心忧。不知我者，谓我何求。悠悠苍天，此何人哉？

彼黍离离，彼稷之实。行迈靡靡，中心如噎[8]。知我者，谓我心忧。不知我者，谓我何求。悠悠苍天，此何人哉？

（选自上海古籍出版社1979年出版的朱东润《中国历代文学作品选》第一版）

注释：

1. 黍：即小米。离离：整齐、茂盛的样子。

2. 稷：高粱。

3. 行迈：指远行。靡靡：迟迟，指行走缓慢。

4. 中心：心中。摇摇：忧苦不安。《毛传》：“摇摇，忧无所愬（诉）。”

5. 谓我何求：说我久留下去，有什么要求呢。

6. 悠悠：遥远。

7. 此何人哉：这种悲痛是何人造成的呢？

8. 噎（yē）：咽喉闭塞，不能喘息。

[提示]

《王风·黍离》一诗首先描绘了一幅宫阙残破、禾苗繁茂的景象。满目所见，已没有了昔日的城阙宫殿，没有了钟鸣鼎食的气象，更没有都市的繁华热闹，只有碧绿的黍苗在茂盛地生长。目睹此景象，诗人徘徊彷徨，不忍离去，忧愤之情淤积于胸，禁不住发出悲怆的呼喊。

诗人这样强烈的痛苦，一定与社会环境和个人际遇有着密切的关系，即有着深刻的背景原因。但是诗歌没有提供更多可供分析的内容，因此从古至今，对于此诗的作者与意旨争议颇多。在古代，较有代表性的看法是《诗序》讲到的：“黍离，闵宗周也。周大夫行役至于宗周，过故宗庙宫室，尽为禾黍。闵宗周之颠覆，彷徨不思去，而作是诗也。”今人论此诗，较有代表性的是郭沫若，他认为是旧贵族为家庭的破产悲伤而作。另外还有余冠英的“流浪汉诉述思乡忧思”，蓝菊荪的“爱国志士忧国怨战”的说法，都有一定影响。

诗中除了黍和稷是实在的物象外，其余都是虚境，使读者难以真正窥见诗人的意旨，但诗歌所表现的沧海桑田、世事变迁的感慨与伤感之情还是可以让人体会到的。

透过黍和稷的具象描写，我们看到的是一个孤独的思想者的形象，他的那种冲破时空限制的思考，震撼了众多读者的心灵。

此诗在艺术表现上重章叠唱的特点非常鲜明。全诗三章只换了六个字，每章后四句一字未换。这种重复的词句、回旋往复的旋律表现了诗人悠长、深切的情思，情调悲凉、沉郁顿挫。

思考与练习：

1. 关于本诗的意旨有很多不同的看法，谈谈你自己的看法。

2. 谈谈诗中虚景的多义性及象征意义。

3. 从“彼稷之苗”“彼稷之穗”“彼稷之实”以及“悠悠苍天”等诗句体会诗歌的时空感。

[平行阅读]

扬州慢（节选）

姜夔

淮左名都，竹西佳处，解鞍少驻初程。过春风十里，尽荠麦青青。自胡马窥江去后，废池乔木，犹厌言兵。渐黄昏，清角吹寒，都在空城。

杜郎俊赏，算而今、重到须惊。纵豆蔻词工，青楼梦好，难赋深情。二十四桥仍在，波心荡、冷月无声。念桥边红药，年年知为谁生！

（选自上海古籍出版社 1978 年出版的胡云翼选注《宋词选》第一版）

豳风·七月

[题解]

豳（bīn）又写作邠，古地名，大约在今陕西栒邑县一带。周人始祖后稷率族人在黄土高原开始农耕。周人以农业立国，为寻找更适合农耕的土地，公刘率族人迁于豳地，此地所产生的诗歌就叫豳风。本诗是国风中最长的一篇，描写了周代早期的农业生产情况，详细地叙述了农夫在一年中所从事的农业劳动，涉及衣、食、住、行各个方面，较全面地展示了当时的社会风俗，有很高的史料价值。

七月流火[1]，九月授衣[2]。一之日觱发[3]，二之日栗烈[4]。无衣无褐，何以卒岁[5]？三之日于耜[6]，四之日举趾[7]。同我妇子，馌彼南亩[8]，田畯至喜[9]。

七月流火，九月授衣。春日载阳[10]，有鸣仓庚[11]。女执懿筐[12]，遵彼微行[13]，爰求柔桑[14]。春日迟迟[15]，采蘩祁祁[16]。女心伤悲，殆及公子同归[17]！

七月流火，八月萑苇[18]。蚕月条桑[19]，取彼斧斨[20]，以伐远扬[21]，猗彼女桑[22]。七月鸣鵙[23]，八月载绩[24]。载玄载黄[25]。我朱孔阳，为公子裳[26]。

四月秀葽[27]，五月鸣蜩[28]。八月其获[29]，十月陨萚[30]。一之日于貉[31]，取彼狐狸，为公子裘。二之日其同[32]，载缵武功[33]。言私其豵，献豜于公[34]。

五月斯螽动股[35]，六月莎鸡振羽[36]。七月在野[37]，八月在宇，九月在户，十月蟋蟀入我床下。穹窒熏鼠[38]，塞向墐户[39]。嗟我妇子，曰为改岁[40]，入此室处。

六月食郁及薁[41]，七月亨葵及菽[42]。八月剥枣[43]，十月获稻。为此春酒[44]，以介眉寿[45]。七月食瓜，八月断壶[46]，九月叔苴[47]。采荼薪樗[48]，食我农夫[49]。

九月筑场圃[50]，十月纳禾稼[51]。黍稷重穋[52]，禾麻菽麦。嗟我农夫，我稼既同[53]，上入执宫功[54]。昼尔于茅[55]，宵尔索绹[56]。亟其乘屋[57]，其始播百谷[58]。

二之日凿冰冲冲[59]，三之日纳于凌阴[60]。四之日其蚤[61]，献羔祭韭[62]。九月肃霜，十月涤场[63]。朋酒斯飨[64]，曰杀羔羊。跻彼公堂[65]，称彼兕觥[66]，万寿无疆[67]。

（选自上海古籍出版社 1979 年出版的朱东润《中国历代文学作品选》第一版）

注释：

1. 七月：夏历七月。周正建子，殷正建丑，夏正建寅。火：古读 huǐ，星宿名，即心宿。流：下。流火，火星渐向西下，是暑退将寒的时候。

2. 授衣：把制作衣服的工作交给人做。

3. 一之日：周历一月，即夏历十一月。以下二之日、三之日、四之日，顺序类推，即是二月、三月、四月。觱（bì）发（bō），寒风触物的声音。

4. 栗烈：凛冽，寒气逼人。

5. “无衣”两句：褐（hè）通“贺”，用细兽毛或粗麻编织成的短衣。卒岁：终岁。这两句大意说：没有衣服，怎样过冬。

6. 于耜（sì）：修耒耜。于：为，此处指修理。耒耜：耕具，相当于犁耙。

7. 举趾：指举足下地，开始耕种。

8. 馌（yè）：饮食，送饭。南亩：向阳田地。

9. 田畯：田大夫，农官。

10. 载：则。阳：温暖之意。

11. 仓庚：黄莺。

12. 懿筐：深筐，大篮子。

13. 遵：循，沿着。微行：小路。

14. 爰：同“于是”，在这里。

15. 迟迟：舒缓。这句说，春天日长。

16. 蘩（fán）：白蒿。可饲幼蚕。祁祁：众多。

17. 殆：危，危则可畏，引申为害怕。及：与。这两句意思说，采桑女心里伤悲，害怕自己被公子们拐去。

18. 萑（huán）：芦苇的一种，荻的别名。这句说，八月预备荻芦，供明年春天作蚕箔。

19. 蚕月：养蚕之月。条：此处作动词用。条桑：修剪桑枝。

20. 斧斨（qiāng）：斧头柄孔圆的叫斧，方的叫斨。

21. 远扬：指又长又高的桑枝。

22. 猗（yī）：《说文》：“掎，偏引也。”牵引的意思。女桑：嫩弱的桑枝。

23. 鵙（jué）：鸟名。《毛传》认为是伯劳。

24. 载：开始。绩：绩麻，拧成麻线。

25. 玄：黑色带红。玄、黄，都指染丝麻。

26. “我朱孔阳”两句：朱，红色，此处指红色的丝织品。孔：大。阳：鲜明。

27. 秀：禾类开花或结子叫秀。葽（yāo）通“腰”，植物名，即远志。

28. 蜩（tiáo）：蝉。

29. 获（huò）：收获。

30. 陨萚（tuò）：草木枝叶脱落。

31. 于貉（hé）：于，作动词，于貉，猎野兽皮毛为衣。《毛传》："于貉，谓取狐狸皮也。"

32. 同：会合。

33. 缵（zuǎn）：继续。武功：武事。此处指狩猎。

34. "言私其豵"两句：私，私有。豵（zōng）：小猪，泛指小兽。豜（jiān）：三岁大猪，泛指大兽。《毛传》："豕一岁曰豵，三岁曰豜。"公，公家，指公共所有。这两句说，猎得的小兽归私人所有，大兽献於公家。

35. 斯螽（zhōng）：动物名，蝗类。动股：指发出鸣声。相传斯螽以两股互相摩擦而发声。

36. 莎（suō）鸡：虫名，即纺织娘。振羽：振翅膀而发声。

37. 在野：指蟋蟀在野外。下文"在宇""在户"亦指蟋蟀所处方位。

38. 穹（qióng）窒（zhì）：把室中孔隙都塞住。《毛传》："穹，穷。窒，塞也。"熏鼠，用烟熏鼠类，使其无法存身。

39. 向：北窗。墐（jìn）：涂。墐户：用湿泥把门缝涂满。

40. 改岁：更改年岁，指过年。

41. 郁（yù）：植物名，果实像李子。薁（yù）：婴薁，一种野葡萄。

42. 亨：同烹。葵：冬葵，一种蔬菜。菽：大豆。

43. 剥：敲击。

44. 春酒：《毛传》有，"春酒，冻醪也"。陈奂说，"疑即今作白酒酿"。（《诗毛氏传疏》）又据马瑞辰说，"冬日酿酒，经春始成，故名春酒"。（《毛诗传笺通释》）

45. 眉寿：指长寿。长寿的人生有长眉，故称眉寿。这句说，以春酒祝人长寿。

46. 壶：葫芦。

47. 叔苴（jū）：拾麻子。叔，拾。苴，麻子，一种植物的种子，可食。

48. 荼（tū）：苦菜。樗（chū 初）：臭椿。薪樗：砍伐臭椿作柴火。

49. 食（sì）：通"饲"，把食物给人吃。

50. 筑场圃：把菜圃修筑为晒禾场所。《郑笺》："场圃同地。自物生之时，耕治之以种菜茹。至物尽成熟，筑坚以为场。"

51. 纳：收进谷仓。禾稼：庄稼。

52. 重穋（lù）：晚熟作物叫重，早熟作物叫穋。

53. 同：聚拢。指把谷物聚拢起来。

54. 上：通尚，尚且。宫功：室内劳动。这句说，还要从事室内劳动。

55. 于茅：割茅草。于：作动词。茅：即丝茅草。

56. 索绹（táo）：搓绳。绹：绳索。

57. 亟：同急。乘：登上。乘屋：登屋修缮。这句说，赶快上屋去从事修缮工作。

58. 这句说，要开始播种了。

59. 冲冲：凿冰声。

60. 凌阴：冰室。纳于凌阴，把冰放入冰室，藏冰备暑。

61. 蚤：同早，早晨。

62. 献羔祭韭：开窖取冰时，用羔羊韭菜祭祀寒之神。韭：即韭菜。

63. “九月肃霜”两句：据《毛传》说，肃霜，结霜而万物收缩；一说，同肃爽，指天高气爽。涤（dí）场：农事已毕，打扫禾场。

64. 朋酒：设两樽酒。《毛传》：“两樽曰朋。”

65. 跻：登上。公堂：公共场所；一说，指豳公之堂，也通。

66. 称：举起。兕（sì）觥（gōng）：兕牛角制成的酒器。

67. 无疆：没有疆界，就是无限的意思。

[提示]

这首长诗以史诗的笔法，描绘了一幅典型的男耕女织的风俗画，逐月地描写了周代早期劳动者的生活劳作场面。终年不息的劳作是繁忙辛苦的，可其中也有着劳动者朴实的情感：既有劳动的艰辛，也有家人的亲情和村落的和谐之情。最微妙的是诗歌表现了青年男女对爱情的美好憧憬与其中暗藏着的一丝担忧，最可贵的是诗篇表现了我们的祖先生生不息的艰苦奋斗精神，展现了顽强、旺盛的生命力。先民们热爱劳动、热爱生活之情充溢诗篇。

本诗构思巧妙，结构严谨。第一章以鸟瞰的视野，概述了整个农耕社会的全年生活。前半段主要写“衣”，后半段主要写“食”，这就是农业社会中耕与织两大基本工作。诗歌以此为纲，逐次展开，从各局部加以细致描写。二至五章主要承续“衣”发展而来，六至八章主要承续“食”加以演化，更涉及生活其他侧面。

从表现方法上看，本诗主要采用赋的手法，直叙其事，并在叙事中写景抒情。劳动场面、家庭生活、儿女情事、社会关系、自然风貌一一展现，内容丰富而没有繁琐的弊病。画面无不形象鲜明，情趣盎然，自然和谐，一派天籁。另外，本诗也兼用比和兴，加强了形象性，增强了艺术表现力。

思考与练习：

1. 本诗在简洁的叙述中蕴含着农人朴实的感情，请分析第二章中所表现的妇女对劳动、生活的态度与情感。

2. 本诗在叙写农耕生活的同时，穿插描写了大自然的景色，有鸟语虫鸣、草荣木实。请分析这些描写的特点与表达效果。

3. 请举出诗中运用“比”和“兴”的句子，分析它们的表达效果。

礼记·大学（节选）

[题解]

《礼记》，儒家十三经之一，西汉戴圣编撰，共20卷，49篇。《礼记》是一部记载中国先秦社会礼仪制度的重要典章制度书籍，同时也是一部关于中国古代社会情况、儒家学说和文物制度的史料汇编。它主要记载和论述先秦的礼制、礼意，解释仪礼，记录孔子和其弟子的问答等。多数篇章可能是孔子再传弟子的作品，还兼收先秦的其他典籍。这部著作集中体现了先秦儒家的政治、哲学和伦理思想，是研究先秦社会的重要史料。

戴圣，字次君，梁（今河南商丘）人，曾任九江太守。他与叔父戴德同学礼于后仓。两人均为西汉著名学者，世称戴德为“大戴”，戴圣为“小戴”。

《大学》原本是《礼记》（小戴礼记）中的一篇文章。自唐代后期开始，《大学》《中庸》两篇文章逐渐受到儒者的重视，北宋理学家程颐、程颢对《大学》格外推崇，南宋理学家朱熹将其列为“四书”之首，自谓“平生精力，尽在此书”。朱熹《大学章句序》说：“大学之书，古之大学所以教人之法也。”朱熹死后，《四书章句集注》被立于学官，成为士人必读之书，对中国社会和中国文化产生了深远的影响。

大学之道[1]，在明明德，在亲民，在止于至善[2]。知止而后有定[3]，定而后能静，静而后能安，安而后能虑，虑而后能得。物有本末，事有终始。知所先后，则近道矣。

古之欲明明德于天下者，先治其国。欲治其国者，先齐其家[4]。欲齐其家者，先修其身。欲修其身者，先正其心。欲正其心者，先诚其意。欲诚其意者，先致其知[5]。致知在格物[6]。物格而后知至，知至而后意诚，意诚而后心正，心正而后身修，身修而后家齐，家齐而后国治，国治而后天下平。

自天子以至于庶人，壹是皆以修身为本[7]。其本乱而末治者否矣。其所厚者薄，而其所薄者厚，未之有也。此谓知本，此谓知之至也。

（选自中华书局1996年出版的清朱彬《礼记训纂》）

注释：

1. 大：旧读为“太”。《大戴礼记保傅》言：“古者年八岁而出就外舍（即小学），学小艺焉，履小节焉；束发（指成年，约十五岁）而就大学，学大艺焉，履大节焉。”朱熹读作“大”，认为“大学者，大人之学也”。

2. 明明德：第一个“明”是动词，义为“显明”“彰显”，第二个“明”是形容词。“明德”，即光辉的品德。亲民：字义为“亲爱人民”，程颐认为“亲”当作“新”，“新民”即使人民道德境界不断更新。止：达到并能坚持。“明明德”“亲民”“止于至善”，朱熹说：“此三者，大学之纲领也。”

3. 知止：知道应该达到的目标；定：心中有了明确的志向。

4. 齐其家：安顿其家庭和家族。

5. 致其知：获得知识。

6. 格物：朱熹解释为“穷究事物的道理”。“格物”“致知”“诚意”“正心”“修身”“齐家”“治国”“平天下”，朱熹说：“此八者，大学之条目也。”

7. 壹是：一律。

[提示]

《大学》位列四书之首，是儒家的重要经典。它经过宋朝程、朱二人的改编、注释、阐发、彰显，已成为指导人们思想实践的圭臬。《大学》中提出来的“大学之道，在明明德，在亲民，在止于至善”，以及“修身、齐家、治国、平天下”的思想，成为亘古千年的文化格言。

文本所选内容为《大学》一文的总纲部分，提出了朱熹所说“三纲领”“八条目”，集中阐释了儒家学派关于教育同人生的宗旨、步骤及作用的理论，鲜明地体现了儒家学派“内圣外王”的人格理想。

文章开篇就提出了大学教育的基本宗旨：“大学之道，在明明德，在亲民，在止于至善。”“明明德”强调的是自我道德的完善，“亲民”强调的是推己及人的道德感化作用，“止于至善”强调的是为善不已、守善不渝的道德境界。它以道德修养为教育的首要内容，充分体现了儒家重德的思想。其后，文章反复论述人生修养的步骤及实践目标，并具体阐释了“八条目”的内容。“八条目”是儒家“内圣外王”人格理想的经典表述，它凝聚了儒家学派关于人生与社会、道德与政治等问题的思想精髓，表达了儒生希望通过自我道德修养完善实现改造社会目标的强烈愿望，并因此成为有志之士的人生目标。

当然，作为封建社会的产物，儒家思想有其历史和文化的局限性，这是我们学习中应当注意的。

思考与练习：

1.《大学》的主要内容和主要思想是什么？

2. 你怎样理解“八条目”各条目之间的关系？

3. 你怎样理解朱熹推崇《大学》的原因？

4.“修身”“齐家”“治国”“平天下”的思想在今天有什么意义？

左传·宫之奇谏假道（节选）

[题解]

《左传》是我国古代第一部编年体历史著作，全称《春秋左氏传》，又名《左氏春秋》。它与《公羊传》《穀梁传》合称“春秋三传”。司马迁、班固均认为其作者为春秋末期鲁国人左丘明。《左传》记事起自鲁隐公元年（前722年），止于鲁哀公27年（前468年），主要记述了春秋列国政治、外交、军事等各方面的活动。它较为真实地反映了当时的社会现实，具有很高的史料价值。《左传》是我国古代一部重要的历史著作，是先秦历史散文的代表作品。《左传》长于叙事，人物形象鲜活，故事情节生动，尤其擅长描写战争和古人辞令，对《史记》《汉书》等历史著作及后世叙事散文的创作产生了广泛的影响。

晋荀息请以屈产之乘与垂棘之璧，假道于虞以伐虢[1]。公曰：“是吾宝也。”对曰：“若得道于虞，犹外府也。”公曰：“宫之奇存焉。[2]”对曰：“宫之奇之为人也，懦而不能强谏，且少长于君，君昵之，虽谏，将不听。”乃使荀息假道于虞，曰：“冀为不道，入自颠軨，伐鄍三门[3]。冀之既病。则亦唯君故。今虢为不道，保于逆旅[4]，以侵敝邑之南鄙。敢请假道以请罪于虢。”虞公许之，且请先伐虢。宫之奇谏，不听，遂起师。夏，晋里克、荀息帅师会虞师伐虢，灭下阳[5]。

……

晋侯复假道于虞以伐虢。宫之奇谏曰：“虢，虞之表也。虢亡，虞必从之。晋不可启，寇不可翫[6]，一之谓甚，其可再乎？谚所谓‘辅车相依，唇亡齿寒’者，其虞、虢之谓也。”公曰：“晋，吾宗也，岂害我哉？[7]”对曰：“大伯、虞仲，大王之昭也。大伯不从，是以不嗣。虢仲、虢叔，王季之穆也，为文王卿士，勋在王室，藏于盟府[8]。将虢是灭，何爱于虞？且虞能亲于桓、庄乎，其爱之也[9]？桓、庄之族何罪，而以为戮，不唯逼乎？亲以宠逼，犹尚害之，况以国乎？”公曰：“吾享祀丰洁，神必据我。”对曰：“臣闻之，鬼神非人实亲，惟德是依。故《周书》曰：‘皇天无亲，惟德是辅。[10]’又曰：‘黍稷非馨，明德惟馨。[11]’又曰：‘民不易物，惟德繄物。[12]’如是，则非德，民不和，神不享矣。神所冯依[13]，将在德矣。若晋取虞而明德以荐馨香[14]，神其吐之乎？”弗听，许晋使。宫之奇以其族行，曰：“虞不腊矣，在此行也，晋不更举矣。”

……

冬十二月，丙子朔[15]，晋灭虢，虢公丑奔京师。师还，馆于虞，遂袭虞，灭之。

（选自上海古籍出版社1979年出版的朱东润主编《中国历代文学作品选》）

注释：

1. 屈：地名，产良马。垂棘：地名，产美玉。假：借。虞：国名。今山西省平陆县东北。虢：国名，今河南陕县东南。

2. 宫之奇：虞国大夫。

3. 冀：国名。颠軨（líng）：虞国地名。鄍（míng）：虞国地名。

4. 逆旅：客舍。

5. 下阳：虢国地名，今山西平陆县内。

6. 翫（wán）：即“玩”，这里是轻视、玩忽的意思。

7. 宗：同宗。晋、虞都是姬姓诸侯国。

8. 大（tài）伯：即泰伯。虞仲：虞国的始封君。王季：即季历，周文王之父。昭：古代贵族宗庙神位排列的次序。始祖居中，其他按父子辈分排列为昭穆，昭居左，穆居右。

9. 桓：桓叔。庄：庄伯，桓叔之子，晋献公之祖。

10. 见《尚书·蔡仲之命》。

11. 见《尚书·君陈》。

12. 见《尚书·旅獒》。繄（yī）：指示代词，指代是，这个。

13. 冯（píng）：通凭。

14. 荐馨香：献上散发着香味的贡品。

15. 朔：阴历每月初一。

[提示]

春秋时，晋国力量强大，一度曾为诸侯霸主。僖公二年，晋国向虞国借道，征伐虞之邻国虢国。僖公五年，晋国再次借道伐虢，终于灭掉虢国，同时也吞并了虞国。第一次借道时，虞国贤臣宫之奇曾劝谏虞公而不被接受；第二次借道，宫之奇再次劝谏。本文主要记述了宫之奇第二次劝谏的过程。

宫之奇先从虞、虢利害关系出发，引用谚语“辅车相依，唇亡齿寒”，指出虢、虞乃表里，不能借道于晋国；接着又从情理出发，用晋对同宗同族的不义之举说明晋国有狼子野心；最后从治政之理的角度，引用《周书》“皇天无亲，惟德是辅”等语，指出君王行事应合于德，否则“民不和，神不享矣”，既表现了宫之奇的政治远见，又反映出《左传》记事的民本思想。

思考与练习：

1. 请梳理出宫之奇劝谏虞公的层次。

2. 请分析本文引典在论事说理过程中所起的作用。

3. 请谈谈你对这个历史故事的感想。

战国策·司马错论伐蜀

［题解］

本文选自《战国策·卷三 秦一》。《战国策》简称《国策》，起初还有《国事》《短长》《事语》等名称。《战国策》是汇编而成的历史著作，作者不明。其资料主要来自战国时代，包括策士的著作和史臣的记载。西汉刘向考订整理后汇集成书，定名为《战国策》。全书共三十三篇。杂记战国时期诸侯国秦、齐、楚、赵、魏、韩、燕、宋、中山等诸国之事。记事起于春秋，迄于秦并六国。《战国策》长于说事，文气纵横，语言生动，论述周密。其中记载了许多策士的游说活动。

司马错与张仪[1]争论于秦惠王前。

司马错欲伐蜀，张仪曰："不如伐韩。"

王曰："请闻其说。"

对曰："亲魏善楚[2]，下兵三川，塞轘辕、缑氏之口，当屯留之道[3]，魏绝南阳，楚临南郑[4]，秦攻新城、宜阳[5]，以临二周之郊，诛周主之罪[6]，侵楚、魏之地。周自知不救，九鼎宝器必出。据九鼎，按图籍[7]，挟天子以令天下，天下莫敢不听，此王业也。今夫蜀，西僻之国，而戎狄之长也，敝兵劳众，不足以成名；得其地不足以为利。臣闻'争名者于朝，争利者于市。'今三川、周室天下之市朝也，而王不争焉，顾争于戎狄，去王业远矣。"

司马错曰："不然，臣闻之，'欲富国者，务广其地；欲强兵者，务富其民；欲王者，务博其德。三资者备，而王随之矣。'今王之地小民贫，故臣愿从事于易。夫蜀，西僻之国也，而戎狄之长也，而有桀、纣之乱；以秦攻之，譬如使豺狼逐群羊也。取其地，足以广国也；得其财，足以富民缮兵；不伤众而彼已服矣。故拔一国而天下不以为暴；利尽西海[8]诸侯不以为贪。是我一举而名实两附，而又有禁暴正乱之名。今攻韩，劫天子。劫天子，恶名也，而未必利也，又有不义之名，而攻天下之所不欲，危。臣请谒[9]其故。周，天下之宗室也；韩，周之与国也。周自知失九鼎，韩自知亡三川，则必将二国并力合谋，以因于齐、赵，而求解乎楚、魏。以鼎与楚，以地与魏，王不能禁。此臣所谓'危'，不如伐蜀之完也。"

惠王曰："善！寡人听子。"卒起兵伐蜀，十月取之，遂定蜀。蜀主更号为侯，而使陈庄相蜀。蜀既属，秦益强富厚，轻诸侯。

（选自中华书局1959年出版的吴楚材、吴调侯选编《古文观止》）

注释：

1. 司马错：秦人；张仪：魏人，曾随鬼谷子先生学习纵横术，战国时著名连横家。

2. 亲魏善楚：结好魏国和楚国。下兵：派兵攻打。三川：指韩国境内的黄河、洛水、伊水三地。

3. 轘辕（huányuán）、缑（gōu）氏：险道，在今河南省境内。屯留之道：潞州县道，即太行羊肠坂，今上党县。

4. 南阳：韩地。南郑：今河南新郑。

5. 新城：今属河南；宜阳：韩邑。

6. 二周：西、东周；诛周主之罪：指周无韩蔽，可以兵劫之。

7. 图籍：土地之图，人民金谷之籍。

8. 西海：四海。

9. 谒：白，告之。

思考与练习：

1. 秦惠王为什么听从司马错的建议？请分析说明。

2. 请分析司马错论证的层次。

3. 司马错所用的主要论证方法是什么？

老子（三章）

老子

[题解]

老子姓李，名耳，字聃（dān）。春秋时期楚国苦县人。做过周守藏室的史官。

《老子》一书，洋洋五千字，思想幽深、境界高远。在我国先秦诸子中，老子的思想最有系统，论及宇宙本源、生成变化的宇宙观，抱扑守真、自然无为的人生哲学，守道抱一、无为自化的政治思想等诸多方面。

老子的思想对中国文学的影响是深远的，特别是对于怡情悦性的纯文学作品，其影响更为显著。

第一章　道可道

道可道，非常道[1]；名可名，非常名[2]。无，名天地之始[3]；有，名万物之母[4]。故常无，欲以观其妙[5]；常有，欲以观其徼[6]。此两者，同出而异名[7]，同谓之玄。玄之又玄，众妙之门[8]。

（选自陕西旅游出版社2003年出版的李耳著《老子》第一版）

注释：

1. 道可道，非常道：第一个道是名词，是老子哲学的基本概念，在本章指宇宙的本源；第二个道是动词，讲说的意思。老子的意思说，可以阐明的道（概念），就不是真正的道。

2. 名可名，非常名：第一个名是名词，指道的真相、实质；第二个名是动词，称谓的意思。常名，恒久不变的名。可以阐明的概念就不是真正的概念。

3. 无，名天地之始：始，本始，起源。这句的意思是说，天地的起源是无。

4. 有，名万物之母：母，根源。这句的意思是说，万物的起源是有。

5. 故常无，欲以观其妙：其，指道。妙，幽深奥妙。这句的意思是说，以恒久的无来体察、领悟道的幽深奥妙。

6. 常有，欲以观其徼（jiào）：徼，广大无边。

7. 此两者，同出而异名：两者，指无和有。同出，指同出于道。名：名称。

8. 玄之又玄，众妙之门：玄之又玄，指幽深奥妙的极处。众妙之门，是说幽深奥妙是一切变化的总门。这总门指的就是道。

[提示]

“道”是老子创造的哲学范畴，是其思想的基础，老子认为道是自然界、人类社会和思维的法则。《老子》书中多次谈及“道”字，符号形式虽然是统一的，但却有着不同的含义，它们是“道”多种特性的不同体现。因此，在本章中老子首先阐明道的不可言说的特性。他教人不要执着于语言和名相，因为那包含着宇宙万物法则的大道，没有实体，非常深邃奥妙，是无法用语言文字来解说的。要体悟道，是要靠心去领悟的。

本章重在说明道的体和用。“无”是道的本体，“有”是道的作用。“无”是作为天地鸿蒙、混沌未开的命名，“有”是作为万物本源的命名，无、有代表了道的两个活动阶段，是道的变化，它们二者是统一于道的，只是名称不同而已。老子认为世界是统一的，是由道的运动产生的。而且道本身也是运动变化的，而非僵化静止的。

本章在阐明理论时逻辑性很强。首先说明道是不可言说的，要用心去领悟，懂得了这个道理，就可以去认识宇宙万物生成的规律，而认识了这种玄妙的运动变化过程就可以体悟万物万理的总门——道。

在语言表现上，两两相对的对句形式非常普遍，体现了一种整齐之美。

思考与练习：

1. “道可道，非常道，名可名，非常名”中包含着思维与存在的关系，请结合哲学的原理，阐发“文字没有办法完全表达语言，语言也没有办法完全表达思想，语言文字的功能是有限的”这一语言性质。

2. 加上一点自己的解释与阐发，以较通俗的语言翻译全文。

第八章　上善若水

上善若水[1]。水善利万物而不争[2]，处众人之所恶[3]，故几于道[4]。居善地[5]，心善渊[6]，与善仁[7]，言善信[8]，正善治[9]，事善能[10]，动善时[11]。夫唯不争，故无尤[12]。

（选自陕西旅游出版社2003年出版的李耳著《老子》第一版）

注释：

1. 上善若水：上善，指有道德的人。

2. 水善利万物而不争：利万物，滋养万物。

3. 处众人之所恶：水性居下，而低下是人人所厌恶的，所以说“处众人之所恶”。

4. 故几于道：几，近的意思。“利万物”“不争”“处众人之所恶”，是水的三大特性，所以水能近于道。

5. 居善地：善地，指低下的地方，是人所厌恶的，但老子认为是好地方。“居善地”及以下六句是用水性来比喻有道德的人的德行。

6. 心善渊；渊，深。比喻有道德的人心虚静沉寂。

7. 与善仁：与，施与。水施与万物而无私心，所以称善仁。

8. 言善信：信，诚信。比喻有道德的人所说的话真实不虚。

9. 正善治：正，政。治，指政绩。

10. 事善能：能，功能。意思是说水能方能圆，曲直随形，可以表现至善的功能。

11. 动善时：时，时势。是讲水的动静变化，都能顺应时势。

12. 故无尤：尤，怨尤。

[提示]

本章借水比喻道。在老子看来，水有三大特性，一是滋养了万物；二是柔弱、顺应自然而不争；三是居于人人厌恶的卑下地方。老子以此喻有道德的人应有的品性，即是为人谦下如水甘居低下；如水渊深清明，虚静沉默；如水滋养了万物，博施而不望回报……而“不争”是老子最为看重的，因为不争是利万物、就下的基础。同时老子认为天下的一切怨尤都是产生于利害争夺，而一切争执都是源于私心，若能像水一样无私心，当然也就无争无忧了。

本章在写作方法上的突出特点是通篇采用比喻论证，既形象生动，又能开启读者想象之门，使人浮想联翩，豁然开朗。

思考与练习：

1. 在人生哲学上，老子提倡“无私不争”，结合人类社会，谈谈你的认识与看法。

2. 学习本篇的写作方法，写一篇以比喻论证法为基本方法的短文。

第二十二章 曲则全

曲则全[1]，枉则直[2]，洼则盈[3]，敝则新，少则得，多则惑。是以圣人抱一为天下式[4]。不自见，故明[5]；不自是，故彰[6]；不自伐，故有功[7]；不自矜，故长[8]。夫唯不争，故天下莫能与之争。古之所谓曲则全者，岂虚言哉？诚全而归之[9]。

（选自陕西旅游出版社2003年出版的李耳著《老子》第一版）

注释：

1. 曲则全：曲，委屈。全，保全。

2. 枉则直：枉，弯曲。

3. 洼则盈：洼，低洼。

4. 是以圣人抱一为天下式：一，比喻“道”。抱一，就是守道的意思。式，法则。

5. 不自见，故明：自见，自我表现。明，显明。

6. 不自是，故彰：自是，自以为是。彰，彰明。

7. 不自伐，故有功：自伐，自我夸耀。

8. 不自矜，故长：自矜，自尊自大。长，长久。

9. 诚全而归之：归，归向，归趋。这句的意思是，实在是应该保守它而以它为归趋啊！

[提示]

《老子》一书中含有丰富的辩证法思想，在第二章中老子指出一切事物都有自己的对立面，事物既相互对立又相互依存。在本章中，老子从生活经验的角度，阐述了矛盾双方互相转化的思想。

本章一开头，老子就用了六个古代成语，讲述委屈和保全、弯曲和伸直、不满和满盈、陈旧和新生、缺少和获得、贪多和迷惑之间的辩证关系。教人要重视事物的负面、反面的价值，要从矛盾转化中看到事物的本质。他把辩证法的思想作为观察和处理社会生活的原则，劝人处柔守弱、谦下退让，这样反而能保全自己。

思考与练习：

1. 运用本章所阐述的辩证法思想，说一说《老子》第二章“故有无相生，难易相成，长短相形，高下相倾，音声相和，前后相随”这句话所包含的道理。

2. 谈谈本章开篇先引用古代成语在论述上的作用。

3. 结合社会生活或经济生活中的事例，谈谈重视事物负面因素的道理。

秋水（节选）

庄子

[题解]

庄子（约前 369 年—前 286 年），名周，字子休（一说子沐），战国中期宋国蒙（今安徽省蒙城县）人，道家学派代表人物，与老子并称“老庄”。庄子曾做过漆园吏，据传楚王曾以千金相邀为相，被其拒绝。

《庄子》共 33 篇：内篇 7 篇为庄子所作，外篇 15 篇和杂篇 11 篇被认为是其门人和后学的伪作。《庄子》多采用寓言故事形式，其文汪洋恣肆，想象丰富，具有浓厚的浪漫主义色彩。鲁迅称赞“其文则汪洋辟阖，仪态万方，晚周诸子之作，莫能先也”。郭沫若也评价说：“以思想家而兼文章家的人，在中国古代哲人中，实在是绝无仅有。”他的作品被人称为“文学的哲学，哲学的文学”，对后世文学语言有很大影响。

本文选自《庄子》外篇《秋水》第一章的前两节，它借两个虚构的神话人物河伯和北海若的对话，形象地表达了庄子关于人类只有不断超越自身存在与认知的局限，才能接近对世界本真的体认的思想。

秋水时至[1]，百川灌河[2]；泾流之大[3]，两涘渚崖之间[4]，不辩牛马。于是焉河伯欣然自喜[5]，以天下之美为尽在己。顺流而东行，至于北海，东面而视，不见水端。于是焉河伯始旋其面目[6]，望洋向若而叹曰[7]：“野语有之曰‘闻道百以为莫己若’者[8]，我之谓也。且夫我尝闻少仲尼之闻而轻伯夷之义者[9]，始吾弗信，今我睹子之难穷也，吾非至于子之门，则殆矣，吾长见笑于大方之家[10]。”

北海若曰：“井鼃不可以语于海者，拘于虚也[11]；夏虫不可以语于冰者，笃于时也[12]；曲士不可以语于道者，束于教也[13]。今尔出于崖涘，观于大海，乃知尔丑[14]，尔将可与语大理矣。天下之水，莫大于海，万川归之，不知何时止而不盈；尾闾泄之[15]，不知何时已而不虚；春秋不变，水旱不知。此其过江河之流，不可为量数。而吾未尝以此自多者[16]，自以比形于天地而受气于阴阳[17]：吾在天地之间，犹小石小木之在大山也。方存乎见少，又奚以自多[18]！计四海之在天地之间也，不似礨空之在大泽乎[19]？计中国之在海内，不似稊米之在大仓乎[20]？号物之数谓之万，人处一焉；人卒九州[21]，谷食之所生，舟车之所通，人处一焉；此其比万物也，不似毫末之在于马体乎？五帝之所连[22]，三王之所争，仁人之所忧，任士之所劳[23]，尽此矣。伯夷辞之以为名，仲尼语之以为博，此其自多也，不似尔向之自多于水乎[24]？”

河伯曰：“然则吾大天地而小毫末，可乎？”

北海若曰：“否。夫物，量无穷[25]，时无止，分无常[26]，终始无故[27]。是故大知观于远近，故小而不寡，大而不多，知量无穷；证向今故[28]，故遥而不闷，掇而不跂[29]，知时无止；察乎盈虚，故得而不喜，失而不忧，知分之无常也；明乎坦途，故生而不悦，死而不祸，知终始之不可故也。计人之所知，不若其所不知；其生之时，不若未生之时。以其至小，求穷其至大之域，是故迷乱而不能自得也。由此观之，又何以知毫末之足以定至细之倪[30]！又何以知天地之足以穷至大之域！”

（选自中华书局1987年出版的王先谦注《庄子集解》）

注释：

1. 时至：按照时令季节到来。
2. 百川灌河：百川，众多的小河流。河，黄河。
3. 泾：直流的水波。
4. 涘（sì）：岸。渚：水中的小洲。
5. 河伯：中国古代神话中的黄河水神，原名冯夷，也作“冰夷”。
6. 旋其面目：改变了（自得的）表情；或解为“转动头脸”。
7. 望洋：仰视，后多以望洋或望洋兴叹比喻因大开眼界而惊奇。若，北海海神。
8. 闻道百以为莫己若：听说了很多道理，以为没有人比得过自己。
9. 少仲尼之闻而轻伯夷之义：以为仲尼的见闻浅陋，伯夷的高义微不足道。
10. 大方之家：通晓大道理的人。
11. 鼃：同“蛙”。虚：同“墟”，处所。
12. 笃：局限。
13. 曲士：乡曲之士。曲，乡里，偏僻之所。束，束缚。
14. 丑：鄙陋，低劣。
15. 尾闾：神话中海水泄出的地方。
16. 多：赞叹、夸耀。
17. 比形于天地而受气于阴阳：列身于天地之间，从那里汲取阴阳之气。
18. 方：正。存：省察。
19. 礨（lěi）空：蚁穴。
20. 稊（tí）米：小米。大仓，读作“太仓”，古代京师储谷的粮仓。
21. 卒：同“萃”，聚集。
22. 连：续连，接续。
23. 任士：贤能的人。

24. 向：过去。
25. 量：器量，下文以大、小言之。
26. 分：时运，下文以得、失言之。
27. 终始：终结和开始，下文以生、死言之。故：同“固”，指固定不变的原因。
28. 证向：证明。今故：今古。
29. 掇：短暂。跂：同“企”，企盼，向往。
30. 倪：端倪，大小的边界。

[提示]

文章开头寥寥数笔，勾勒了一幅波澜壮阔的黄河秋涨图，由此引起了河伯的沾沾自喜，又自然而然引出了河伯入海时的望洋兴叹与自惭形秽，也为第一层问答中的大小之辩埋下了伏笔。在这层问答当中，北海若以类相推，由河而海，由海而天地，再由中国之在海内、人类之在万物、个人之在群体，层层类比，形象地说明了每一事物皆有其存在的局限，而只有不断地突破这种局限，才能反观自身的有限性，领悟更大范围和更高层次的真理，并对人类的妄自尊大予以辛辣的嘲讽。在第二层次问答中，当河伯破除了自以为是的成见，随即又陷入小不如大的新成见时，北海若则从“量”“时”“分”“终始”四个方面，说明小与大各有其不可穷尽的复杂性，其间并没有绝对的对立关系和固定不变的分野，而是相对的和不断转化的，从而进一步批驳了河伯将小大之别绝对化的错误。两层问答在逻辑上环环相扣、周密严谨，在文势上自然流畅、一气贯通，显示了作者深刻的思想和高超的写作技巧。

在阐述小大之辩的同时，作者又顺理成章地引出了“得而不喜，失而不忧”“生而不悦，死而不祸”的旷达超迈的人生哲理，得出了“计人之所知，不若其所不知；其生之时，不若未生之时”的清醒的认识论判断，使读者在视野的骤然开阔中获得生命的顿悟。

《秋水》是一篇哲理文章，但写法上却不同于一般的议论文，具有许多鲜明的艺术特点。文章通篇采用寓言形式，寓哲理于形象之中，借助具体可感的形象来表达深奥玄妙的哲学道理，不仅增强了说理的通俗性，而且寓意更含蓄、丰满。本文语言气势宏肆，内在逻辑严谨，阐说哲理透彻，并且大量运用排比句式和反诘句式，强化了表达效果。

思考与练习：

1. 本文主要阐述了什么人生哲理？
2. 本文的对话体在说理时有什么好处？有什么局限？
3. 结合本篇谈谈庄子文章的风格。

九歌·湘君

屈原

[题解]

《九歌》是诗人屈原流放楚国南部途中，根据楚国民间祭祀乐歌而创作的。《九歌》，九为阳数之最，实际上共十一首，都与祭祀神灵有关。祭祀神灵是为了祈丰年、保平安。楚人设想神和人一样有七情六欲，他们在诗歌中抒写生活的欢乐、忧伤与痛苦，娱神的同时也是在娱人。

《湘君》和《湘夫人》是两首独立成篇而又紧密相连的优美动人的爱情诗，表现楚人通过湘江男女神的祭祀，抒写他们对纯真爱情的向往和对幸福生活的憧憬。《湘君》是以湘夫人的语气抒写湘水女神对男神的爱慕之情。

君不行兮夷犹[1]，蹇谁留兮中洲[2]？美要眇兮宜修[3]，沛吾乘兮桂舟[4]。令沅湘兮无波[5]，使江水兮安流。望夫君兮未来[6]，吹参差兮谁思[7]！

驾飞龙兮北征[8]，邅吾道兮洞庭[9]。薜荔柏兮蕙绸[10]，荪桡兮兰旌[11]。望涔阳兮极浦[12]，横大江兮扬灵[13]。扬灵兮未极[14]，女婵媛兮为余太息[15]。横流涕兮潺湲[16]，隐思君兮陫侧[17]。

桂棹兮兰枻[18]，斫冰兮积雪[19]。采薜荔兮水中，搴芙蓉兮木末[20]。心不同兮媒劳[21]，恩不甚兮轻绝[22]！石濑兮浅浅[23]，飞龙兮翩翩[24]。交不忠兮怨长[25]，期不信兮告余以不闲[26]。

鼂骋骛兮江皋[27]，夕弭节兮北渚[28]。鸟次兮屋上[29]，水周兮堂下[30]。捐余玦兮江中[31]，遗余佩兮醴浦[32]；采芳洲兮杜若[33]，将以遗兮下女[34]。时不可兮再得，聊逍遥兮容与[35]！

（选自上海古籍出版社 1979 年出版的朱东润《中国历代文学作品选》第一版）

注释：

1. 君：指湘君，湘水之神；一说即在巡视南方时死于苍梧的舜。夷犹：犹豫不决。

2. 蹇（jiǎn）：发语词。洲：水中陆地。中洲：犹洲中。

3. 要眇（miào）：美好。宜修：修饰得恰到好处。

4. 沛：水势盛大，这里形容船行迅速。桂舟：桂木造的船。

5. 沅、湘：沅水和湘江，均在今湖南省。

6. 夫：语词。

7. 参差：洞箫。一说，即排箫。相传为舜所造。洪与祖引《风俗通》说："舜作箫，其形参差，象凤翼参差不齐之貌。"

8. 飞龙：雕有龙形的船，此作舟名。北征：向北行。

9. 邅（zhān）：转变，指改变行程。洞庭：洞庭湖。这句意思是说，转道洞庭湖而北行。

10. 薜（bì）荔：蔓生香草。柏：通箔，帘子。蕙：香草名。绸：指帷幕。

11. 荪（sūn）：香草名。桡（ráo）：小楫，即短桨。旌：旗杆顶端装饰物。

12. 涔（cén）阳：地名，今湖南省澧（lǐ）县有涔阳浦。极浦：遥远的水边。

13. 横：横渡。灵：指精诚。扬灵，指显扬自己的精诚。

14. 未极：未至，未到达。

15. 女：指侍女。婵媛：内心牵挂貌。

16. 横：横溢。潺湲：水流貌。

17. 隐：痛苦。陫侧：同悱恻，指内心悲痛。

18. 櫂（zháo）：同棹（zháo），长桨。枻（yì 曳）：船舷，船桨。

19. 斫（zhuó）：用刀斧砍。

20. 搴（qiān）：摘取。芙蓉：荷花。木末：树梢。薜荔本缘木而生，荷花则生在水中，这两句以涉水求薜荔、缘木采荷花，比喻用力虽勤而不可得。

21. 这句说，心意不同，则媒人徒劳而无功。

22. 甚：深厚。

23. 石濑：石上急流。浅浅：水流迅疾。

24. 翩翩：轻捷快速貌。

25. 交：指交友。

26. 期：相约。不闲：没有空暇。

27. 鼂：同朝。骋：直驰。骛（wù 務）：乱驰。皋：水旁高地。

28. 弭：停止。节：马鞭。弭节，是说停止鞭马使车缓行。

29. 次：止息。

30. 周：围绕。

31. 捐：舍弃。玦（jué）：玉佩名，似环而有缺，可以用来表示决断、决绝的意思。

32. 遗：留下。醴：同澧，即澧水，在今湖南省，流入洞庭湖。

33. 芳洲：水中芳草地。杜若：香草名。

34. 遗（wèi）：赠予。下女：侍女。

35. 逍遥：优游自得貌。容与：舒缓貌。

[提示]

《湘君》一诗叙述了在浩渺的沅水、湘江、洞庭湖水域中，湘夫人寻找湘君的游踪，表达了因（男神）湘君未能如约前来而产生的失望、怀疑、哀伤、埋怨而又复期待的复杂感情。情感真挚，哀婉动人。

在艺术表现上，诗人巧妙构思，运用优美的语言，描绘了湘夫人哀婉动人、清新脱俗的形象，使诗歌极具艺术感染力。其一是以湘夫人寻找湘君过程中的感情变化为线索，于叙事中融入写景、抒情。节奏跌宕起伏、错落有致。其二是采用烘托的手法刻画湘夫人的形象。以香草饰龙舟显示湘夫人高洁情怀，以自然美景抒写湘夫人的愁思。浩渺烟波、翩翩龙舟、幽幽萧怨、隐隐愁思，绘织出一幅情景交融的湘江女神出游图。其三是全篇“纯是性灵语”，无论是环境的描写或是人物形象与心理刻画，无不清丽洗练、富有感情色彩。

另有一点值得注意的是本诗对于神话元素的运用。长期以来人们对湘君、湘夫人的实际身份迷惑不解，纷争不断。看来传说对作品有一定影响，但作者的独创之功应为主导。神话传说已潜藏在朦胧意识中，虽无直接象征的标记，却都成为诗歌创作的“神话元素”，泛化为爱恋的象征符号；再有就是诗歌构织的奇幻多变的神话时空。湘夫人时而乘舟，时而乘车，时而在沅湘之上，时而在涔水之滨、洞庭湖畔，充满神奇浪漫色彩。

思考与练习：

1. 请分析湘夫人的形象特点。

2. 找出诗歌中优美的诗句，体会它们的妙处。

3. 请分析本诗的句式特点，并与《诗经》句式相比较，谈谈楚辞表现形式上的特点。

谏逐客书

李斯

［题解］

李斯，战国时期楚国人，著名思想家荀卿的学生。李斯游历秦国，劝秦王嬴政统一天下，得到秦王的信任；曾任长史、丞相之职。秦二世时，被赵高陷害，腰斩于咸阳。

本文选自《史记·李斯列传》。李斯入秦，秦王待他为客卿。当时客卿势力日盛，影响了秦国贵族的利益，恰逢韩国水工郑国帮助秦国开建水渠，希望借机使秦国把心思放在水利工程上，减小对韩国的军事压力。韩国的图谋被秦国发觉后，秦国贵族借此机会劝秦王驱逐客卿，于是秦国尽逐客卿。李斯在离开秦国的途中写了这篇谏书，陈述客卿对秦国有功，驱逐客卿是错误的。秦王接受了李斯的意见，收回了逐客令，恢复了李斯的官职。

臣闻吏议逐客，窃以为过矣[1]！昔缪公求士[2]，西取由余於戎[3]，东得百里奚於宛[4]，迎蹇叔於宋[5]，来丕豹、公孙支於晋[6]。此五者，不产於秦，而缪公用之，并国二十，遂霸西戎。孝公用商鞅之法[7]，移风易俗，民以殷盛，国以富疆，百姓乐用[8]，诸侯亲服，获楚、魏之师，举地千里[9]，至今治强。惠王用张仪之计[10]，拔三川之地[11]，西并巴、蜀[12]，北收上郡[13]，南取汉中[14]，包九夷[15]，制鄢、郢[16]，东据成皋之险[17]，割膏腴之壤，遂散六国之从[18]，使之西面事秦，功施到今[19]。昭王得范雎，废穰侯，逐华阳[20]，强公室，杜私门[21]，蚕食诸侯[22]，使秦成帝业。此四君者，皆以客之功。由此观之，客何负於秦哉[23]！向使四君却客而不内，疏士而不用[24]，是使国无富利之实，而秦无强大之名也。

今陛下致昆山之玉[25]，有随和之宝[26]，垂明月之珠[27]，服太阿之剑[28]，乘纤离之马[29]，建翠凤之旗[30]，树灵鼍之鼓[31]。此数宝者，秦不生一焉，而陛下说之何也[32]？必秦国之所生然后可，则是夜光之璧，不饰朝廷；犀象之器[33]，不为玩好；郑、卫之女[34]，不充后宫；而骏良駃騠，不实外厩[35]；江南金锡不为用；西蜀丹青不为采[36]。所以饰后宫，充下陈[37]，娱心意，说耳目者，必出於秦然后可，则是宛珠之簪[38]，傅玑之珥[39]，阿缟之衣[40]，锦绣之饰，不进於前；而随俗雅化[41]，佳冶窈窕[42]，赵女不立於侧也[43]。夫击瓮叩缻[44]，弹筝搏髀[45]，而歌呼呜呜、快耳者[46]，真秦之声也。郑、卫、桑间[47]、韶、虞、武、象者[48]，异国之乐也。今弃击瓮叩缻而就郑、卫[49]，退弹筝而取韶、虞，若是者何也？

快意当前，适观而已矣[50]。今取人则不然。不问可否，不论曲直[51]，非秦者去，为客者逐。然者是所重者在乎色乐珠玉，而所轻者在乎人民也。此非所以跨海内制诸侯之术也[52]。

臣闻地广者粟多，国大者人众，兵强则士勇。是以太山不让土壤[53]，故能成其大；河海不择细流[54]，故能就其深；王者不却众庶，故能明其德。是以地无四方，民无异国，四时充美，鬼神降福，此五帝三王之所以无敌也。今乃弃黔首以资敌国[55]，却宾客以业诸侯[56]，使天下之士，退而不敢西向，裹足不入秦，此所谓“藉寇兵而赍盗粮”者也[57]。夫物不产於秦，可宝者多；士不产於秦，而愿忠者众。今逐客以资敌国，损民以益雠[58]，内自虚而外树怨於诸侯[59]，求国无危，不可得也。

（选自上海古籍出版社1979年出版的朱东润《中国历代文学作品选》第一版）

注释：

1. 窃：私下，表示自谦的意思

2. 缪公：秦穆公，春秋时五霸之一。缪：同穆。

3. 由余：其祖先是晋国人，逃亡到了戎地，穆公屡次使人设法招他归秦，以客礼待他。后秦用由余之计伐戎，开地千里，称霸西戎。戎：我国古代西部少数民族的统称。

4. 百里奚：本虞国大夫，晋灭虞，百里奚被晋国俘去，作为晋献公女儿陪嫁的奴仆去到秦国。百里奚从秦国逃走至楚国，被楚国边境的人逮捕。穆公知道他聪明能干，以五张羊皮赎他，并任用为相。宛：楚地，今河南省南阳市。

5. 蹇（jiǎn）叔：本是歧人，居于宋国，由百里奚推荐，穆公派人用重金迎蹇叔入秦，任命为上大夫。

6. 丕豹：晋国人，其父亲被杀，他逃往秦国，秦穆公任用为将。公孙支：又名子桑，先游晋，后归秦。

7. 商鞅：本卫之庶公子，一称卫鞅。他辅佐秦孝公变法，使秦富强。后来秦孝公以商於之地（今陕西省商县）封鞅。

8. 乐用：乐意被使用。

9. 举：攻克，占领。

10. 张仪：魏国人，惠王任用他为相，为秦筹划连横的计策。此句以下诸事，并不都是张仪之计，因张仪为相，故都归功于他。

11. 三川：指韩国境内的黄河、洛水、伊水三地。

12. 巴、蜀：皆古国名。巴，在今四川省东部。蜀，在今四川省西部。前316年秦灭蜀。

13. 上郡：本魏地，在今陕西省榆林地区。

14. 汉中：本属楚，在今陕西省汉中地区。

15. 包：这里有并吞的意思。九夷：属楚的部族。

16. 鄢（yān）：本楚地，今湖北省宜城市。郢（yǐng）：楚都，今湖北省江陵县。

17. 成皋（gāo）：一名虎牢，为著名军是事要塞，在今河南省荥阳市境内。

18. 六国：韩、魏、燕、赵、齐、楚。从：指合纵，东方六国结成联合战线以抵抗秦国的一种策略。

19. 施（yì）：延续。

20. “昭王”三句：范雎（jū），魏人，字叔。穰（ráng）侯、华阳君，都是秦昭王母亲宣太后的异父弟弟。穰侯等擅权，范雎劝说秦昭王免穰侯相国，与华阳君等并逐出关。

21. 强公室：增强和巩固了王室的权力。杜：杜塞。杜私门：指限制私家的权力。

22. 蚕食：形容逐步攻取各诸侯国领土。

23. 负：辜负，对不起。

24. 却：拒绝。内：同“纳”。疏士：疏远外来之士。

25. 昆山：昆仑山。

26. 随：同隋，西周春秋时的小国名。隋珠：相传隋侯遇见一条受伤的大蛇，派人医治它，后来蛇衔明珠报答随侯。明珠直径寸余，洁白明亮，称为“隋珠”。和：和氏璧。

27. 明月之珠：夜明珠。

28. 太阿（ē）：利剑名，吴国欧冶子、干将作铁剑三把，其中一把名太阿。

29. 纤离：骏马名。

30. 翠凤之旗：以翠羽为凤形的妆饰之旗。

31. 鼍（tuó）：爬行类动物，产长江下游，今称扬子鳄，其皮可以张鼓。

32. 说：同悦。

33. 犀：犀牛角。象：象牙。

34. 此句意为：当时人认为郑、卫之地多美女。

35. 駃（jué）騠（tí 提）：良马名。

36. 丹青：绘画的颜料。

37. 下陈：后面的队列，指侍奉君主的嫔妃、宫女。

38. 宛珠：宛地的珍珠。宛珠之簪：以宛珠所饰的簪子。

39. 傅：通附。玑（jī）：不圆的珠。珥（ěr）：妇女耳饰。傅玑之珥：缀有珠子的耳饰。

40. 阿（ē）缟：齐国东阿所产的缟。东阿：今分属山东省茌平、寿张二县。

41. 随俗雅化：随着时尚的式样打扮自己。

42. 冶：美。窈窕：美好。

43. 赵女：古代赵国以出美女著名。

44. 甕（wèng）：盛水的瓦器。缻（fǒu）：同缶，瓦器。

45. 筝：乐器名，瑟类。搏：拍击。髀（bì），大腿。

46. 呜呜：秦地乐歌声。

47. 郑、卫之音：指郑国、卫国的民间音乐，以悦耳著称。桑间：地名，在濮水（今河南省境）之滨，为卫国男女欢会歌唱的地方。

48. 韶：韶，虞舜时的乐曲名。武、象：周武王的舞乐名。

49. 就：取，从。

50. 适观：适合观赏。

51. 曲直：是非。

52. 跨：驾凌，喻统一。

53. 太山：即泰山，在今山东省。让：辞退。

54. 择：选择，这里是舍弃之意。

55. 黔首：秦国统治者称百姓为黔首。《史记·秦始皇本纪》载：二十六年，"更名民曰黔首"。黔：黑色。资：资助，给。

56. 业：这里作动词用，成就其事业的意思。

57. 藉：借。赍（jī）：给予。这句说，把武器和粮食供给盗寇。

58. 这句说，减少本国的人口而增加敌国的人力。

59. 这句说，对内使自己陷于虚弱，而对外又和诸侯各国结了许多怨仇。

[提示]

本篇谏书在立意上抓住秦王嬴政想要统一天下的心理，重点从秦国自一个西隅小国逐步强大起来的历史过程剖析客卿对秦国的作用，分析辩驳驱逐客卿的错误。特别是抓住"跨海内，制诸侯之术"这样一个核心，击中了秦王的阿是穴。可谓立意精准、角度巧妙。

本文一开篇，就旗帜鲜明地提出了自己的观点："臣闻吏议逐客，窃以为过矣。"没有任何铺垫，没有任何掩饰，可谓尖锐泼辣，笔锋锐利，犹如平地惊雷。然后分别从秦国的历史事实，阐明客卿对秦国的重大贡献；秦王的重物轻人，"非所以跨海内、制诸侯之术"的失衡，错误；从人才的重要作用三方面展开论述，议论建立在坚实的历史与现实的基础上，直斥弊端，强劲有力。

这篇文章在语言上追求完美的表现形式，有较高的文学价值。表现在两个方面：一是大量使用排比、对偶句式，这些整齐凝练的语句不仅加强了议论的气势，也带给读者阅读的快感；二是辞藻丰富，讲究语言的色彩感与音乐性，极富美感与表现力，这也为后世的辞赋提供了一种很好的范例。

思考与练习：

1. 秦国驱逐客卿这一举措体现了什么样的人才观？请予以分析。

2. 本文主体三个层次分别从不同角度展开议论，请分析它们的驳论方法。

3. 本文大量采用比喻论证的方法，请举例分析它们在论证上的作用。

史记·刺客列传（节选）

司马迁

[题解]

司马迁（前 145—前 90 年），字子长，左冯翊夏阳（今陕西韩城）人，生活在西汉武帝时代，我国古代著名史学家、文学家和思想家。生于史官世家。元封三年（前 108 年），司马迁继承其父司马谈之职，官太史令，职掌天时星历，管理皇家图籍。此后，开始撰写《史记》。但因为李陵辩护而下狱，被处宫刑。获赦出狱后，任中书令，遂发愤著书，最终完成了《史记》的创作。

《史记》是中国第一部纪传体通史和传记文学巨著。《史记》共 130 篇，52 万字，包括“本纪”“世家”“列传”“书”“表”五个部分，记事上起轩辕黄帝，中经唐（唐尧）、虞（虞舜）、夏、商、周、秦，下迄汉武帝太初年间。《史记》包罗广泛，体大思精，对研究中国古代史学和文学具有很高的价值。

荆轲者，卫人也。其先乃齐人，徙[1]于卫，卫人谓之庆卿。而之燕，燕人谓之荆卿。荆卿好读书击剑，以术说[2]卫元君，卫元君不用。其后秦伐魏，置东郡，徙卫元君之支属于野王。荆轲尝游过榆次，与盖聂论剑，盖聂怒而目之。荆轲出，人或言复召荆卿。盖聂曰：“曩者吾与论剑有不称者[3]，吾目之；试往，是宜去，不敢留。”使使往之主人，荆卿则已驾而去榆次矣。使者还报，盖聂曰：“固去也，吾曩者目摄之[4]。”荆轲游于邯郸，鲁句践与荆轲博，争道，鲁句践怒而叱之，荆轲嘿而逃去，遂不复会[5]。

荆轲既至燕，爱燕之狗屠及善击筑者高渐离。荆轲嗜酒，日与狗屠及高渐离饮于燕市，酒酣以往，高渐离击筑，荆轲和而歌于市中，相乐也，已而相泣，旁若无人者。荆轲虽游于酒人乎，然其为人沈深好书；其所游诸侯，尽与其贤豪长者相结。其之燕，燕之处士田光先生亦善待之[6]，知其非庸人也。

居顷之，会燕太子丹质秦亡归燕[7]。燕太子丹者，故尝质于赵，而秦王政生于赵，其少时与丹驩。及政立为秦王，而丹质于秦。秦王之遇燕太子丹不善，故丹怨而亡归。归而求为报秦王者，国小，力不能。其后秦日出兵山东以伐齐、楚、三晋，稍蚕食诸侯[8]，且至于燕，燕君臣皆恐祸之至。太子丹患之，问其傅鞠武。武对曰：“秦地遍天下，威胁韩、魏、赵氏，北有甘泉、谷口之固，南有泾、渭之沃，擅巴、汉之饶，右陇、蜀之山，左关、崤之险，民众而士厉，兵革有余。意有所出，则长城之南，易水之北，未有所定也。

奈何以见陵之怨[9]，欲批其逆鳞哉！”丹曰：“然则何由？”对曰：“请入图之[10]。”

居有间，秦将樊於期得罪于秦王，亡之燕，太子受而舍之[11]。鞠武谏曰：“不可。夫以秦王之暴而积怒于燕，足为寒心，又况闻樊将军之所在乎？是谓‘委肉当饿虎之蹊’也，祸必不振矣[12]！虽有管、晏，不能为之谋也。愿太子疾遣樊将军入匈奴以灭口[13]。请西约三晋，南连齐、楚，北购于单于[14]，其后乃可图也。”太子曰：“太傅之计，旷日弥久，心惛然[15]，恐不能须臾。且非独于此也，夫樊将军穷困于天下，归身于丹，丹终不以迫于强秦而弃所哀怜之交，置之匈奴，是固丹命卒之时也。愿太傅更虑之。”鞠武曰：“夫行危欲求安，造祸而求福，计浅而怨深，连结一人之后交[16]，不顾国家之大害，此所谓‘资怨而助祸’矣。夫以鸿毛燎于炉炭之上，必无事矣。且以雕鸷之秦，行怨暴之怒，岂足道哉！燕有田光先生，其为人智深而勇沈，可与谋。”太子曰：“愿因太傅而得交于田先生，可乎？”鞠武曰：“敬诺。”出见田先生，道“太子愿图国事于先生也”。田光曰：“敬奉教。”乃造焉。太子逢迎，却行为导[17]，跪而蔽席。田光坐定，左右无人，太子避席而请曰[18]：“燕秦不两立，愿先生留意也。”田光曰：“臣闻骐骥盛壮之时，一日而驰千里；至其衰老，驽马先之。今太子闻光盛壮之时，不知臣精已消亡矣。虽然，光不敢以图国事，所善荆卿可使也。”太子曰：“愿因先生得结交于荆卿，可乎？”田光曰：“敬诺。”即起，趋出。太子送至门，戒曰：“丹所报，先生所言者，国之大事也，愿先生勿泄也！”田光俯而笑曰：“诺。”偻行见荆卿，曰：“光与子相善，燕国莫不知。今太子闻光壮盛之时，不知吾形已不逮也，幸而教之曰‘燕秦不两立，愿先生留意也’。光窃不自外，言足下于太子也，愿足下过太子于宫。”荆轲曰：“谨奉教。”田光曰：“吾闻之，长者为行，不使人疑之。今太子告光曰：‘所言者，国之大事也，愿先生勿泄’，是太子疑光也。夫为行而使人疑之，非节侠也[19]。”欲自杀以激荆卿，曰：“愿足下急过太子，言光已死，明不言也。”因遂自刎而死。

荆轲遂见太子，言田光已死，致光之言。太子再拜而跪，膝行流涕，有顷而后言曰：“丹所以诫田先生毋言者，欲以成大事之谋也。今田先生以死明不言，岂丹之心哉！”荆轲坐定，太子避席顿首曰：“田先生不知丹之不肖，使得至前，敢有所道，此天之所以哀燕而不弃其孤也。今秦有贪利之心，而欲不可足也。非尽天下之地，臣海内之王者，其意不厌[20]。今秦已虏韩王，尽纳其地。又举兵南伐楚，北临赵；王翦将数十万之众距漳、邺，而李信出太原、云中。赵不能支秦，必入臣，入臣则祸至燕。燕小弱，数困于兵，今计举国不足以当秦。诸侯服秦，莫敢合从[21]。丹之私计愚，以为诚得天下之勇士使于秦，窥[22]以重利；秦王贪，其势必得所愿矣。诚得劫秦王，使悉反诸侯侵地，若曹沫之与齐桓公，则大善矣；则不可，因而刺杀之。彼秦大将擅兵于外而内有乱，则君臣相疑，以其间诸侯得合从，其破秦必矣。此丹之上愿，而不知所委命，唯荆卿留意焉。”久之，荆轲曰：“此国之大事也，臣驽下，恐不足任使。”太子前顿首，固请毋让，然后许诺。于是尊荆卿为上卿，舍上舍。太子日造门下，供太牢具[23]，异物间进[24]，车骑美女恣荆轲所欲，以顺适其意。

久之，荆轲未有行意。秦将王翦破赵，虏赵王，尽收入其地，进兵北略地至燕南界。太子丹恐惧，乃请荆轲曰：“秦兵旦暮渡易水，则虽欲长侍足下，岂可得哉！”荆轲曰：“微太子言，臣愿谒之。今行而毋信，则秦未可亲也。夫樊将军，秦王购之金千斤，邑万家。诚得樊将军首与燕督亢之地图，奉献秦王，秦王必说见臣，臣乃得有以报。”太子曰：“樊将军穷困来归丹，丹不忍以己之私而伤长者之意，愿足下更虑之！”荆轲知太子不忍，乃遂私见樊於期曰：“秦之遇将军可谓深矣[25]，父母宗族皆为戮没。今闻购将军首金千斤，邑万家，将奈何？”於期仰天太息流涕曰：“於期每念之，常痛于骨髓，顾计不知所出耳！”荆轲曰：“今有一言可以解燕国之患，报将军之仇者，何如？”於期乃前曰：“为之奈何？”荆轲曰：“愿得将军之首以献秦王，秦王必喜而见臣，臣左手把其袖，右手揕其匈[26]，然则将军之仇报而燕见陵之愧除矣。将军岂有意乎？”樊於期偏袒搤腕而进曰[27]：“此臣之日夜切齿腐心也[28]，乃今得闻教！”遂自刭。太子闻之，驰往，伏尸而哭，极哀。既已不可奈何，乃遂盛樊於期首，函封之。

于是太子豫求天下之利匕首，得赵人徐夫人匕首，取之百金，使工以药淬之，以试人，血濡缕[29]，人无不立死者。乃装为遣荆卿。燕国有勇士秦舞阳，年十三，杀人，人不敢忤视[30]，乃令秦舞阳为副。荆轲有所待，欲与俱；其人居远未来，而为治行。顷之，未发，太子迟之，疑其改悔，乃复请曰：“日已尽矣，荆卿岂有意哉？丹请得先遣秦舞阳。”荆轲怒，叱太子曰：“何太子之遣？往而不返者，竖子也[31]。且提一匕首入不测之强秦，仆所以留者，待吾客与俱。今太子迟之，请辞决矣！”遂发。太子及宾客知其事者，皆白衣冠以送之。至易水之上，既祖[32]，取道，高渐离击筑，荆轲和而歌，为变徵之声[33]，士皆垂泪涕泣。又前而歌曰：“风萧萧兮易水寒，壮士一去兮不复还！”复为羽声慷慨[34]，士皆瞋目，发尽上指冠。于是荆轲就车而去，终已不顾。

遂至秦，持千金之资币物，厚遗秦王宠臣中庶子蒙嘉。嘉为先言于秦王曰：“燕王诚振怖大王之威[35]，不敢举兵以逆军吏，愿举国为内臣，比诸侯之列，给贡职如郡县，而得奉守先王之宗庙。恐惧不敢自陈，谨斩樊於期之头，及献燕督亢之地图，函封，燕王拜送于庭，使使以闻大王，唯大王命之。”秦王闻之，大喜，乃朝服，设九宾[36]，见燕使者咸阳宫。荆轲奉樊於期头函，而秦舞阳奉地图柙，以次进[37]。至陛，秦舞阳色变振恐，群臣怪之。荆轲顾笑舞阳，前谢曰：“北蕃蛮夷之鄙人，未尝见天子，故振慑。愿大王少假借之[38]，使得毕使于前。”秦王谓轲曰：“取舞阳所持地图。”轲既取图奏之，秦王发图，图穷而匕首见。因左手把秦王之袖，而右手持匕首揕之。未至身，秦王惊，自引而起[39]，袖绝。拔剑，剑长，操其室[40]。时惶急，剑坚，故不可立拔。荆轲逐秦王，秦王环柱而走。群臣皆愕，卒起不意[41]，尽失其度。而秦法，群臣侍殿上者不得持尺寸之兵，诸郎中执兵皆陈殿下，非有诏召不得上。方急时，不及召下兵，以故荆轲乃逐秦王。而卒惶急，无以击轲，而以手共搏之。是时侍医夏无且以其所奉药囊提荆轲也[42]。秦王方环柱走，卒惶急，不知所为，左右乃曰：“王负剑！[43]”负剑，遂拔以击荆轲，断其左股。荆轲废，乃引其匕首以擿秦王，不中，中铜柱。秦王复击轲，轲被八创。轲自知事不就，倚柱而笑，箕踞以骂曰[44]：“事所以不成者，以欲生劫之，必得约契以报太子也[45]。”于是左右既前杀轲，秦王不怡者良久。已而论功，赏群臣及当坐者各有差[46]，而赐夏无且黄金二百溢，曰：“无且爱我，乃以药囊提荆轲也。”

于是，秦王大怒，益发兵诣赵，诏王翦军以伐燕。十月而拔蓟城。燕王喜、太子丹等尽率其精兵东保于辽东。秦将李信追击燕王急，代王嘉乃遗燕王喜书曰：“秦所以尤追燕急者，以太子丹故也。今王诚杀丹献之秦王，秦王必解，而社稷幸得血食[47]。”其后李信追丹，丹匿衍水中[48]，燕王乃使使斩太子丹，欲献之秦。秦复进兵攻之。后五年，秦卒灭燕，虏燕王喜。

其明年，秦并天下，立号为皇帝。于是秦逐太子丹、荆轲之客，皆亡。高渐离变名姓为人庸保[49]，匿作于宋子[50]。久之，作苦[51]，闻其家堂上客击筑，傍偟不能去。每出言曰：“彼有善有不善。”从者以告其主，曰：“彼庸乃知音，窃言是非。”家丈人召使前击筑，一坐称善，赐酒。而高渐离念久隐畏约无穷时[52]，乃退，出其装匣中筑与其善衣，更容貌而前[53]。举坐客皆惊，下与抗礼[54]，以为上客。使击筑而歌，客无不流涕而去者。宋子传客之，闻于秦始皇。秦始皇召见，人有识者，乃曰：“高渐离也。”秦皇帝惜其善击筑，重赦之，乃矐其目[55]。使击筑，未尝不称善。稍益近之，高渐离乃以铅置筑中，复进得近，举筑朴秦皇帝，不中。于是遂诛高渐离，终身不复近诸侯之人。

鲁句践已闻荆轲之刺秦王，私曰：“嗟乎，惜哉其不讲于刺剑之术也！甚矣吾不知人也！曩者吾叱之，彼乃以我为非人也[56]。”

太史公曰：世言荆轲，其称太子丹之命，“天雨粟，马生角”也[57]，太过。又言荆轲伤秦王，皆非也。始公孙季功、董生与夏无且游，具知其事，为余道之如是。自曹沫至荆轲五人，此其义或成或不成，然其立意较然，不欺其志，名垂后世，岂妄也哉！

（选自人民文学出版社1982年出版的王伯祥选注《史记选》）

注释：

1. 徙：迁移。

2. 说：游说，劝说。

3. 曩：过去，或刚才。称：相宜，合适。

4. 摄：同“慑”，威慑。

5. 博：棋戏。争道：争执博局上的线路。嘿：同“默”。

6. 处士：有才德而不仕的人。

7. 质秦：在秦国做人质。

8. 稍：逐渐，一点点。

9. 见凌：被凌辱。

10. 图：谋划。

11. 受：接纳。舍：使住在馆舍。

12. 委：抛给。不振：无救。

13. 灭口：消除秦侵燕的借口。

14. 购：同媾，和好。

15. 惛然：烦闷。

16. 后交：新交。

17. 却行为导：倒退着走，在前面引导着客人。

18. 避席：离开自己的座席，以示敬意。

19. 节侠：有节操，讲义气的人。

20. 臣：使称臣。厌：满足。

21. 合从：六国联合对抗秦国。

22. 窥：给他看，引诱。

23. 太牢具：牛、羊、猪三牲皆备的筵席。

24. 异物：珍奇之物。间进：隔不久送一次。

25. 深：残酷。

26. 揕其匈：刺他的胸。

27. 偏袒搤腕而进：脱下一只衣袖，握住手腕，向前走一步。这是形容激动愤怒的样子。偏袒：袒露一只臂膀。

28. 腐心：用手捶胸。腐：同拊，捶。

29. 以药淬（cuì）之：把毒药在淬火时浸入匕首上。淬：把烧红了的铁器浸入水或其他液体中，急速冷却，使之硬化。濡（rú）缕：沾湿衣缕。濡：浸渍、沾湿。

30. 忤（wǔ）：逆。

31. 往而不反者，竖子也：去了而不能好好回来复命的，那是没用的人。反：同“返”。竖子：对人的蔑称。

32. 祖：祭祀路神。古人出远门时常有的仪式。

33. 为变徵（zhǐ）之声：发出变徵的声音。古时音乐分宫、商、角、徵、羽、变宫、变徵七音，变徵是徵音的变调，声调悲凉。

34. 羽声慷慨：声调激愤的羽声。

35. 振怖：惧怕。振：通“震”。

36. 九宾：同“九傧”，九个傧相依次传呼，为当时极隆重之礼。

37. 以次进：按先后顺序进来。

38. 少假借之：稍微原谅他些。假借：宽容，原谅。

39. 自引而起：自己挣着站起来。引：伸、挣。

40. 操其室：握着剑鞘。

41. 卒：猝。

42. 提（dǐ）：掷击。

43. 负剑：把剑推到背后。

44. 箕踞：像簸箕口一样伸着两腿坐着，以示轻蔑。

45. 约契：凭证。

46. 当坐者：应当办罪的。差：等级。

47. 社稷幸得血食：国家侥幸可以得到保存。血食：享受祭祀。

48. 衍水：因太子丹曾隐匿于此，故今天也被称作太子河。

49. 庸保：雇工。

50. 匿：隐姓埋名。宋子：地名，今河北赵县东北。

51. 作苦：劳动得很辛苦。

52. 久隐畏约无穷时：长久地隐藏畏缩下去，没有结束的时候。

53. 更容貌而前：恢复本来面目走上来。

54. 抗礼：以平等之礼相待。

55. 矐：使失明。

56. 以我为非人也：认为我是不值得交往的人。

57. “世言”一句：世间流传荆轲的故事，其中说到太子丹时，曾感动上天下起粟雨，让马生出了角，这太过分了。

[提示]

本篇选自《史记·刺客列传》。《刺客列传》记载了曹沫、专诸、豫让、聂政、荆轲五位刺客的故事，全文五千多字，而单是叙述荆轲的故事就有三千多字。这正如清代郭嵩焘所说：“史公之传刺客，为荆卿也。”

本文讲述了刺客荆轲为挽救燕国前去谋刺秦王，结果不幸牺牲的感人故事。当时，秦国势力强大，锐不可当，六国相继被其吞并，而弱小的燕国也面临着同样的命运。燕国太子丹派荆轲刺杀秦王。荆轲为报知遇之恩，扶助弱小，不畏强暴，慷慨赴死。虽未能达到目的，但他在刺杀秦王过程中表现出来的英勇气质却十分感人。

荆轲刺秦，历来存有争议。因为秦国统一六国，是历史发展的必然趋势；而以当时秦国的强大实力来看，荆轲更是以卵击石，逞匹夫之勇。在本文中，司马迁以简洁、优美的文字塑造了荆轲、田光、高渐离、樊於期等一批慷慨义烈之士。荆轲刺杀秦王虽然失败，但他所表现出来的反抗强权的人性道义却成为一种强大的精神力量，融入中华民族的血液中，被后来的仁人志士所景仰，被普通的老百姓所歌颂。这远远超过了故事本身。

这个故事具有很强的艺术表现力。首先，它有一个完整而精彩的艺术结构，具备了后世小说所要求的开头、发展、高潮和尾声。组织严密，层次分明。尤其是易水送别、秦庭惊变等高潮的处理，精彩非凡，艺术价值极高，堪称经典。其次，人物形象塑造各具个性。如坦诚急躁的太子丹、深沉老成的田光、胆小怯懦的秦舞阳等。但塑造最为成功的还是主角荆轲。他深沉稳重、从容镇静、处变不惊、勇气超人，且悠然坦荡。事情败露，他“倚柱而笑，箕踞而骂”，何等的痛快淋漓，英雄气概。最后，该文表现手法多样，屡有新意。笔墨有繁有简，手法或衬托对比，或渲染气氛，都能做到恰到好处，写意传神。

思考与练习：

1. 本文用了哪些手法塑造荆轲这一人物形象？试具体分析。
2. 本文笔墨有繁有简，试举例，并说明其好处。
3. 你怎样评价荆轲刺秦的行为？
4. 试把本文与陈凯歌导演的《荆轲刺秦王》做对比。

[平行阅读]

清代大诗人龚自珍在《己亥杂诗（第一百二十九首）》中云：“陶潜诗喜说荆轲。”宋代的老夫子朱熹也在《朱子语类》中指出：“渊明诗，人皆说平淡，余看他自豪放，但豪放得来不觉耳，其露出本相者，是《咏荆轲》一篇。”由此可见，该诗一反诗人那种恬淡宁静的“田园诗”风格，反而显出“金刚怒目”的另一种神态，实在是建功立业的另一种情怀。

咏荆轲

陶渊明

燕丹善养士，志在报强嬴。招集百夫良，岁暮得荆卿。君子死知己，提剑出燕京；素骥鸣广陌，慷慨送我行。雄发指危冠，猛气冲长缨。饮饯易水上，四座列群英。渐离击悲筑，宋意唱高声。萧萧哀风逝，澹澹寒波生。商音更流涕，羽奏壮士惊。心知去不归，且有后世名。登车何时顾，飞盖入秦庭。凌厉越万里，逶迤过千城。图穷事自至，豪主正怔营。惜哉剑术疏，奇功遂不成。其人虽已没，千载有馀情。

（选自中华书局2003年出版的袁行霈撰《陶渊明集笺注》）

论贵粟疏

晁错

［题解］

晁错（公元前200—公元前154年），汉朝颍州郡（今河南禹县一带）人，是一位积极的政治改革家，曾任太常掌故、太子家令、御史大夫等官职。

本篇文章选自《汉书·食货志》，是晁错上给汉文帝的奏疏的一部分，篇名是后人加上的。由于经历了长期的战乱和社会变动，汉朝初年经济十分困难，土地兼并、人民逃亡的现象十分严重。粮食成为最紧迫的问题。尤其是防备匈奴，边塞驻扎着大量的军队，粮食供给更是个大问题。

作者在此奏章中提出了重农抑商的政策主张，既是为解决粮食问题，也是为统治者谋划长治久安之道。

圣王在上，而民不冻饥者，非能耕而食之，织而衣之也，为开其资财之道也。故尧、禹有九年之水[1]，汤有七年之旱[2]，而国亡捐瘠者，以畜积多而备先具也[3]。

今海内为一，土地人民之众，不避汤、禹[4]，加以亡天灾数年之水旱，而畜积未及者，何也？地有遗利，民有余力，生榖之土未尽垦也，山泽之利未尽出也，游食之民未尽归农也[5]。民贫，则奸邪生。贫，生於不足；不足，生於不农；不农，则不地著；不地著，则离乡轻家，民如鸟兽[6]。虽有高城深池，严法重刑，犹不能禁也。夫寒之於衣，不待轻暖[7]；饥之於食，不待甘旨[8]。饥寒至身，不顾廉耻。人情一日不再食则饥，终岁不制衣则寒。夫腹饥不得食，肤寒不得衣，虽慈母不能保其子[9]，君安能有其民哉？明主知其然也，故务民於农桑[10]，薄赋敛，广畜积，以实仓廪，备水旱，故民可得而有也。

民者，在上所以牧之，趋利如水走下，四方无择也[11]。夫珠玉金银，饥不可食，寒不可衣，然而众贵之者，以上用之故也[12]。其为物轻微易臧，在於把握，可以周海内而亡饥寒之患[13]。此令臣轻背其主，而民易去其乡，盗贼有所劝，亡逃者得轻资也[14]。粟米布帛，生於地，长於时，聚於力，非可一日成也[15]；数石之重，中人弗胜[16]，不为奸邪所利；一日弗得而饥寒至。是故明君贵五谷而贱金玉。今农夫五口之家，其服役者，不下二人[17]；其能耕者，不过百亩[18]；百亩之收，不过百石[19]。春耕夏耘，秋获冬臧，伐薪樵，治官府，给徭役[20]，春不得避风尘，夏不得避暑热，秋不得避阴雨，冬不得避寒冻，四时之间，无日休息。又私自送往迎来，吊死问疾，养孤长幼在其中[21]。勤苦如此，尚复被水旱之灾，急政暴虐，赋敛不时，朝令而暮改[22]。当具有者，半贾而卖；无者取倍称之息，於是有卖田宅、鬻子孙以偿责者矣[23]。而商贾、大者积贮倍息，小者坐列贩卖，操其奇赢[24]，日游都市，乘上之急，所卖必倍[25]。故其男不耕耘，女不蚕织，衣必文采，食必粱肉[26]，亡农夫之苦，有仟伯之得。因其富厚，交通王侯，力过吏执，以利相倾[27]。千里游敖，冠盖相望[28]，乘坚策肥，履丝曳缟[29]。此商人所以兼并农人，农人所以流亡者也。今法律贱商人[30]，商人已富贵矣；尊农夫，农夫已贫贱矣！故俗之所贵，主之所贱也；吏之所卑，法之所尊也[31]。上下相反，好恶乖迕[32]，而欲国富法立，不可得也。

方今之务，莫若使民务农而已矣。欲民务农，在於贵粟。贵粟之道，在於使民以粟为赏罚。今募天下入粟县官，得以拜爵[33]，得以除罪。如此，富人有爵，农民有钱，粟有所渫[34]。夫能入粟以受爵，皆有馀者也。取於有馀以供上用，则贫民之赋可损[35]，所谓损有馀，补不足，令出而民利者也。顺於民心，所补者三：一曰主用足，二曰民赋少，三曰劝农功[36]。今令："民有车骑马一匹者，复卒三人。"车骑者，天下武备也，故为复卒[37]。神农之教曰："有石城十仞、汤池百步、带甲百万，而亡粟，弗能守也[38]。"以是观之，粟者，王者大用[39]，政之本务。令民入粟受爵，至五大夫以上，乃复一人耳，此其与骑马之功相去远矣[40]。爵者，上之所擅，出於口而亡穷[41]；粟者，民之所种，生於地而不乏[42]。夫得高爵与免罪，人之所甚欲也。使天下入粟於边，以受爵免罪，不过三岁，塞下之粟必多矣。

（选自上海古籍出版社 1979 年出版的朱东润《中国历代文学作品选》第一版）

注释：

1.《夏本纪》说："尧德四狱（四方诸侯之长），用鲧治水，九年而水不息，功用不成。"后来洪水终于由禹治理，故此并言"尧禹"。

2. 汤时大旱，有的说是五年，有的说是七年。《吕氏春秋·顺民》："昔者汤克夏而正（君）天下，天大旱，五年不收。汤乃以身祷於桑林。"

3. 亡（wú）：通无，下同。捐：弃。瘠：借用为胔（zī 资），饿死的腐尸。畜：同蓄。

4. 避：让。不避：不让，不亚于。

5. 遗：未经开发的。遗利：馀利，馀利，引申为潜力。游食：游手好闲，不从事劳动。

6. 地著：汉代以后也叫作"土著"，指农业人口有固定的户籍和土地。如鸟兽：喻人民行动如鸟兽飞走，无常居所。

7. 轻暖：指狐貉之裘，丝绵之衣。

8. 甘：甜。旨：美。甘旨：指一切好吃的东西。

9. 保：养育。

10. 务民於农桑：使百姓尽力于种田养蚕。

11. 在上所以牧之：要看国君怎样去治理。走：向，往。亡择：并不选择方向和地域。

12. 贵：看重。用：这里有重用意。

13. 臧：同藏。

14. 轻：轻易。轻背其主：臣对待背叛其君，不当一回事。劝：鼓动，此处有引诱的意思。亡逃：犯法逃亡者。轻资：携带轻便的货物。

15. 聚於力：集合劳力。

16. 石：古代以“石”为衡量轻重之名称，如以百二十斤为“石”。中人：力量中等的人。胜：指担负。

17. 服役：从事于官府劳役。

18. 亩：面积单位，此处为虚词，表示地域面积不大。

19. 石为汉代最大的量器。汉代量物之器分为：仑、合、升、斗、斛。石就是斛的古称。

20. 繇（yáo 徭）役：古时人民为官府服的劳役。繇：同徭。

21. “私自”以下三句指农民私人生活。送往迎来：指亲友间交际往来。孤：无父的孩子。长幼：养育幼儿。

22. 急政：即急征。征：是征收赋税。不时：不按照农作物出产的时候。

23. 贾：古价字。当具有者，半价而卖：当他具有这种东西的时候（如新收谷物），官家却征收别的，不得不半价而卖。亡者，取倍称之息：当他缺乏此物时，官家却正要敛取，又不得不以加倍的利息借贷，再买来缴纳。鬻（yù 玉）：卖。责：古价字。

24. 坐列：坐于列肆之中。行走曰商，坐肆曰贾。奇：余物。赢：赢利。

25. 上之急：君主所迫切需要之物。必倍：必使超过应得价格一倍始肯卖出。

26. 文采：有纹彩的锦绣。粱：好粟米。

27. 仟伯：通阡陌，田间道路，代指田亩。仟伯之得：是说商贾赢利可抵很多田地的收入。交通：交接、交际。执：古“势”字。吏势：官吏的势力。倾：凌驾压倒之意。

28. 敖：古遨字。游敖：游行各地。冠：指官服。盖：车盖。古代官员才能有车。这是说商人坐着车子，穿着考究的服装，一批批地往来于道路上。

29. 两句承上冠盖而说。坚：坚固的车辆。肥：肥马。履丝：穿丝织的鞋。曳：拖着。缟：丝织白绢。古人衣裾很长，拖在地上，故云曳缟。

30. 汉朝初年禁止商人穿绸骑马，晁错上书时，大概还存留着一些限制商人社会地位的律令。

31. 俗之所贵：指商人。吏之所卑：指农夫。

32. 乖迕：互相矛盾、违背。

33. 入粟县官：就是说缴纳粮食给国家。爵：指无实职的爵位。

34. 渫（xiè）：散发，指能出售。

35. 损：减少。

36. 功：事务，劳动。劝农功：鼓动人从事农业劳动。

37. 复：是免除赋役的术语。为复卒，因他已拿出了车骑供军队使用，所以免除他三个人的兵役。

38. 神农：传说是上古时五帝之一，他首先教人种植，所以称为神农。

39. 用：指财物。粟者，王者大用：粮食是治理天下者最需要的物资。

40. 五大夫：汉代的一种爵位，位居第九级。迺：同乃。骑马之功，指出车骑的功劳。这句连以上三句大意是，入粟受爵者入粟多而复卒少，其功远比出车骑的大。

41. 擅：专有。这句大意是，爵位，只是出于皇帝之口，是用不完的。

42. 乏：短缺。

[提示]

农业生产与商业贸易本是人类社会必不可少的经济活动，重视农业还是重视商业，在汉初存在着不同看法与争议。作为学者与政治家的晁错，在本文中鲜明地提出了重农贵农抑商的思想，这对解决当时紧迫的经济问题是有作用的。

本文的立论是建立在当时的社会现实上，作者笔锋所及，展示了汉代初年的社会真实图景。文中描绘的汉代初年的经济剥削、农民劳苦、人民流离失所、商人逸乐等社会不公的现象，使文章的立论有了坚实的基础。虽说目的在于为统治者谋划长治久安之道，可也表现出作者在一定程度上对人民的关爱。

作者善于组织材料、结构文章。第一段为引论，提出了君王应当为人民开资财之道的思想，为下文的论述确立一个坚实的理论根据。本论部分首先论述务农的重要性，阐明务农在于贵粟，重点申说贵粟的重要性；然后以农人的艰辛痛苦与商人的逸乐相对比，论述层层递进，力量充沛。结论部分鲜明提出“方今之务，莫若使民务农而已矣。欲民务农，在于贵粟”的中心论点。接着顺势提出解决办法，呈现出理论的圆满性。

全文论点鲜明，议论纵横开阖，跌宕起伏，文笔矫健流畅，逻辑严密，充满雄辩的力量。

思考与练习：

1. 谈谈重农抑商思想对我国经济的影响。

2. 请举例分析本文的论证方法。

3. 本文在语言上很讲究整齐句式的运用，请举例分析其语言结构特点以及在说理方面的作用。

盐铁论·错币第四

桓宽

[题解]

桓宽（生卒年不详），字次公，汉汝南郡（今河南上蔡西南）人，治《公羊春秋》。宣帝时举为郎，后官至庐江太守丞，知识广博，善为文，著有《盐铁论》六十篇。

《盐铁论》是根据昭帝始元六年（前81年）召开的盐铁会议的文件写成的政论性散文集，记载了盐铁会议上关于义和利（精神和物质关系）、官营和民营（政权和经济关系）、本和末（农业和工商业关系）、贫和富（生产和消费关系）的原则争论，深刻反映了封建经济的内部矛盾，是研究中国古代经济思想的重要资料，并为后世处理复杂的经济问题，提供了宝贵的经验。“错”与“铸”意同，“错币”就是铸币。本篇是讨论货币官铸、民铸的问题，文学主张民铸，大夫则主张必须官铸。

大夫曰：“交币通施[1]，民事不及[2]，物有所并也[3]。计本量委[4]，民有饥者，谷有所藏也。智者有百人之功，愚者有不更本之事[5]。人君不调，民有相万之富也[6]。此其所以或储百年之余，或不厌糟糠也[7]。民大富，则不可以禄使也[8]；大强，则不可以罚威也[9]。非散聚均利者不齐。故人主积其食，守其用，制其有余，调其不足，禁溢羡[10]，厄利涂[11]，然后百姓可家给人足也。”

文学曰：“古者，贵德而贱利，重义而轻财。三王之时[12]，迭盛迭衰[13]。衰则扶之，倾则定之。是以夏忠、殷敬、周文[14]，庠序之教[15]，恭让之礼，粲然可得而观也[16]。及其后，礼义弛崩，风俗灭息，故自食禄之君子，违于义而竞于财，大小相吞，激转相倾。此所以或储百年之余，或无以充虚蔽形也。古之仕者不穑，田者不渔[17]，抱关击柝[18]，皆有常秩[19]，不得兼利尽物。如此，则愚智同功，不相倾也。诗云：‘彼有遗秉，此有滞穗，伊寡妇之利[20]。’言不尽物也。”

大夫曰：“汤、文继衰，汉兴乘弊。一质一文[21]，非苟易常也[22]。俗弊更法[23]，非务变古也，亦所以救失扶衰也。故教与俗改，弊与世易[24]。夏后以玄贝[25]，周人以紫石[26]，后世或金钱刀布[27]。物极而衰，终始之运也。故山泽无征则君臣同利[28]，刀币无禁则奸贞并行[29]。夫臣富则相侈[30]，下专利则相倾也。”

文学曰：“古者，市朝而无刀币[31]，各以其所有易所无[32]，抱布贸丝而已[33]。后世即有龟贝金钱，交施之也。币数变而民滋伪。夫救伪以质，防失以礼[34]。汤、文继衰，革法易化，而殷、周道兴。汉初乘弊，而不改易，畜利变币，欲以反本[35]，是犹以煎止燔[36]，以火止沸也。上好礼则民闇饰，上好货则下死利也[37]。”

大夫曰：“文帝之时[38]，纵民得铸钱、冶铁、煮盐。吴王擅鄣海泽[39]，邓通专西山[40]。山东奸猾咸聚吴国[41]，秦、雍、汉、蜀因邓氏[42]。吴、邓钱布天下，故有铸钱之禁。禁御之法立，而奸伪息，奸伪息，则民不期于妄得，而各务其职；不反本何为？故统一，则民不二也[43]；币由上，则下不疑也。”

文学曰：“往古，币众财通而民乐。其后，稍去旧币，更行白金龟龙[44]，民多巧新币[45]。币数易而民益疑。于是废天下诸钱，而专命水衡三官作[46]。吏匠侵利[47]，或不中式[48]，故有薄厚轻重。农人不习，物类比之，信故疑新，不知奸贞[49]。商贾以美贸恶，以半易倍。买则失实，卖则失理，其疑或滋益甚[50]。夫铸伪金钱以有法[51]，而钱之善恶无增损于故[52]。择钱则物稽滞，而用人尤被其苦。春秋曰：‘算不及蛮、夷则不行。’故王者外不鄣海泽以便民用，内不禁刀币以通民施[53]。”

（选自中华书局 1992 年出版的王利器《盐铁论校注》）

注释：

1. 交币通施：流通货币，交换有无。

2. 民事不及：人民的生活必需费用供给不够。不及：不够。

3. 并：兼并。

4. 计本量委：根据农业收入，计量支出。本：收入；委：支出。

5. 愚者有不更本之事：“愚者”下原无“有”字，今据《管子》补。更：偿。不更本：不够本。

6. 万：侵害。

7. 厌：同“餍”，饱。不厌：吃不饱。

8. 禄：旧时代官吏的俸给。使：驱使。

9. 罚威：以刑罚来威服。原作“威罚”，与上文“禄使”对文，今据《管子》改正。

10. 溢羡：羡余，即过多的财富。

11. 厄利涂：堵塞获得利益的途径。涂：同“途”。

12. 三王：指夏、商、周三代之王。

13. 迭：交替、轮流。

14. 语本董仲舒《对策》，见《汉书·董仲舒传》。

15. 庠序：古代学校的名称。

16. 粲然：鲜明的样子。

17. 语本《礼记·坊记》及《春秋繁露·制度篇》。

18. 抱关：守关的人。击柝：打更的人。柝：打更用的木梆子。

19. 秩：俸禄，这里指收入。

20. 秉：一把稻子。文见《诗经·小雅·大田篇》。

21. 质：质朴。文：文明。

22. 苟：随便，马虎。易：改变。常：常规。

23. 更：变革。“更法”原作“家法”，今改。

24. 弊：通“币”，货币。

25. 夏后：夏后氏，后人对夏王朝的称呼。玄贝：黑色贝。

26. 紫石：古代一种紫色贝壳的钱币。

27. 刀布：古代两种钱币，“刀”，形状像刀；“布”，形状像铲子。

28. 征：赋税。此处“征”字与下文“禁”字意思相同，都是控制的意思。

29. 奸贞：都是指钱。奸钱，人民私铸的钱；贞钱，封建国家铸的钱。

30. 则：原无，今据下句文例补。

31. 市朝：这里指市场。

32. “无”上原无“所”字，依《御览》八三六引补。《孟子·公孙丑下》：“古之为市也，以其所有，易其所无者。”

33. 原文见《诗经·卫风·氓》。布：布帛；贸：交换。

34. 失：通“泆”，放纵。

35. 反：返回，这里有加强的意思。本：指农业生产。

36. 燔：烧烤。

37. 朝廷重视礼义，老百姓就不敢放肆，上边重视财物，下边就会为利而死。语出《荀子·大略篇》，而文略不同。

38. 文帝：汉文帝刘恒。

39. 吴王：汉高祖刘邦的侄子刘濞，立为吴王，王三郡五十三城。鄣：同“障”，壅塞，防守。擅障，垄断的意思。

40. 邓通：汉蜀郡南安（今四川省夹江县西北）人，为文帝所宠幸，文帝将四川严道（今荥经县）铜山赐给他。邓通私人铸钱，因此大富。见《史记·佞幸传》。西山：即严道铜山，在今四川省荥经县北三里。

41. 奸猾：奸诈狡猾的人。

42. 秦：秦地，今陕西省、甘肃省一带。雍：古九州之一，今陕西省北部及甘肃省西北大半部与内蒙古自治区额济纳一带。汉：汉中郡，今陕西省南部。因：依附。

43. 不二：即不怀二心。

44. 白金龟龙：汉武帝时的一种钱币。“白金”，即银锡；“龟龙”，指钱上的花纹，共有三种：龙文、马文、龟文，其中龙文价值最高。见《史记·平准书》。

45. 巧新币：巧法使用新币。

46. 水衡：汉代官名，主管上林苑，兼管铸钱。三官：指“水衡”下属的均输官、锺官、辨铜令。

47. 匠："匠"原作"近"，今据孙诒让说校改。

48. 中式：符合规格。

49. 贞："贞"原误作"真"，上文云"奸贞并行"即指此，今据改正。

50. 或：同"惑"，疑惑。

51. 以：同"已"，已经。

52. 故："故"原作"政"，今据孙诒让说校改。

53. 外、内：犹言一方面，另一方面。

[提示]

昭帝始元六年（公元前 81 年）下诏将各郡国推举的贤良文学人士聚集京城，调查民间疾苦。这次聚会上，贤良文学们提出，盐铁官府垄断专营和"平准均输"等经济政策是造成百姓疾苦的主要原因，所以请求废除盐、铁和酒的官府专营，并取消均输官。这些措施是在桑弘羊做大司农时，亲自主持执行的政策，但是遭到商贾豪强清流儒者的坚决反对，结果双方展开了一场激烈的辩论，这就是著名的盐铁之议。贤良文学人士信奉儒家思想，桑弘羊等行政官员则尊崇法家，在这次争论中，双方在民间疾苦的原因、同匈奴的和战政策以及治国方略观点上都有交锋。

桓宽根据当时的会议记录，并加上与会儒生朱子伯的介绍，将其整理改编，撰成《盐铁论》。该书共分六十篇，标有题目，内容前后相连。第一篇至第四十一篇，记述了会议正式辩论的经过及双方的主要观点，第四十二篇至第五十九篇写会后双方对匈奴政策、法制等问题的争论要点，最后一篇是后序。

《盐铁论》保存了许多西汉中叶的经济思想史料和风俗习惯，揭露了当时的一些矛盾和社会问题，是研究西汉经济史、政治史的重要史料。书中语言很精练，对各方的记述也很生动。在写作上，它通过一定的集中和概括，描写了几个各有特点的人物形象，感情色彩也比较浓；特别是采用对话体的形式，各篇之间互相联系，这在散文作品中是很少见的。美中不足的是《盐铁论》作者桓宽偏向儒家思想，并不能保持客观立场。桓宽于此次会议记录中对诸"贤良文学"有明显偏颇的立场，书中多次描述政府官员们的窘态，或默然不对、或勃然作色、或怃然内惭……多有贬抑之辞。

思考与练习：

1. 本篇讨论的是什么经济问题？辩论的双方各持有什么观点？对这些观点你作何评析？

2. 与一般政论性散文相比，本篇在写法上有什么不同？

3. 本篇所讨论的"铸币"问题对我们今天有什么借鉴意义？

登楼赋

王粲

[题解]

王粲（177—217），字仲宣，山阳高平（今山东省金乡县）人。他是汉魏间著名诗人，“建安七子”之一。曾祖王龚、祖王畅，都曾位列三公。父王谦，为大将军何进长史。王粲少时即有才名，曾受到著名学者蔡邕的赏识。年十七，诏授黄门侍郎。当时董卓新诛，其党李傕、郭汜等在长安作乱，乃不应征召而往依荆州牧刘表。王粲在荆州过了 16 年寄人篱下的生活，一直不受重用。建安十三年（208）秋，曹操南征荆州，粲劝刘表之子刘琮举州归降。操召授粲为丞相掾，赐爵关内侯，后又迁军师祭酒。建安十八年（213），魏国既建，拜侍中。建安二十一年（216）冬，随军征吴，次年春，在返回邺城途中病卒。王粲诗今存 23 首，赋今存 20 多篇。他的诗赋注重炼字锻句，风格清丽，在“建安七子”中成就最高。诗以《七哀诗》著名，赋以《登楼赋》闻名于世。

登兹楼以四望兮[1]，聊暇日以销忧。览斯宇之所处兮，实显敞而寡仇[2]。挟清漳之通浦兮，倚曲沮之长洲[3]。背坟衍之广陆兮，临皋隰之沃流[4]。北弥陶牧，西接昭丘[5]。华实蔽野，黍稷盈畴。虽信美而非吾土兮，曾何足以少留！

遭纷浊而迁逝兮，漫逾纪以迄今[6]。情眷眷而怀归兮，孰忧思之可任[7]？凭轩槛以遥望兮，向北风而开襟。平原远而极目兮，蔽荆山之高岑。路逶迤而修迥兮，川既漾而济深[8]。悲旧乡之壅隔兮[9]，涕横坠而弗禁。昔尼父之在陈兮，有归欤之叹音[10]。钟仪幽而楚奏兮，庄舄显而越吟[11]。人情同于怀土兮，岂穷达而异心！

惟日月之逾迈兮，俟河清其未极。冀王道之一平兮，假高衢而骋力[12]。惧匏瓜之徒悬兮，畏井渫之莫食[13]。步栖迟以徙倚兮，白日忽其将匿。风萧瑟而并兴兮，天惨惨而无色。兽狂顾以求群兮，鸟相鸣而举翼，原野阒其无人兮，征夫行而未息。心凄怆以感发兮，意忉怛而憯恻[14]。循阶除而下降兮，气交愤于胸臆。夜参半而不寐兮，怅盘桓以反侧。

注释：

1. 王粲所登楼有三说：一指当阳城楼，二指江陵城楼，三指麦城城楼。
2. 斯宇：这座楼。仇：匹敌。

3. 漳：漳水，漳水清澈。沮：沮水，沮水弯曲。浦：两水汇合处。洲：河中沙地。

4. 背：背对。坟：高起。衍：平坦。皋隰（xí）：水边低湿之地。

5. 弥：满，尽。陶牧：地名，今湖北江陵，传说中其地有陶朱公范蠡墓。牧：邑外为郊，郊外为牧。昭丘：楚昭王的墓。

6. 纷浊：指世事动乱。迁逝：迁徙流亡。逾：超过。纪：古人十二年为一纪。

7. 任：经受。

8. 漾：水大。济：度。

9. 壅隔：层层阻隔。

10. 尼父：孔子。陈：陈国。归欤：指孔子在陈国遇到断粮之难，曾叹曰："归欤！归欤！"

11. 钟仪：春秋楚国人，被囚晋国时，弹奏楚音。庄舄（xì）：春秋越国人，在楚国做官，病中思念故乡仍旧发出越国的乡音。

12. 高衢：大路。

13. 匏（páo）瓜句：《论语阳货》："（子曰）吾其匏瓜也哉，焉能系而不食。"井渫（xiè）句：《周易井卦》："井渫不食，为我心恻。"王粲借用这两个典故，说明自己不是无用之人。

14. 忉怛（dāodá）：悲伤。

[提示]

本赋是王粲在荆州依附刘表时所作，主要抒写作者因久留客乡，才能得不到施展，忧伤、凄怆的心境。

这篇赋，是东汉抒情小赋的代表作品。全赋感情真挚、情景交融、用典巧妙、结构严谨、语言精美。开篇叙写登楼览胜，表现出荆州地区虽然物阜民庶、景色秀美，但却终非吾土，不足以久留。接着叙写自己因乱世而远离故乡，胸中充满了思乡之情。最后借用典故和眼前萧瑟的景色抒发自己的才能得不到施展，心中充满悲愤的情怀。全赋起言登楼以消忧，结于下楼时愁闷塞胸，两相呼应，显得十分完整。

思考与练习：

1. 请依据此篇简要概括赋的文体特点。
2. 本篇前半部着力叙写荆州的景物，请问这对表达主题有什么作用？
3. 试分析本文的语言特色。

文心雕龙·神思

刘勰

[提示]

刘勰，字彦和，山东莒人，世居京口（今江苏镇江），生活于南朝齐梁间。他出身于没落的官僚家庭。由于父亲早死，家境贫困，在定林寺跟着僧祐生活了十多年，帮僧祐编定佛教经藏，因此精通佛学和儒学，成为中国古代最著名的文学理论家。刘勰在《文心雕龙》序里说他过了三十岁，曾梦见孔子，于是写作《文心雕龙》。据范文澜先生考证，本书写定于齐代末年，约在齐和帝中兴元年（501）前后。刘勰所著《文心雕龙》是我国古代第一部系统的文学批评理论专著，它奠定了我国古典文学批评的理论基础，对后世文学的发展有极大的影响。《文心雕龙》共10卷，50篇。原分上、下部，各25篇。全书包括总纲、文体论、创作论、作家作品论、文学批评论等内容。《神思》是《文心雕龙》的第二十六篇，主要探讨艺术构思问题。

古人云："形在江海之上，心存魏阙之下[1]。"神思之谓也。文之思也，其神远矣。故寂然凝虑，思接千载；悄焉动容，视通万里[2]；吟咏之间，吐纳珠玉之声；眉睫之前，卷舒风云之色；其思理之致乎[3]！故思理为妙，神与物游。神居胸臆，而志气统其关键[4]；物沿耳目，而辞令管其枢机[5]。枢机方通，则物无隐貌；关键将塞，则神有遁心。

是以陶钧文思[6]，贵在虚静，疏瀹五藏，澡雪精神[7]。积学以储宝，酌理以富才，研阅以穷照，驯致以怿辞[8]，然后使元解之宰[9]，寻声律而定墨[10]；独照之匠，窥意象而运斤[11]：此盖驭文之首术，谋篇之大端。

夫神思方运，万涂竞萌[12]，规矩虚位[13]，刻镂无形[14]。登山则情满于山，观海则意溢于海，我才之多少，将与风云而并驱矣。方其搦翰[15]，气倍辞前，暨乎篇成[16]，半折心始。何则？意翻空而易奇，言徵实而难巧也[17]。是以意授于思，言授于意，密则无际，疏则千里。或理在方寸而求之域表[18]，或义在咫尺而思隔山河[19]。是以秉心养术，无务苦虑[20]；含章司契，不必劳情也[21]。

人之禀才，迟速异分，文之制体，大小殊功。相如含笔而腐毫[22]，扬雄辍翰而惊梦[23]，桓谭疾感于苦思[24]，王充气竭于思虑[25]，张衡研京以十年[26]，左思练都以一纪[27]。虽有巨文，亦思之缓也。淮南崇朝而赋《骚》[28]，枚皋应诏而成赋[29]，子建援牍如口诵[30]，仲宣举笔似宿构[31]，阮瑀据案而制书[32]，祢衡当食而草奏[33]，虽有短篇，亦思之速也。

若夫骏发之士[34]，心总要术，敏在虑前，应机立断；覃思之人[35]，情饶歧路，鉴在虑后，研虑方定。机敏故造次而成功，虑疑故愈久而致绩。难易虽殊，并资博练[36]。若学浅而空迟，才疏而徒速，以斯成器，未之前闻。是以临篇缀虑[37]，必有二患：理郁者苦贫，辞溺者伤乱[38]，然则博见为馈贫之粮，贯一为拯乱之药，博而能一，亦有助乎心力矣。

若情数诡杂，体变迁贸[39]，拙辞或孕于巧义，庸事或萌于新意；视布于麻，虽云未贵，杼轴献功[40]，焕然乃珍。至于思表纤旨，文外曲致，言所不追，笔固知止。至精而后阐其妙，至变而后通其数，伊挚不能言鼎[41]，轮扁不能语斤[42]，其微矣乎！

赞曰：神用象通[43]，情变所孕。物以貌求，心以理应。

刻镂声律，萌芽比兴。结虑司契，垂帷制胜[44]。

（选自中华书局1980年出版的周振甫译注《文心雕龙选译》）

注释：

1. 古人：指战国时魏国的公子牟。他的话载《庄子·让王》："中山公子牟谓瞻子曰：'身在江海之上，心居乎魏阙之下，奈何！'"。"形在"二句：原指身在江湖，心在朝廷。这里借喻文学创作的构思活动。魏阙：指朝廷。魏：高大；阙：宫门。

2. 悄（qiǎo 巧）：静寂。

3. 致：达到。

4. 志气：作者主观的情志、气质。统：率领，管理。

5. 枢机：指主要部分。《周易·系辞上》："言行，君子之枢机，枢机之发，荣辱之主也。"孔颖达疏："枢，谓户枢；机，谓弩牙。言户枢之转，或明或暗；弩牙之发，或中或否，犹言行之动，从身而发，以及于物，或是或非也。"

6. 陶：制瓦器。钧：造瓦器的转轮。这里以"陶钧"指文思的掌握和酝酿。

7. 瀹（yuè 月）：疏通。藏：同"脏"，内脏。澡雪：洗涤。《庄子·知北游》："老聃曰：'汝齐（斋）戒疏瀹而（尔）心，澡雪而（尔）精神。'"

8. 宝：这里指人的知识。穷：探索到底。照：察看，引申为理解。致：情致。怿（yì 意）：一作"绎"，"绎"是整理、运用。

9. 元解之宰：指作家的心灵。元：通玄；宰：主宰。

10. 墨：文字。

11. 运斤：《庄子徐无鬼》有"匠石运斤成风"句。

12. 万涂：即万途，指思绪很多。

13. 规：画圆形的器具。矩：画方形的器具。这里是用"规矩"指赋予事物以一定的形态。虚位：指抽象的东西。

14. 镂（lòu 漏）：也是刻。无形：和上句"虚位"意同，指通过艺术构思而赋予抽象的东西以生动具体的形象。

15. 搦（nuò 诺）：握，持。翰：笔。

16. 暨（jì 计）：及。

17. 徵实：指作者把所想象的变成具体的文字。

18. 域表：疆界之外，指很远的地方。

19. 咫（zhǐ 止）尺：指距离很近。咫：八寸。

20. 秉：操持，掌握。务：专力。

21. 章：文采。契：约券，引申为规则。不必劳情：不必过于苦思。

22. 相如：指司马相如，字长卿，西汉著名作家，相传他的文思较慢。《汉书·枚乘（附皋）传》："司马相如善为文而迟。"王先谦补注引沈钦韩曰："《西京杂记》：'皋文章敏疾，长卿制作淹迟，皆尽一时之誉。'"含笔腐毫：古人写作前常以口润笔，兼行构思。毫：即毛，指毛笔。腐毫：形容构思时间之长。

23. 扬雄：西汉著名作家。辍（chuò 绰）翰惊梦：桓谭《新论·祛蔽》中说，扬雄写完了《甘泉赋》，因用心过度，困倦而卧，"梦其五脏出在地，以手收而内之"。（《全后汉文》卷十四）辍：停止。

24. 桓谭：东汉初年著名学者。疾感：《新论·祛蔽》中说，桓谭想学习扬雄的赋，因用心太苦而生病："余少时见扬子云之丽文高论，不自量年少新进，而猥欲逮及。尝激一事而作小赋，用精思太剧，而立感动发病，弥日瘳（愈）。"

25. 王充：字仲任，东汉著名思想家。气竭：《后汉书·王充传》说，王充"著《论衡》八十五篇，二十余万言。……年渐七十，志力衰耗"。

26. 张衡：字平子，东汉著名科学家、文学家。研《京》：写《二京赋》。十年：《后汉书·张衡传》："时天下承平日久，自王侯以下，莫不逾侈（过分奢侈）。衡乃拟班固《两都》，作《二京赋》，因以讽谏；精思傅会（即附会），十年乃成。"《二京赋》指《东京赋》和《西京赋》，载《文选》卷二、三。

27. 左思：字太冲，西晋文学家。练《都》：指写《三都赋》。练：煮缣（细绢）使洁白，这里指推敲文辞，构思作品。一纪：十二年。《文选·三都赋序》李善注引臧荣绪《晋书》说："左思……欲作《三都赋》，乃诣著作郎张华访岷邛之事。遂构思十稔（年），门庭藩溷（藩篱厕所），皆著纸笔，遇得一句，即疏之。……赋成，张华见而咨嗟，都邑豪贵，竟相传写。"

28. 淮南：淮南王刘安，西汉前期的思想家和文学家。崇：终。赋《骚》：指刘安所写有关《离骚》的作品，现已失传。高诱《淮南子叙》："（刘）安为辨达，善属文。皇帝为从父，数上书召见，孝文皇帝甚重之。诏使为《离骚赋》，自旦受诏，日早食已（完成）。上爱而秘之。"

29. 枚皋（gāo 高）：西汉辞赋家。应诏成赋：《汉书·枚乘（附皋）传》说，枚皋为文敏疾，"上有所感，辄使赋之。为文疾，受诏辄成，故所赋者多"。

30. 子建：曹植的字。他是三国时期魏国著名文学家。援：持。牍（dú 独）：木简，这里指纸。杨修《答临淄侯笺》说，曹植"握牍持笔，有所造作，若成诵在心"（见《文选》卷四十）。

31. 仲宣：王粲的字。他是“建安七子”中最杰出的作家。宿构：早就写好的。《三国志·魏书·王粲传》说，王粲作文“举笔便成，无所改定，时人常以为宿构”。

32. 阮瑀（yǔ语）：字元瑜，也是“建安七子”之一。案：当作“鞍”。《三国志·魏书·王粲传》注引《典略》说：“太祖（曹操）尝使瑀作书与韩遂，时太祖适近出，瑀随从，因于马上具草，书成呈之。太祖揽笔欲有所定，而竟不能增损。”

33. 祢（mí迷）衡：字正平，汉魏间的作家。当食、草奏：《后汉书·祢衡传》说，祢衡在黄射的一次宴会上，“人有献鹦鹉者，（黄）射举卮于衡曰：‘愿先生赋之以娱嘉宾。衡览（揽）笔而作，文无加点，辞采甚丽”。

34. 骏发：指文思的敏捷。骏：速。

35. 覃（tán谈）思：深思，这里指花很长的时间来思考，也就是文思迟缓。

36. 博练：广泛的训练，兼指上文“积学”“酌理”“研阅”“驯致”四个方面。

37. 缀虑：即构思。缀：联结。

38. 郁：不通畅。溺（nì逆）：沉迷，过分。

39. 体：风格。贸：变化。

40. 杼（zhù柱）轴：织机，献功：指加工。焕然：有光彩。

41. 伊挚：即伊尹，名挚，汤的臣子。鼎：古代烹煮用具。《吕氏春秋·本味》载伊尹借烹饪的道理比喻治国平天下的方法曾说：“调和之事，必以甘酸苦辛咸，先后多少，其齐（高诱注：‘和分也。’）甚微，皆有自起。鼎中之变，精妙微纤，口弗能言，志不能喻。”

42. 轮扁：古代善于斫轮的工匠，名扁。斤：斧子。

43. 象：指物象。通：沟通，结合。

44. 垂帷制胜：这里是以军机比喻写作，认为写作和军事上的运筹帷幄之中便可决胜千里之外一样，如能有卓越的艺术构思，便能创造出优秀的文学作品。垂帷：放下帷幕，指在军幕之中。《汉书·高帝纪》：“夫运筹帷幄之中，决胜千里之外。”

[提示]

《神思》是创作论的第一篇，是创作论的总纲。刘勰认为：创作论的第一个问题是艺术构思问题，并把艺术构思称为“驭文之首术，谋篇之大端”。

文章开篇便以极富诗意的语言和生动的比喻，描述了艺术想象的自由性及其超越时空的特点。接着，刘勰阐述了在艺术构思中人的精神与外界事物相通并游的妙处，以及人的志气（艺术禀赋）在艺术表达中的关键作用。并强调，酝酿文思，需要平定内心，保持虚静，使精神处于纯洁安宁的状态。同时指出知识积累、哲学思辨、钻研精神对文学创作的支撑作用，说明艺术想象并不会凭空产生，没有广博的学识，深邃的哲理思辨，以及深研事理的钻研精神，艺术想象就不会有驰骋的广阔天空。

文章第三段，分析艺术构思的一般规律、过程及难点。先讲艺术构思初期，无数的意念涌上心头，但这多是虚而不实的，需要运用一定的艺术规则，将这种纷繁的思绪化为具体的形象，把尚未定型的朦胧的意态尽可能具象化，使其栩栩如生。并且要调动情感，发挥艺术想象的功能，使才华得以充分施展。接着讲人们初提笔时，常常文气纵横，但文章完成时，却感极难达意。这其中的道理就在于艺术想象容易生出新奇的意念，但用文辞准确表达却难以做到。在文章写作中文辞表达的疏密非常关键，贴切时天衣无缝，疏漏时相隔万里。因此，秉心养术，训练艺术想象的方法，不必苦思苦虑，酝酿美好的文思，不必苦心劳情。

文章第四段、第五段，分析指出人们才情的差异，以及司马相如、杨雄等12位中国古代著名文学家各自不同的才情和艺术禀赋。同时阐明了文思敏捷的人和文思迟缓的人不同的创作方法，并说明这两种人，虽然才思有快有慢，难易也不相同，但都需积淀广博的学识和练就熟练的技巧，只有见识广博，中心一贯，才是补救内容贫乏和拯救文辞杂乱的药方。

文章第六段是补充内容。先说虽然有的文章情思混杂，体裁变异多端，但拙劣的文辞中有时含有巧妙的意义，平庸的事例中有时透露出新奇的思想，这就好比麻的原料虽比不过布的原料贵重，但经过枢机的纺织加工，便会焕发出光彩并显得十分珍贵。接着说明有很多想不到的细微意旨，文思以外的曲折情趣，语言难以说明，这里就不讨论了。艺术构思要达到最高境界才能够阐明它的精妙之处，懂得了文章最微妙的变化才能理解写文章的技巧，这就好比伊尹不能说明烹饪的巧妙，轮扁不能说明砍轮的技巧一样。

赞是全文的总结。说明精神与物象相通，产生变化的情思。物象用它的形貌打动作者，作者内心产生情感和思理来回应。并运用声律和比兴手法，产生艺术想象来构思文章，这样身在帷幄之中也能创作出好文章。

刘勰关于艺术构思的理论，比古人大大地前进了一步，他比较全面、系统、深刻地阐述了艺术构思的神妙之处和在文章写作中的重要作用，并阐明了艺术构思的一般规律、过程、难点，以及因作者的才情不同而产生的差异，同时探讨了艺术构思的基础和外在物象与人的艺术构思的相互关系等诸多问题，不仅达到了时代的最高水平，更为中国古代的艺术构思论创造了基本的话语体系。在中国古代文论关于艺术构思理论的探讨上，具有独特而崇高的地位。

思考与练习：

1. 刘勰关于艺术构思理论的主要内容是什么？

2. 你怎样理解刘勰所言“思理为妙，神与物游”这一理论？

3. 刘勰言：“神思方运，万涂竞萌，规矩虚位，刻镂无形”。请谈谈你对此的理解。

4. 刘勰言：“窥意象而运斤”。“意象”是刘勰文学理论体系中一个十分重要的概念，请结合《神思》一文，谈谈你对此的理解。

5. 背诵并翻译原文第一段。

世说新语（两篇）

刘义庆

[题解]

刘义庆（403—444），南朝宋宗室，袭封临川王，曾任豫州、荆州、南兖州刺史。为人朴素，爱好文学，有《世说新语》传世。《世说新语》为我国第一部志人小说集，该书按照类书的形式编排，分为《德行》《言语》《政事》《文学》等三十六篇，以类相从。内容主要记述东汉至东晋文人名士的言行，尤重于晋。《世说新语》文字简洁隽永，笔调含蓄委婉。寥寥几笔，刻画出生动的人物形象。《世说新语》一向受到古代文士的特别喜爱，后世笔记小说记人物言行，往往模仿其笔调。

任诞

王子猷尝暂寄人空宅住[1]，便令种竹。或问："暂住何烦尔？"王啸咏良久，直指竹曰："何可一日无此君？"

王子猷居山阴[2]，夜大雪，眠觉，开室命酌酒，四望皎然[3]。因起彷徨，咏左思招隐诗。忽忆戴安道[4]。时戴在剡[5]，即便夜乘小舟就之。经宿方至，造门不前而返。人问其故，王曰："吾本乘兴而行，兴尽而返，何必见戴？"

注释：

1. 王子猷（yóu）：王徽之的字，王羲之的儿子。
2. 山阴：今浙江省绍兴市。
3. 皎然：洁白光明貌。
4. 戴安道：戴逵的字。谯国（今安徽省北部）人，学识广博，善属文，音乐、书画等方面很有修养，隐居不仕。
5. 剡（shàn）：今浙江省嵊州市。

汰侈

石崇每要客燕集[1]，常令美人行酒[2]；客饮酒不尽者，使黄门交斩美人[3]。王丞相与大将军尝共诣崇[4]。丞相素不善饮，辄自勉强，至于沈醉。每至大将军，固不饮以观其变，已斩三人，颜色如故，尚不肯饮。丞相让之，大将军曰："自杀伊家人，何预卿事！"

注释：

1. 石崇：字季伦，西晋贵族，以豪奢著名。要（邀）：约请。燕：同宴。

2. 行酒：斟酒劝客。

3. 黄门交：即黄门校，近侍武士。

4. 王丞相：即王导，字茂弘，元帝时为丞相。大将军：即王敦，字处仲，是王导的从兄，元帝时为征南大将军。

思考与练习：

1. 请分析王徽之任性率真的生活态度。

2. 你怎样理解魏晋时期文人名士风流自赏的"魏晋风度"？

3. 请分析"汰侈"所反映的历史现实。

4. 为什么《世说新语》被称为志人小说？请以上述案例分析说明。

5. 请分析文章的语言风格。

行路难·其一

李白

[题解]

李白（701—762），字太白，号青莲居士，唐代伟大的浪漫主义诗人。在我国文学史上被称为“诗仙”，与杜甫并称“李杜”。诗作以古体和绝句见长。其诗风豪放飘逸，想象丰富，语言流转自然，音律和谐多变。他善于从民歌、神话中汲取营养素材，构成其特有的瑰丽绚烂的色彩，有《李太白集》。

《行路难》是乐府《杂曲歌辞》旧题。此诗是天宝三年（744 年）李白离开长安时所作，诗中写世路艰难，充满政治上遭遇挫折后的抑郁不平之感。

金樽清酒斗十千，玉盘珍羞直万钱。[1]
停杯投箸不能食[2]，拔剑四顾心茫然。
欲渡黄河冰塞川，将登太行雪满山。[3]
闲来垂钓碧溪上，忽复乘舟梦日边。[4]
行路难，行路难，多歧路[5]，今安在。
长风破浪会有时[6]，直挂云帆济沧海。[7]

（选自文渊阁影印本田库全书《李太白集注》）

注释：

1. 珍羞：珍贵的菜肴。羞：同“馐”。直：同“值”。

2. 停杯二句：鲍照《拟行路难》“对案不能食，拔剑击柱长叹息。丈夫生世会几时，安能蹀躞垂羽翼?”此化用其意。茫然：渺茫而无着落貌。

3. 欲渡二句：比喻人生途中的事与愿违。

4. 闲来二句，用了两个典故。垂钓：指姜子牙未遇文王之时，曾在磻溪钓鱼。乘舟：是指伊尹见汤以前，梦乘舟过日月之边。

5. 歧路：岔路。

6. 长风破浪：比喻宏大的抱负得以舒展。刘宋宗悫（què）少时，叔父宗炳问其志，答曰：“愿乘长风破万里浪。”（见《南史·宗悫传》）会：当。

7. 云帆：指航行在大海里的船只。因天水相连，船帆好像出没在云雾之中。

[提示]

天宝元年（742），李白奉诏入京，担任翰林供奉。李白本是个积极的人，他才高志大，很想像管仲、张良、诸葛亮等杰出人物一样干一番大事业，可是入京后，却没被唐玄宗重用，还受到权臣的谗毁排挤，两年后被“赐金放还”，变相撵出了长安。《行路难》即作于被迫离开长安时，感叹人生道路上的艰难险阻。

这首诗一共十四句，八十二个字，在七言歌行中只能算是短篇，但它跳荡纵横，具有长篇的气势格局。其重要的原因之一，就在于它百步九折地揭示了诗人感情的激荡起伏、复杂变化。既反映了由此而引起的诗人内心的强烈苦闷、愤郁和不平，同时又突出表现了诗人的倔强、自信和他对理想的执着追求，展示了诗人力图从苦闷中挣脱出来的强大精神力量。

这首诗在题材、表现手法上都受到鲍照《拟行路难》的影响，但却青出于蓝而胜于蓝。两人的诗，都在一定程度上反映了封建统治者对人才的压抑，而由于时代和诗人精神气质方面的原因，李诗揭示得更加深刻强烈，同时还表现了一种积极的追求、乐观的自信和顽强地坚持理想的品格。因而，和鲍作相比，李诗的思想境界就显得更高。

思考与练习：

1. 李白还有哪些诗歌如同本首一样，写得跌宕起伏、复杂变化？你喜欢这种风格吗？

2. 李白一直没能实现自己的政治抱负，你认为原因是什么？

[平行阅读]

鲍照《拟行路难》六

对案不能食，拔剑击柱长叹息。
丈夫生世会几时，安能蹀躞垂羽翼。
弃置罢官去，还家自休息。
朝出与亲辞，暮还在亲侧。
弄儿床前戏，看妇机中织。
自古圣贤尽贫贱，何况我辈孤且直。

春江花月夜[1]

张若虚

[题解]

张若虚（约660—约720），扬州（今属江苏）人。曾官兖州兵曹。文辞明丽俊秀。与贺知章、张旭、包融并称“吴中四士”。《全唐诗》中张若虚的诗仅存二首《春江花月夜》和《代答闺梦还》。《春江花月夜》脍炙人口，沿用乐府旧题，抒写真挚动人的情感及富有哲理的人生感叹，语言清新，韵律婉转，一洗宫体诗脂粉，予人空明清丽之感。

春江潮水连海平，海上明月共潮生。滟滟[2]随波千万里，何处春江无月明。江流宛转绕芳甸[3]，月照花林皆似霰。空里流霜不觉飞，汀上白沙看不见[4]。江天一色无纤尘，皎皎空中孤月轮。江畔何人初见月？江月何年初照人？人生代代无穷已，江月年年只相似。不知江月待何人，但见长江送流水。白云一片去悠悠，青枫浦上不胜愁。谁家今夜扁舟子？何处相思明月楼[5]？可怜楼上月徘徊，应照离人妆镜台。玉户帘中卷不去，捣衣砧上拂还来[6]。此时相望不相闻，愿逐月华流照君。鸿雁长飞光不度，鱼龙潜跃水成文[7]。昨夜闲潭梦落花，可怜春半不还家。江水流春去欲尽，江潭落月复西斜[8]。斜月沉沉藏海雾，碣石潇湘无限路[9]。不知乘月几人归，落月摇情满江树。

（选自中华书局1979年出版的《乐府诗集》卷四十七）

注释：

1. 春江花月夜：原是乐府旧题，属《清商曲·吴声歌》，相传始创于陈后主。

2. 滟滟：动荡闪光貌，这里指月光。

3. 芳甸：春天花草茂盛的原野，郊野地带为甸。

4. 霰：雪珠。流霜：古人认为霜像雪一样，来自天上，故用飞字形容。此处指月色。汀：水边沙地。

5. 青枫浦：在今湖南省浏阳市南浏水边。此处泛指远而荒僻的水边。扁舟子：乘小船漂泊的游子。明月楼：由楼指人，代指月明照亮闺阁楼中的思妇。

6. 徘徊：月下投影缓慢移动。玉户：装饰精美的门户。捣衣砧：古人洗衣棰击去污的石板。意即月光帘卷不去，思妇愁绪也似月光无法消除。

7. 鸿雁长飞：古人认为鸿雁能传送书信，事见《汉书·苏武传》。光不度：意即飞不过这无尽月光，书信不到之意。鱼龙：也只能扬起波纹阵阵，不能传情。

8. 闲潭：幽静的水边。潭通浔。“江潭”的“潭”同。

9. 碣石：山名，在今河北。潇湘：水名，在今湖南。前者指北，后者指南。意即相距遥远。

[提示]

全诗背景紧扣题目，描绘春江花月夜里清明澄澈的美景。月色空灵，尽情礼赞自然之瑰丽，引发对人生哲理的追求、对宇宙探索的赞叹。同时描述月夜恋人的真挚爱情，升华为对生命的衷心赞赏。

“月”景通贯前后，诗情饱满，随月升降而跌宕波澜。月亮初升移动，挥洒于天下——江流、芳甸、花林、飞霜、扁舟、青枫、阁楼、镜台、砧石、鸿雁、鱼龙、落花、海雾，以及家中不眠思妇和在外漂泊游子，组成一组完整诗卷，探索人生深邃哲理与宇宙神奇奥秘，展现一幅充溢人生哲理也弥漫生活情谊的画卷。全诗韵律节奏也富有特色。内在感情热烈深婉，韵律抑扬回旋。

本篇被闻一多先生誉为“诗中的诗，顶峰上的顶峰”（《宫体诗的自赎》）。流淌千年而魅力永恒，倾倒读者无数。张若虚一生仅留下两首诗，也因这一首诗，享誉文坛——“孤篇横绝，竟成大家”。

思考与练习：

1. 本诗意蕴丰富，试比较同题目的诗，做一分析。

2. 全篇视觉感强烈，其原因何在？

[平行阅读]

春江花月夜

杨广

暮江平不动，春花满正开。
流波将月去，潮水带星来。

（选自中华书局1979年出版的《乐府诗集》）

长恨歌

白居易

[题解]

白居易（772—846），晚唐著名诗人，字乐天，号香山居士，祖籍太原。唐贞元二十六年进士。元和时曾任翰林学士、左赞善大夫，因得罪权贵，被贬为江州司马，晚年官至太子少傅，谥号“文”，世称白傅、白文公。他一生作诗很多，以讽喻诗最为有名，语言通俗易懂，被称为“老妪能解”。在文学上积极倡导新乐府运动，主张“文章合为时而著，歌诗合为事而作”，写下了不少感叹时世、反映人民疾苦的诗篇，对后世颇有影响。

本诗作于唐宪宗元和元年（公元 806 年），时作者 35 岁，任周至县尉。白居易、陈鸿、王质夫三人于元和元年十月到仙游寺游玩。偶然间谈到了唐明皇与杨贵妃的这段悲剧故事，大家都很感叹。于是王质夫就请白居易写一首长诗，请陈鸿写一篇传记，二者相辅相成，以传后世。因为长诗的最后两句是“天长地久有时尽，此恨绵绵无绝期”，所以就称这首诗叫《长恨歌》，称那篇传叫《长恨传》。

汉皇重色思倾国[1]，御宇多年求不得。
杨家有女初长成[2]，养在深闺人未识。
天生丽质难自弃，一朝选在君王侧。
回眸一笑百媚生，六宫粉黛无颜色。
春寒赐浴华清池[3]，温泉水滑洗凝脂[4]。
侍儿扶起娇无力，始是新承恩泽时[5]。
云鬓花颜金步摇[6]，芙蓉帐暖度春宵。
春宵苦短日高起，从此君王不早朝。
承欢侍宴无闲暇，春从春游夜专夜[7]。
后宫佳丽三千人，三千宠爱在一身。
金屋妆成娇侍夜[8]，玉楼宴罢醉和春。
姊妹弟兄皆列土[9]，可怜光彩生门户。[10]
遂令天下父母心，不重生男重生女。
骊宫高处入青云[11]，仙乐风飘处处闻。
缓歌慢舞凝丝竹，尽日君王看不足。
渔阳鼙鼓动地来[12]，惊破霓裳羽衣曲[13]。

九重城阙烟尘生，千乘万骑西南行。
翠华摇摇行复止，西出都门百余里。
六军不发无奈何，宛转蛾眉马前死。
花钿委地无人收[14]，翠翘金雀玉搔头[15]。
君王掩面救不得，回看血泪相和流。
黄埃散漫风萧索，云栈萦纡登剑阁。
峨嵋山下少人行，旌旗无光日色薄。
蜀江水碧蜀山青，圣主朝朝暮暮情。
行宫见月伤心色，夜雨闻铃肠断声。
天旋地转回龙驭[16]，到此踌躇不能去。
马嵬坡下泥土中，不见玉颜空死处。
君臣相顾尽沾衣，东望都门信马归。
归来池苑皆依旧，太液芙蓉未央柳[17]。
芙蓉如面柳如眉，对此如何不泪垂。
春风桃李花开日，秋雨梧桐叶落时。
西宫南内多秋草[18]，落叶满阶红不扫。
梨园弟子白发新，椒房阿监青娥老。
夕殿萤飞思悄然，孤灯挑尽未成眠。
迟迟钟鼓初长夜，耿耿星河欲曙天。
鸳鸯瓦冷霜华重，翡翠衾寒谁与共。
悠悠生死别经年，魂魄不曾来入梦。
临邛道士鸿都客[19]，能以精诚致魂魄。
为感君王辗转思，遂教方士殷勤觅。
排空驭气奔如电，升天入地求之遍。
上穷碧落下黄泉[20]，两处茫茫皆不见。
忽闻海上有仙山，山在虚无缥渺间。
楼阁玲珑五云起，其中绰约多仙子。
中有一人字太真，雪肤花貌参差是。
金阙西厢叩玉扃[21]，转教小玉报双成[22]。
闻道汉家天子使，九华帐里梦魂惊。
揽衣推枕起徘徊，珠箔银屏迤逦开。
云鬓半偏新睡觉[23]，花冠不整下堂来。
风吹仙袂飘飖举，犹似霓裳羽衣舞。
玉容寂寞泪阑干[24]，梨花一枝春带雨。
含情凝睇谢君王，一别音容两渺茫。

昭阳殿里恩爱绝[25]，蓬莱宫中日月长[26]。
回头下望人寰处，不见长安见尘雾。
惟将旧物表深情，钿合金钗寄将去。
钗留一股合一扇，钗擘黄金合分钿[27]。
但教心似金钿坚，天上人间会相见。
临别殷勤重寄词[28]，词中有誓两心知。
七月七日长生殿，夜半无人私语时。
在天愿作比翼鸟，在地愿为连理枝。
天长地久有时尽，此恨绵绵无绝期。

（选自中华书局1979年出版的《白居易集》）

注释：

1. 汉皇：中唐后很多诗人以汉武帝刘彻代指唐玄宗。倾国：汉武帝的乐人李延年，曾在武帝面前起舞唱歌，赞叹其妹妹的美丽："北方有佳人，绝世而独立，一顾倾人城，再顾倾人国……"所以后世用倾国倾城来形容美丽的女子。

2. 杨家有女：指杨贵妃。蜀州司户杨玄琰的女儿，从小养在叔叔杨玄珪家，小名玉环。开元二十三年，册封为寿王妃。二十八年玄宗使她为道士，住太真宫，道号太真，天宝四年册封为贵妃。

3. 华清池：开元十一年建温泉宫于骊山，天宝六年改名华清宫，温泉池也改名华清池。

4. 凝脂：形容皮肤白嫩而柔滑。

5. 承恩泽：指得到皇帝的宠遇。

6. 步摇：一种首饰的名称。用金银丝宛转屈曲制成花枝形状，上缀珠玉，插在发髻上，行走时摇动，所以叫步摇。

7. 专夜：专宠。

8. 金屋：汉武帝年幼时候，他的姑母曾经问他要不要她的女儿阿娇为妻，汉武帝说："若得阿娇，当以金屋贮之。"后来金屋指男子所宠爱的女子的住所。

9. 姊妹弟兄：指杨贵妃一家。杨玉环受册封以后，她的三位姐姐分别封为韩、虢、秦国夫人。其伯叔兄弟也纷纷被册封。列土：分封土地和官职。

10. 可怜：可羡。

11. 骊宫：指骊山的华清宫。

12. 渔阳：天宝元年河北道的蓟州改称渔阳郡。当时所辖之地约在今北京市东面的地区。属平卢、范阳、河东三镇节度使安禄山管辖。鼙鼓：古代军中用的小鼓。

13. 霓裳羽衣曲：舞曲名，本名《婆罗门曲》。开元中，西凉节度使杨敬述所献，后经李隆基润色并制作歌词。

14. 花钿：古代一种镶嵌金花的首饰。

15. 翠翘：一种形似翡翠鸟尾的首饰。金雀：钗名。玉搔头：玉簪。

16. 天旋地转：比喻国家从倾覆后得到恢复。回龙驭：指玄宗由蜀中回到长安。龙驭：皇帝的车驾。

17. 太液、未央：泛指宫廷池苑。太液：汉建章宫北池名。未央：汉代宫名，开国丞相萧何所建。

18. 西宫：西内，指太极宫。南内：指兴庆宫。《新唐书·宦官传》记载：李辅国胁迫太上皇（即唐玄宗）从兴庆宫迁到"西内"。

19. 临邛：今四川省邛崃市。鸿都：洛阳北宫名，设学校和藏书处。鸿都客：一说这位四川方士曾在洛阳住过，一说指临邛道士来京都为客，鸿都借指长安。

20. 碧落：指天。道教经典说，东方第一天，有碧霞遍布，叫碧落。

21. 玉扃：玉做的门。

22. 小玉：传说中吴王夫差的小女儿。双成：传说中西王母的侍女。

23. 睡觉：睡醒。

24. 阑干：流泪貌。

25. 昭阳殿：汉代宫殿名，汉成帝皇后赵飞燕住过的地方。这里指杨贵妃的旧居处。

26. 蓬莱宫：传说中的海上仙山。

27. 擘：分开。

28. 重寄词：一说读（zhòng），郑重其事地捎话；一说读（chóng），反复叮咛捎话。

[提示]

《长恨歌》以安史之乱为背景，写了唐明皇和杨贵妃的爱情故事。这首诗歌是作者的代表作之一。本诗的主题历来是后世人们争议的话题，诗歌以欢乐的形式开头却以悲剧来结尾。白居易立意要"惩尤物"，却又写成了一首爱情颂歌。究竟是政治讽喻还是歌颂爱情？或者二者兼而有之？也许读者都有自己心中的长恨歌主题。

本诗是一首叙事诗歌，但并不是在叙述历史。只是借着历史，依托人们的传说，蜕化出一个婉转动人、缠绵悱恻的爱情故事。它将李杨二人的爱情，放到一个动乱的环境中，将两个人的热恋，生离死别时的哀痛，尤其是后来的相思，表现得极为真挚，并成功塑造了一对痴情男女的形象，这影响了后世通俗文艺对李杨二人爱情的看法和人物形象的塑造。如著名的戏剧《梧桐雨》和《长生殿》。

本诗按照时间的顺序进行叙事，其成功之处在于抒情，相当复杂的情节用了凝练的话语来交代。而着力在情的渲染，在抒情时，又将抒情与叙事和写景非常完美地结合在一起，深刻细致地摹画出人物的内心情感，成功地塑造了人物形象。其中有不少名句感人至深，千百年来一直为人传诵。诗中戏剧化和神话化的描写和浓郁的浪漫主义色彩，也是它具有很强的艺术魅力的原因。

思考与练习：

1. 长期以来，对本诗的主题就理解不一，你的理解是什么？你如何看待李杨二人的爱情？

2. 本诗是一个现实主义的题材，但在诗歌中出现了蓬莱仙山的浪漫主义的描写，这段文字有什么作用？

3. 请举例说明该诗是怎样把叙事、抒情和写景完美地结合在一起的？

[平行阅读]

胡旋女

白居易

胡旋女，胡旋女，心应弦，手应鼓。弦鼓一声双袖举，回雪飘飖转蓬舞。左旋右转不知疲，千匝万周无已时。人间物类无可比，奔车轮缓旋风迟。曲终再拜谢天子，天子为之微启齿。胡旋女，出康居，徒劳东来万里余。中原自有胡旋者，斗妙争能尔不如。天宝季年时欲变，臣妾人人学圜转。中有太真外禄山，二人最道能胡旋。梨花园中册作妃，金鸡障下养为儿。禄山胡旋迷君眼，兵过黄河疑未反。贵妃胡旋惑君心，死弃马嵬念更深。从兹地轴天维转，五十年来制不禁。胡旋女，莫空舞，数唱此歌悟明主。

西塞山怀古

刘禹锡

[题解]

刘禹锡（772—842），字梦得，唐代中晚期诗人，晚年自号庐山人，彭城（今江苏徐州）人，是汉中山靖王后裔，政治上主张革新，是王叔文派政治革新活动的中心人物之一。其诗现存800余首，其中学习民歌，反映民众生活和风土人情的诗，题材广阔，风格上汲取巴蜀民歌含蓄婉转、朴素优美的特色，清新自然，健康活泼，充满生活情趣；讽刺诗往往以寓言托物手法，抨击镇压永贞革新的权贵，涉及较广的社会内容。晚年所作，风格渐趋含蓄，讽刺而不露痕迹。

西塞山，在今湖北大冶东面的长江边，岚横秋塞，山锁洪流，是六朝有名的军事要塞。长庆四年（824）刘禹锡由夔州刺史调任和州刺史，沿江东下，途经西塞山，即景抒怀，写下此诗。诗人讲述了建都金陵的几个朝代的兴亡，希望唤起人们的注意，吸取往日的教训，表现出诗人对国家的赤诚忠心。全诗借古喻今，沉郁感伤，但繁简得当，直点现实。

王濬楼船下益州[1]，金陵[2]王气黯然收。
千寻铁锁沉江底[3]，一片降幡[4]出石头[5]。
人世几回伤往事，山形依旧枕寒流。
从今四海为家日[6]，故垒萧萧芦荻秋[7]。

（选自岳麓书社2003年出版的陶敏、陶红雨校注《刘禹锡全集编年校注》）

注释：

1. 王濬，字士治，弘农湖县（今河南灵宝西南）人，官益州刺史。

2. 金陵：今江苏南京。

3. 千寻句：当时吴国曾于江中锁以铁链，王濬用大火炬将它烧断。千寻：古时八尺曰寻，这里只是形容其长。

4. 降幡：降旗。

5. 石头：指石头城，故址在今江苏省南京清凉山，吴孙权时所筑，唐武德时废。

6. 四海为家：意即天下统一。

7. 故垒：指西塞山，也包括六朝以来的战争遗迹。

[提示]

太康元年（280）晋武帝命王濬率领水军，顺江而下，讨伐东吴，本诗便以这件史事为题材。首联写西晋水军出发，东吴在战争开始时的反应，一“下”即“收”，两字对举渲染出一方是声势赫赫，一方是闻风丧胆。第二联顺势而下，直写战事及其结果，苦心经营的工事被毁，直到举旗投降，步步紧逼，一气直下。诗的前四句，洗练、紧凑，在对比之中写出了双方的强弱，进攻的路线，攻守的方式，战争的结局。第五句以“几回”二字括过六代，繁简得宜，言简意赅。第六句“山形”指西塞山，“寒”字和结句的“秋”字照应，诗人没有描绘眼前西塞山如何奇伟竦峭，而是突出“依旧”二字，用山川映衬人事的沧桑变化，六朝的短促，既表现出“江山不管兴亡恨，一任斜阳伴客愁”的意境，又从另一个角度对上一句的“伤”字作了补充，所以纪昀说：“第六句一笔折到西塞山是为圆熟”。第七句宕开一笔，直写“今逢”之世，第八句说往日的军事堡垒，如今已荒废在一片秋风芦荻之中，这残破荒凉的遗迹，是六朝覆灭的见证，更是分裂失败的象征，也是“今逢四海为家”、江山一统的结果。怀古慨今，收束全诗。

诗人在剪裁上颇具功力，他从众多的史实中单选西晋灭吴一事，这是耐人寻味的。东吴是六朝的头，又有颇为“新颖”的防御工事，竟然覆灭了，所以写吴的灭亡，不仅揭示了吴王的昏聩，也反映了国家的统一是历史的必然。其次，诗人写晋吴之战，重点是写吴，而写吴又着重点出那种虚妄的精神支柱“王气”、天然的地形、千寻的铁链，皆不足恃，这就从反面阐发了一个深刻的思想，那就是“兴废由人事，山川空地形”。可见如此剪裁，就在于能完满地表现主题思想。

本诗寓深刻的思想于纵横捭阖、酣畅流利的风调之中，诗人好像是在客观地叙述往事，描绘古迹，其实是借古喻今，直点现实，把嘲弄的锋芒指向在历史上曾经占据一方、但终于覆灭的统治者，正是对唐朝重新抬头的割据势力的迎头痛击。“万户千门成野草，只缘一曲《后庭花》”，六朝覆灭的教训，对于当时骄侈腐败的唐王朝来说，是一面很好的镜子。

思考与练习：

1. 本诗对晋吴之战的形势从哪些方面做了形象地描绘？用了什么手法？

2. 本诗在内容剪裁和结构安排上有什么特色？这对于凸显本诗的主题思想有什么作用？

3. 结合本篇，说说咏史怀古诗的特点。

[平行阅读]

乌衣巷

刘禹锡

朱雀桥边野草花，乌衣巷口夕阳斜。
旧时王谢堂前燕，飞入寻常百姓家。

（选自岳麓书社 2003 年出版的陶敏、陶红雨校注《刘禹锡全集编年校注》）

蝶恋花（槛菊愁烟兰泣露）

晏殊

[题解]

晏殊（991—1055），字同叔，北宋抚州临川县文港乡（今南昌进贤）人，北宋前期著名词人，封临淄公，谥号元献，世称晏元献。晏殊历任要职，更兼提拔后进，如范仲淹、韩琦、欧阳修等，皆出其门。晏殊以词著于文坛，尤擅小令，多表现诗酒生活和悠闲情致，语言婉丽，颇受南唐冯延巳的影响。晏词造语工巧浓丽，音韵和谐，风流蕴藉，温润秀洁，今存《珠玉词》及清人所辑《晏元献遗文》。

本词是晏殊写闺思的名篇。上片移情入景，选取眼前的景物，注入主人公的感情，点出离恨；下片承离恨而来，通过高楼独望把主人公望眼欲穿的神态生动地表现出来。王国维《人间词话》把此词“昨夜西风”三句和欧阳修、辛弃疾的词句一起比作治学的三种境界，足见本词之负盛名。

槛菊愁烟兰泣露[1]，罗幕轻寒，燕子双飞去。明月不谙[2]离恨苦，斜光到晓穿朱户。

昨夜西风凋碧树[3]，独上高楼，望尽天涯路。欲寄彩笺无尺素[4]，山长水阔知何处？

（选自人民文学出版社1981年出版的中国社会科学院文学研究所编《唐宋词选》）

注释：

1. 槛：花园的围栏。
2. 谙（ān）：熟悉，了解。
3. 凋碧树：使树木的绿叶枯落。
4. 彩笺：古人用来题咏荷写信用的小幅彩色纸张，这里代指题咏之作。尺素：古人书写用的一尺长左右的白色生绢，后来作为书信的代称。

[提示]

这首词写深秋怀念远人，很能反映晏殊和北宋初年的词风。

上片写长夜相思之苦。离愁别恨通过秋夜景物烘托出来，词人并不着眼于外在景物的描写，而写人对景物的感受，把菊兰人格化，把情思附着于无知无情的自然物。“罗幕轻寒”既是深秋气候的生理感受，也有因愁生寒的言外之意，由心理而及生理，又用生理寒的感受表现心理的愁。承轻寒而写“燕子双飞去”，其实是人不耐轻寒，而反说燕子；燕双飞，更反衬人的孤独，写情非常委婉含蓄。“明月不谙离恨苦”，暗点因离恨相思而长夜未眠，埋怨月圆人不圆。燕子飞去而明月长夜相伴是一层对比，而离去者相伴者，均不谙主人公离恨之苦，又是一层对比。明月常是离愁别恨中与人相伴的意象，如李白“举杯邀明月”“举头望明月，低头思故乡”等。这里明月成为令人生怨的意象，构思新颖，苏轼《水调歌头》“不应有恨，何事长向别时圆”，当由此化出。怨燕子怨明月，都移情于物，以无理之怨表现有情之思。

下片写登楼望远之愁。“昨夜”承上照应，又换时换境过渡下片“西风凋碧树”，以景喻情，因愁而憔悴。“独”与“燕子双飞去”的“双”字对比。“望尽天涯路”写人物望远，表现思念至切，且暗含思念之人远在天涯之意。离人天涯，望尽路而不见，远人不见而想寄信通情，层层深入，词意自转。彩笺指彩色精美的笺纸，供题诗写信；尺素是古人书写的素绢，常为一尺，代称书信，语出《古诗》：“客从远方来，遗我双鲤鱼。呼儿烹鲤鱼，中有尺素书。”宋代盛行用纸，而仍以精美彩笺、尺素代指书信，是沿用习惯意象，也含浓情深意，唯精美之物方足以珍重寄托之意。“山长水阔”照应“天涯路”，既是登楼望远所见实景，也是长夜相思后望远而生的心理感受，思念越切，越觉山遥路远，无处寻觅，把殷切思念远人和无处寄情达意的失望惆怅，表现得委婉而又尽致。

本词移情于景，以景托情，用正面衬托和反面衬托，表现离愁别绪委婉细腻，思想内容，表现手法，都体现婉约派典型风格。

思考与练习：

1. 本篇遣词用字十分考究，请举例并分析。
2. 你知道王国维所说的“三种境界”吗？他的借用效果怎样？
3. 古人多有登楼远眺之作，你能举出几例并加以分析吗？

[平行阅读]

踏莎行（小径红稀）

晏殊

小径红稀，芳郊绿遍，高台树色阴阴见。春风不解禁杨花，蒙蒙乱扑行人面。
翠叶藏莺，朱帘隔燕，炉香静逐游丝转。一场愁梦酒醒时，斜阳却照深深院。

（选自人民文学出版社 1981 年出版的中国社会科学院文学研究所编《唐宋词选》）

踏莎行（郴州旅舍）[1]

秦观

［题解］

秦观（1049—1100），字少游，一字太虚，号淮海居士，高邮人，宋神宗元丰八年（1085 年）进士，曾任太学博士、秘书省正字、国史院编修官。政治上倾向旧党，哲宗时“新党”执政，被贬为监处州酒税，徙郴州，编管横州，又徙雷州，至滕州而卒。他与黄庭坚、晁补之、张耒号称为“苏门四学士”，颇得苏轼赏识。秦观是北宋后期著名婉约派词人，其词大多描写男女情爱和抒发仕途失意的哀怨，文字工巧精细，音律谐美，情韵兼胜。张炎《词源》说：“秦少游词体制淡雅，气骨不衰，清丽中不断意脉，咀嚼无滓，久而知味。”著有《淮海集》40 卷、《淮海词》（又名《淮海居士长短句》）等。

这是一首寄托个人身世之感的抒情词。宋哲宗绍圣初年，秦观因受“元祐党人”的牵连，先贬为杭州通判，继而又因“影附苏轼，增损《实录》”再贬监处州酒税，最后又被迁徙郴州。政治上连续的挫折与打击，生活上一再的变动和颠簸，使词人感到理想破灭，前途渺茫，心情因之也极度低沉。这首词形象地刻画了作者被贬郴州时的孤独处境和屡遭贬低而产生的不满之情，就作者的遭遇和词中所反映的情绪看，似不能简单地把这首词归结为一般的羁旅相思之作。

雾失楼台，月迷津渡[2]。桃源望断无寻处[3]。可堪孤馆闭春寒，杜鹃声裹斜阳暮[4]。

驿寄梅花[5]，鱼传尺素[6]。砌成此恨无重数。郴江幸自绕郴山[7]，为谁流下潇湘去。

（选自人民文学出版社 1981 年出版的中国社会科学院文学研究所编《唐宋词选》）

注释：

1. 郴州：今湖南郴州市。

2. 津渡：渡口。“失”与“迷”在本句中互文见义。

3. 桃源：“桃花源”的简称，陶渊明在《桃花源记》中虚构的世外乐园，并称其在武陵（今湖南常德西）。望断：遥望直至看不见。

4. 可堪：哪堪，怎么受得住。杜鹃：又名杜宇、子规。相传为古蜀王杜宇之魂所化，春末夏初，常昼夜啼鸣，其声哀切，极易勾起离人游子的归念愁思。

5. 驿寄梅花：请邮差寄送梅花，这里用来代指亲人的书信和安慰，语出三国时陆凯《赠范晔》诗："折梅逢驿使，寄与陇头人。江南无所有，卿寄一枝春。"

6. 鱼传尺素：古人寄书信用鲤鱼形木函，语出古乐府诗《饮马长城窟行》："客从远方来，遗我双鲤鱼。呼儿烹鲤鱼，中有尺素书。"

7. 郴江：水名，源出郴州东面的黄岑山，入湘江。

[提示]

本词上片写孤独的处境。开篇三句便勾勒出一个夜雾凄迷、月色昏黄的画面。"雾失楼台"的"失"字用得生动，因为整个空间布满了浓雾，所以在作者眼中，楼台已消失得无影无踪。"月迷津渡"与首句两两相对，十分工整；同时，它又是首句的补充，一个"迷"字，仿佛连月亮也有了人的情感。而词人瞩目之所在，并非眼前的"楼台"与"津渡"，而是那长期索系于心头的"桃源"。"桃源"，既是现实中的桃源县，又是词人的理想所在。然而，即使望穿双眼，"桃源"仍无处可寻，词人屡遭贬低之后的极度灰心失望的情绪跃然纸上，凄苦心情可想而知。本来已经凄苦难耐，又怎忍受得了"孤馆""春寒""鹃声""斜阳"的交叉袭击呢！"可堪"二字是感情的直接抒发，"闭"字准确生动，含义深厚。

下片写被贬低的不满心情。"驿寄梅花"三句承"闭"字加以展开。"闭"在"孤馆"之中的情况又如何呢？有了"梅花"和"尺素"这样的礼物和音信，似可略慰远谪他乡的游子之心了，然而事与愿违，这一切反而加重了孤寂怨恨之情，"砌成此根无重数"便是发自作者内心的最强音。"砌"字新颖、生动，有此一"砌"字，那一封封书信、一束束梅花，仿佛变成一块块砖头，层层垒起，甚至发展到"无重数"这一极限，词人心情的沉重可想而知。"郴江幸自绕郴山，为谁流下潇湘去"是即景生情、寓情于景的警句，表面看，这两句似在写羁旅相思之情，实际上，是词人政治失意，愤懑失落的形象抒写。

本词即景生情，寓情于景，语言清新洗练，风格婉转含蓄，在艺术上达到很高的境界。结构的匀称与构思的精到特别值得一提。这首词上下片的字、句、平仄、韵律完全相等，下片实际上是上片的重唱。上片在构思上是收束式的，作者把自己作为一个独立存在的小单位，处于浓雾的重重包围之中，在"孤馆"里独处、孤寂无依；下片是开放式的，作者通过虚实两方面有关细节的描绘，展开了想象的翅翼，把"闭"在"孤馆"中的小我与大世界联结了起来，抒写出超越时空局限的内在情感，上片与下片形成强烈对比。这首词之所以耐人咀嚼，原因也正在此。

思考与练习：

1. 分析本词中虚景所产生的象征意味。
2. 举例说明本词在用字上的新颖独到之处。
3. 本词在结构和构思上有何独到之处？

[平行阅读]

江城子（西城杨柳弄春柔）

秦观

西城杨柳弄春柔。动离忧。泪难收。犹记多情，曾为系归舟。碧野朱桥当日事，人不见，水空流。

韶华不为少年留。恨悠悠。几时休。飞絮落花时候，一登楼。便作春江都是泪，流不尽，许多愁。

（选自中华书局1957年出版的龙榆生点校《淮海居士长短句》）

清平乐[1]（别来春半）

李煜

[题解]

李煜（937—978），南唐后主，字重光，南唐中主第六子，徐州人。公元 961 年至 975 年在位共十五年，世称李后主。他嗣位时，南唐已奉宋称臣，苟安于江南。至 975 年宋兵南下攻破金陵城，他被俘押至汴京，封违命侯。太平兴国三年（978），被宋太宗于宴会上毒杀，葬洛阳邙山。

李煜精于书画，谙于音律，是亡国之君，却是文学天才，工于诗文，词尤为五代之冠。宋人辑有《南唐二主词》，现存词可以确定者仅三十余首。

他从李后主降为囚徒，此巨变明显影响其创作，前后期词呈现迥异风貌。早期词抒写宫廷豪华生活，绮丽柔靡，不脱“花间”气。后期词洗脱宫廷气息，悲凉真挚，用语清婉，音韵谐和，境深意远，表现亡国之君的无限悲情。其重哲理和浓郁感染力极易引发共鸣。如流传甚广的《浪淘沙》《虞美人》等，为苏辛“豪放”派埋了伏笔，正如王国维在《人间词话》所评：“词至李后主而眼界始大，感慨遂深。”

别来春半，触目柔肠断。砌下落梅如雪乱[2]，拂了一身还满。
雁来音信无凭[3]，路遥归梦难成。离恨恰如春草，更行更远还生[4]。

（选自人民文学出版社 1958 年出版的詹安泰著《李璟李煜词》）

注释：

1. 清平乐：唐教坊曲名，越调。

2. 砌：台阶之意。

3. 雁来音信：古代有鸿雁传书的故事，以雁做使者传递书信。此处谓雁已来却没传来远方人的音讯。

4. 恰如春草：承接前“落梅”满身，春草生生不息满天涯，象征离愁别绪日渐浓郁，欲罢不能之状。

[提示]

读后主词者，无不知《虞美人》（春花秋月何时了），也多熟读《浪淘沙令》（帘外雨潺潺），但不一定读这首《清平乐》。李煜早期词作写宫廷宴饮歌舞，沿袭旧体，语言却已呈现极高造诣，这点与其身份变化后的词异曲同工。本篇是一首抒发离愁别恨的名篇，情境深挚。缘于后主乾德四年（966 年），其弟从善入宋离久不归，对远方留作人质的手足兄弟怀念极深，提笔作此，却不局限于个体情怀，用虚笔点染，描绘出一种普遍而抽象的离愁别恨的情感，语言平易且情深感人。

上片从己方落笔，点出春暮及相别时间，下片由彼方措意，动态抒写离恨。最突出是错落有致笔法，清新淡雅，情景交融，兼抒离情。借落梅、鸿雁、春草等意象直抒胸臆，达至扣人心弦之效。用笔轻柔缥缈，形成审美情感的张力。春意浓，春光媚，人皆欢颜，唯因思念断肠神伤，台阶白梅如雪，纷扬飘落，杂乱堆积，轻拂却又落一身，极像不能驱散挥拂的离愁，不绝痛苦。雁来，信不来，雁去，人不归，路漫，归路还长，梦亦难回。离恨就好似越走越远还茂盛浓密的春草，长满天涯路。这种善用譬喻把抽象的感情形象化的写法，也令读者难忘。

李煜此作纯用白描，韵致自然，用词明净，把迂回愁绪曲折心境，表现得境深意远，引发永恒艺术遐想。

思考与练习：

1. 试举例分析本词怎样做到格调清新？

2. 分析本篇自己喜欢的名句。

[平行阅读]

南乡子·归梦寄吴樯

陆游

归梦寄吴樯，水驿江程去路长。想见芳洲初系缆，斜阳，烟树参差认武昌。

愁鬓点新霜，曾是朝衣染御香。重到故乡交旧少，凄凉，却恐他乡胜故乡。

（选自浙江人民出版社 1958 年出版的疾风著《陆放翁诗词选》）

留侯论[1]

苏轼

[题解]

苏轼（1037—1101），北宋文学家、书画家。字子瞻，号东坡居士，眉山（今四川眉山）人。与父亲苏洵、弟弟苏辙合称“三苏”。在政治上既不见容于新党，又为旧党所不满，所以屡遭贬斥。仕途坎坷波折，对其思想与创作均产生深刻影响，积极进取和达观放任共存于一身。诗、词、文兼擅，俱为一代大家。散文纵横恣肆，文理畅达，为唐宋八大家之一。有《苏东坡集》。

古之所谓豪杰之士，必有过人之节[2]。人情有所不能忍者，匹夫见辱[3]，拔剑而起，挺身而斗，此不足为勇也。天下有大勇者，卒然临之而不惊[4]，无故加之而不怒，此其所挟持者甚大[5]，而其志甚远也。

夫子房受书于圯上之老人也[6]，其事甚怪。然亦安知其非秦之世有隐君子者[7]，出而试之？观其所以微见其意者[8]，皆圣贤相与警戒之义，而世不察，以为鬼物[9]，亦已过矣。且其意不在书[10]。当韩之亡[11]，秦之方盛也，以刀锯鼎镬待天下之士[12]，其平居无罪夷灭者[13]，不可胜数。虽有贲、育[14]，无所复施。夫持法太急者[15]，其锋不可犯，而其势未可乘[16]。子房不忍忿忿之心，以匹夫之力，而逞于一击之间[17]。当此之时，子房之不死者，其间不能容发[18]，盖亦已危矣。千金之子，不死于盗贼，何者？其身之可爱，而盗贼之不足以死也[19]。子房以盖世之才，不为伊尹、太公之谋[20]，而特出于荆轲、聂政之计[21]，以侥倖于不死，此圯上老人之所为深惜者也。是故倨傲鲜腆而深折之[22]，彼其能有所忍也，然后可以就大事，故曰：“孺子可教也”。

楚庄王伐郑，郑伯肉袒牵羊以逆。庄王曰：“其君能下人，必能信用其民矣。”遂舍之[23]。勾践之困于会稽，而归臣妾于吴者，三年而不倦[24]。且夫有报人之志[25]，而不能下人者，是匹夫之刚也。夫老人者，以为子房才有余，而忧其度量之不足，故深折其少年刚锐之气，使之忍小忿而就大谋。何则？非有生平之素[26]，卒然相遇于草野之间，而命以仆妾之役[27]，油然而不怪者[28]，此固秦皇之所不能惊，而项籍之所不能怒也[29]。

观夫高祖之所以胜，而项籍之所以败者，在能忍与不能忍之间而已矣。项籍惟不能忍，是以百战百胜，而轻用其锋[30]；高祖忍之，养其全锋，以待其弊[31]，此子房教之也。当淮阴破齐而欲自王，高祖发怒，见于词色[32]。由是观之，犹有刚强不忍之气，非子房，其谁全之[33]？

太史公疑子房以为魁梧奇伟，而其状貌乃如妇人女子，不称其志气。呜呼！此其所以为子房欤[34]！

（选自人民文学出版社 2002 年出版的张志烈，张晓蕾著《苏轼选集》）

注释：

1. 本篇为苏轼应制科考《进论》之一，作于宋仁宗嘉祐六年（1061）。留侯：即张良（?—前 186?），字子房，曾辅高祖刘邦败项羽而一统天下，立汉朝。刘邦把他封于留（今江苏徐州），故称留侯。后隐不知所往。

2. 节：品德，操守。

3. 匹夫见辱：常人受到侮辱，匹夫，即指普通人。

4. 卒：同“猝”，突然。

5. 所挟持者：胸襟宽阔，志存高远。

6. “夫子房”句：《史记·留侯世家》记载：张良在下邳桥遇到自称黄石公的老人，故意扔鞋桥下，命张良为他拾回并穿上鞋。张良初怒，后强忍下桥取来并穿上。老人反复考验，终于送张良《太公兵法》，说读了本书，可作帝王师。

7. 隐君子：隐居高人，此指圯上老人。

8. 微见其意：略显露一点用意，指圯上老人反复考验张良的目的。

9. 以为鬼物：因为圯上老人之事甚为奇特，故古人曾以为其乃神怪。

10 其意不在书：圯上老人主要用意不是送给张良兵法书。

11. 韩之亡：韩国于公元前 230 年亡。秦灭六国，最先灭韩。张良祖父、父亲皆为韩相。

12. “以刀锯”句：指秦王凶残之状，刀锯杀人，鼎镬烹煮。鼎是古代烹饪器具，常为三足两耳。镬是无足大鼎锅。此处刀锯鼎镬皆言各种残酷刑罚。

13. 夷灭：灭族。古代杀戮罪人全家全族，常称为“夷”。

14. 贲、育：孟贲、夏育，皆古代著名勇士，力大殊于常人。

15. 持法：执法。急指峻急，严厉。

16. 其势未可乘：形势有利于秦，没有可乘之机。

17. “子房”三句：《史记·留侯世家》记载，张良原为韩国贵族，秦灭韩后，张良愤愤不平，力图刺秦王以复仇，倾家财，寻到一力士，在博浪沙用百二十斤铁锤狙击秦始皇，但误打于副车上，未实现复仇愿望。张良此后即隐姓埋名，伺机报仇。

18. 间不容发：相距极近，连根头发丝都放不了，指那时危急到极点。

19. 不足以死：不值得和盗贼相拼而送死。

20. 伊尹、太公之谋：指安邦定国之计谋。伊尹，商汤开国功臣。太公是吕尚，本姓姜，因其祖先封于吕，改姓吕，辅佐武王灭商，建立周朝。

21. 荆轲、聂政之计：指下策行刺。荆轲是齐国人，曾被燕太子丹派到秦国，献图之际刺杀始皇，败而被杀。聂政是战国时韩国人，曾为韩卿严仲子刺杀侠累，而后自杀。

22. 鲜腆：指无礼。鲜：少。腆：丰厚。深折之：令张良深受屈辱。

23. “楚庄王”六句：《左传》宣公十二年记载：楚庄王率兵围郑，郑襄公解衣露体，牵羊欢迎，表示屈服。楚庄王认为郑襄公能谦虚，甘居人下，必能取信于民，便退兵三十里，与郑议和。郑伯指郑襄公。肉袒，除衣露体，意即等待责打或杀戮。下人即“下于人”，谦虚之义。

24. “勾践”三句：《史记·越王勾践世家》记载，春秋时越王勾践与吴国作战失败，被困于会稽山，被迫屈服投降，到吴国为人质。三年后回国，卧薪尝胆，发愤图强，终于战胜吴国。

25. 报人：向人报复。

26. 非有生平之素：素昧平生，从不熟悉。素，有故交和深交之意。

27. 仆妾之役：指圯上老人命张良拾鞋穿鞋。

28. 油然：和顺的样貌。

29. “此固”句：张良这修养，秦始皇不能使他惊惧，项羽不能令他发怒。项籍，字羽，灭秦后为西楚霸王。

30. “项籍”三句：项羽只因不能忍，虽然百战百胜，但轻易耗费兵力，最终失败。

31. “高祖”三句：汉高祖刘邦能够忍辱，在楚军强势前，常采取防守势，以保军队实力，待敌衰疲后才予以反击。弊：又作“毙”，疲或衰败之义。

32. “当淮阴”三句：《史记·淮阴侯列传》载：刘邦被项羽围困在荥阳，韩信率兵攻下齐地，要求自立为假齐王。刘邦甚怒，张良、陈平暗踩刘邦的脚，且与刘邦耳语，指出当前形势不利于汉，应善待韩信，以免生变。刘邦顿悟，说韩信平定了诸侯，真该称王，何必称假王。并派张良去立韩信为齐王，从而征调韩信兵力来攻击项羽。

33. “非子房”句：若非张良，谁又能保全刘邦呢?

34. “太史公”六句：司马迁意即不能以貌取人，并不是怀疑张良样貌与志气不相称。苏轼写此言，是强调张良外貌好似柔弱，实际却志气宏伟，内涵不外露。这正是张良的长处。

[提示]

本篇取材于司马迁《史记·留侯世家》中的传奇故事，留侯张良受书于圯上老人事。本文隶属史论文。成文后，世称立意新奇，翻案杰作。苏轼就留侯世家一事评论出新意。圯上老人并非大家认为的“鬼物”，而是秦时一位隐士，有深谋有远虑。他授张良以奇书，是因张良博浪沙鲁莽，故借此举，教其学忍耐以成大业。此论够新，言辞亦精辟，足以批驳通行旧论。

《留侯论》笔力集中于“忍”，申发评论。也用多种笔法，如说故事，引证历史，或正反比较，纵横开阖，文字舒卷曲折而又晓畅，典型印证苏文风格恣肆汪洋、雄辩豪放。启以严肃议论，尾却用悠闲文字为收束，有趣味，也旨意深刻。

苏轼史论，最善于铺排，辨析细密，流畅处，似水一泻千里，正如苏轼自己所谓“泉源涌出”“行云流水”。所以本篇成为后世学文撰著者的临摹范本。

思考与练习：

1. 何以理解苏文论史“行云流水”的风格？

2. 试分析文中用典的目的和特色。

[平行阅读]

史记·留侯世家（节选）

留侯张良者，其先韩人也。大父开地，相韩昭侯、宣惠王、襄哀王。父平，相釐王、悼惠王。悼惠王二十三年，平卒。卒二十岁，秦灭韩。良年少，未宦事韩。韩破，良家僮三百人。弟死不葬，悉以家财求客刺秦王，为韩报仇，以大父、父五世相韩故。

良尝学礼淮阳。东见仓海君。得力士，为铁锥重百二十斤，秦皇帝东游，良与客狙击秦皇帝博浪沙中，误中副车。秦皇帝大怒，大索天下，求贼甚急，为张良故也。良乃更名姓，亡匿下邳。

良尝闲从容步游下邳圯上，有一老父，衣褐，至良所，直堕其履圯下，顾谓良曰：“孺子，下取履！”良鄂然，欲殴之，为其老，强忍，下取履。父曰：“履我！”良业为取履，因长跪履之。父以足受，笑而去。良殊大惊，随目之。父去里所，复还，曰：“孺子可教矣。后五日平明，与我会此。”良因怪之，跪曰：“诺”。五日平明，良往。父已先在，怒曰：“与老人期，后，何也？”去，曰：“后五日早会。”五日鸡鸣，良往。父又先在，复怒曰：“后，何也？”去，曰：“后五日复早来。”五日，良夜未半往。有顷，父亦来，喜曰：“当如是。”出一编书，曰：“读此则为王者师矣。后十年兴，十三年孺子见我济北，谷城山下黄石即我矣。”遂去，无他言，不复见。旦日视其书，乃《太公兵法》也。良因异之，常习诵读之。

居下邳，为任侠。项伯常杀人，从良匿。

后十年，陈涉等起兵，良亦聚少年百余人。景驹自立为楚假王，在留。良欲往从之，道遇沛公。沛公将数千人，略地下邳西。遂属焉。沛公拜良为厩将。良数以《太公兵法》说沛公，沛公善之，常用其策。良为他人言，皆不省。良曰：“沛公殆天授。”故遂从之，不去见景驹。

…… ……

（选自人民文学出版社1982年出版的王伯祥选注《史记选》）

答司马谏议书

王安石

[题解]

王安石（1021—1086），字介甫，号半山，临川（今江西抚州）人。北宋杰出政治家、思想家、文学家。庆历二年（1042）进士，初知鄞县（今浙江宁波）。治平四年（1067）神宗即位，召为翰林学士兼侍讲。熙宁二年（1069）提为参知政事，次年拜相。两次出任宰相，积极推行新法，史称“王安石变法”。但因保守派反对，新法遭到阻碍，实效不佳。晚年退隐，居江宁（今江苏南京市），封荆国公，世称为王荆公。卒谥文。又称王文公。他是欧阳修诗文革新运动的支持者和参与者，诗词文皆有独特成就。诗歌遒劲清新，词虽不多而高峻，散文雄健峭拔，大都是书、表、记、序等体式，阐述政治见解与主张。有《临川先生文集》。“唐宋八大家”之一。

某启[1]：昨日蒙教，窃以为与君实游处相好之日久[2]，而议事每不合，所操之术多异故也[3]。虽欲强聒[4]，终必不蒙见察，故略上报[5]，不复一一自辨，重念蒙君实视遇厚[6]，於反复不宜卤莽[7]，故今具道所以[8]，冀君实或见恕也。

盖儒者所争，尤在于名实[9]，名实已明，而天下之理得矣。今君实所以见教者，以为侵官[10]、生事[11]、征利[12]、拒谏[13]，以致天下怨谤也。某则以谓：受命於人主，议法度而修之于朝廷[14]，以授之於有司[15]，不为侵官；举先王之政[16]，以兴利除弊，不为生事；为天下理财，不为征利；辟邪说[17]，难壬人[18]，不为拒谏。至於怨诽之多[19]，则固前知其如此也。

人习於苟且非一日[20]，士大夫多以不恤国事，同俗自媚于众为善[21]。上乃欲变此[22]，而某不量敌之众寡，欲出力助上以抗之，则众何为而不汹汹然[23]。盘庚之迁，胥怨者民也[24]，非特朝廷士大夫而已。盘庚不为怨者故改其度；度义而后动，是而不见可悔故也[25]。

如君实责我以在位久，未能助上大有为，以膏泽斯民[26]，则某知罪矣；如曰今日当一切不事事，守前所为而已[27]，则非某之所敢知。无由会晤，不任区区向往之至[28]。

（选自上海古籍出版社 1979 年出版的王水照著《宋代散文选注》）

注释：

1. 某：作者自称。

2. 游处：交游相处。

3. 术：指治国之术。所操之术，所持的政治主张。

4. 聒（guō）：声音嘈杂，啰嗦。强聒，勉强解说。

5. 略上报：简单地写回信。

6. 视遇：看待。

7. 反复：指书信往来。卤：同“鲁”。

8. 具道所以：详细说明所以如此的理由。

9. 儒者：指学者，不同于先秦所称的儒生。名实：概念与实质。

10. 侵官：侵夺原来机构的职权。司马光责难王安石“制置三司条例司”（《与王介甫书》）是侵官乱政。

11. 生事：司马光认为变法是滋事扰民。

12. 征利：与民争利，设法生财。

13. 拒谏，拒绝接受劝谏。

14. 议：审议制定，修：整治。

15. 有司：各部门负此责任的官吏。

16. 举：兴办，实施。先王：古代贤君。

17. 辟：抨击。

18. 壬人：“壬”通“任”，善巧辨的奸邪小人。难：驳斥。

19. 怨诽之多：指司马光《与王介甫书》：“下至闾阎细民，小吏走座，亦窃窃怨叹，人人归咎于介甫。”

20. 习于苟且：苟且度日，不思进取。

21. 恤：关心。同俗自媚：顺附世俗，讨好众人。

22. 上：指皇上宋神宗赵顼。

23. 汹汹：喧扰，争吵。

24. 胥：皆。

25.（改其）度：指法令，计划。度（duó）义：考虑。是：认为正确。

26. 膏泽：原意是油脂，后指统治者给予百姓的恩惠。

27. 事事：做事。

28. 区区：诚心，衷心。

[提示]

本文是书信体驳论文。宋神宗熙宁二年（1069），身为参政知事（宰相）的王安石开始推行新法，采取一系列改革措施。次年司马光（时任翰林学士，右谏议大夫，故称之为“司马谏议”）写长信给王安石，列举实施新法的弊端，要王安石废弃新法，恢复旧制。本文即王安石对此的复信。“只用一二语，便可扫却他人数大段”（刘熙载

《艺概·文概》)，鲜明指出本文具有较强概括性与逻辑力量。

仅仅以数百字篇幅，针对司马光指责新法为侵官、生事、征利、拒谏、致怨五事，严加剖驳，措辞得体，体现作者刚毅果断和坚持原则的政治家风度。

信中也对士大夫的保守思想（不恤国事、苟且偷安、墨守成规）表示不满。既针锋相对地批驳司马光论点，又严谨把握住分寸，文笔犀利而合情合理，文字简明扼要，态度坚决又不失赠答之礼。足见王安石的说理文见识高超、论辩犀利。

思考与练习：

1. 本文层次感突出，请试举例证明。
2. 论证得体，讲究分寸，本文是怎样做到的？

[平行阅读]

读孟尝君传

王安石

世皆称孟尝君能得士，士以故归之，而卒赖其力以脱于虎豹之秦。嗟乎！孟尝君特鸡鸣狗盗之雄耳，岂足以言得士？不然，擅齐之强，得一士焉，宜可以南面而制秦，尚何取鸡鸣狗盗之力哉！夫鸡鸣狗盗之出其门，此士之所以不至也。

（选自上海古籍出版社 1979 年出版的王水照著《宋代散文选注》）

牡丹亭·惊梦

汤显祖

[题解]

汤显祖（1550—1616），字义仍，号若士、海若，自称清远道人，江西临川（今抚州）人。出身书香之家，早年即有文名，但不肯侍奉权贵，故从22岁参加科考，直至34岁才中进士，先后任闲职（南京太常博士、南京詹事府主簿等）。万历十九年（1591年），汤显祖因上疏朝廷揭露贪腐，被贬至广东徐闻作典史，后调任浙江遂昌知县。一生为政清廉，关心民生疾苦，直言敢谏，抑制豪强，一直遭排挤，于万历二十六年（1598年）弃官归隐于临川。此后汤显祖一直读书著作。

汤显祖深受著名思想家李贽影响，崇尚真性情，反对假道学，反对程朱理学的禁锢，极力弘扬个性解放。他支持文学要"独抒性灵"，创作中坚持"真性情"进步思想。他是明代著名散文家和诗人，著作很多，如《红泉逸草》《问棘邮草》《玉茗堂集》，但成就主要在戏剧，是明代最负盛名的传奇作家，是我国古代继关汉卿之后又一伟大戏剧家。《牡丹亭》堪称脍炙人口的杰作。

【绕池游】（旦上）梦回莺啭，乱煞年光遍[1]。人立小庭深院。（贴）炷尽沉烟，抛残绣线[2]，恁今春关情似去年？

【乌夜啼】"（旦）晓来望断梅关[3]，宿妆残。（贴）你侧着宜春髻子恰凭阑。（旦）剪不断，理还乱，闷无端。（贴）已分付催花莺燕借春看。"（旦）春香，可曾叫人扫除花径？（贴）分付了。（旦）取镜台、衣服来。（贴取镜台衣服上）"云髻梳罢还对镜，罗衣欲换更添香。"镜台、衣服在此。

【步步娇】（旦）袅晴丝吹来闲庭院[4]，摇漾春如线。停半晌整花钿[5]。没揣菱花[6]，偷人半面，迤逗的彩云偏[7]。（行介）步香闺怎便把全身现！

（贴）今日穿插的好！

【醉扶归】（旦）你道翠生生出落的裙衫儿茜[8]，艳晶晶花簪八宝填，可知我常一生儿爱好是天然。恰三春好处无人见。不提防沉鱼落雁鸟惊喧，则怕的羞花闭月花愁颤。

（贴）早茶时了，请行。（行介）你看："画廊金粉半零星，池馆苍苔一片青。踏草怕泥新绣袜，惜花疼煞小金铃[9]。"（旦）不到园林，怎知春色如许！

【皂罗袍】原来姹紫嫣红开遍，似这般都付与，断井颓垣[10]。良辰美景奈何天，赏心乐事谁家院[11]。恁般景致，我老爷和奶奶再不提起。（合）朝飞暮卷，云霞翠轩；雨丝风片，烟波画船。锦屏人忒看的这韶光贱！[12]

（贴）是花都放了，那牡丹还早。

【好姐姐】（旦）遍青山啼红了杜鹃，荼蘼外烟丝醉软[13]。春香呵，牡丹虽好，他春归怎占的先！[14]（贴）成对儿莺燕呵。（合）闲凝眄，生生燕语明如剪，呖呖莺歌溜的圆。

（旦）去罢。（贴）这园子委是观之不足也[15]。（旦）提他怎的。（行介）

【隔尾】观之不足由他缱，便赏遍了十二亭台是惘然。到不如兴尽回家闲过遣。

（作到介）（贴）"开我西阁门，展我东阁床[16]。瓶插映山紫，炉添沉水香。"小姐，你歇息片时，俺瞧老夫人去也。（下）（旦叹介）"默地游春转，小试宜春面[17]。"春呵，得和你两留连，春去如何遣？咳，恁般天气，好困人也。春香哪里？（作左右瞧介）（又低首沉吟介）天呵，春色恼人，信有之乎！常观诗词乐府，古之女子，因春感情，遇秋成恨，诚不谬矣。吾今年已二八，未逢折桂之夫；忽慕春情，怎得蟾宫之客。昔日韩夫人得遇于郎[18]，张生偶逢崔氏[19]，曾有《题红记》《崔徽传》二书[20]。此佳人才子，前以密约偷期，后皆得成秦晋。（长叹介）吾生于宦族，长在名门，年已及笄[21]，不得早成佳配，诚为虚度青春。光阴如过隙耳民。（泪介）可惜妾身颜色如花，岂料命如一叶乎！[22]

【山坡羊】（旦）没乱里[23]春情难遣，蓦地里怀人幽怨。则为俺生小婵娟，拣名门一例、一例里神仙眷。甚良缘，把青春抛的远。俺的睡情谁见，则索因循腼腆，想幽梦谁边，和春光暗流传？迁延，这衷怀那处言？淹煎，泼残生，除问天！

身子困乏了，且自隐几而眠[24]。（睡介）（梦生介）（生持柳枝上）"莺逢日暖歌声滑，人遇风晴笑口开。一径落花随水入，今朝阮肇到天台[25]。"小生顺路儿跟着杜小姐回来，怎生不见？（回看介）呀，小姐，小姐！（旦作惊起介）（相见介）（生）小生那一处不寻访小姐来，却在这里！（旦作斜视不语介）（生）恰好花园内，折取垂柳半枝。姐姐，你既淹通书史，可作诗以赏此柳枝乎？（旦作惊喜，欲言又止介）（背想）这生素昧平生，何因到此？（生笑介）小姐，咱爱杀你哩！

【山桃红】则为你如花美眷，似水流年，是答儿闲寻遍[26]，在幽闺自怜。小姐，和你那答儿讲话去。（旦作含笑不行）（生作牵衣介）（旦低问）那边去？（生）转过这芍药栏前，紧靠着湖山石边。（旦低问）秀才，去怎的？（生低答）和你把领扣松，衣带宽，袖梢儿揾着牙儿苫也，则待你忍耐温存一晌眠。（旦作羞）（生前抱）（旦推介）（合）是那处曾相见？相看俨然。早难道这好处相逢无一言？

（生强抱旦下）（末扮花神束发冠、红衣插花上）“催花御史惜花天[27]，检点春工又一年。蘸客伤心红雨下，勾人悬梦彩云边。”吾乃掌管南安府后花园花神是也。因杜知府小姐丽娘与柳梦梅秀才，后日有姻缘之分，杜小姐游春感伤，致使秀才入梦。咱花神专掌怜玉惜香，竟来保护他，要他云雨十分欢幸也。

【鲍老催】（末）单则是混阳蒸变，看他似虫儿般蠢动把风情搧。一般儿娇凝翠绽魂儿颠。这是景上缘，想内成，因中见[28]。呀，淫邪展污了花台殿[29]。咱待拈片儿落花惊醒他。（向鬼门丢花介[30]）他梦酣春透了怎留连？拈花闪碎的红如片。秀才才到的半梦儿。梦毕之时，好送杜小姐仍归春阁。吾神去也。（下）

【山桃红】（生、旦携手上）（生）这一霎天留人便，草借花眠。小姐，可好？（旦低头介）（生）则把云鬟点，红松翠偏。小姐休忘了呵。见了你紧相偎，慢厮连，恨不得肉儿般团成片也，逗的个日下胭脂雨上鲜。（旦）秀才，你可去呵？（合）是那处曾相见？相看俨然。早难道这好处相逢无一言？

（生）姐姐，你身子乏了，将息，将息。（送旦依前睡介）（轻拍旦介）姐姐，俺去了。（作回顾介）姐姐，你可十分将息，我再来瞧你那。“行来春色三分雨，睡去巫山一片云。”（下）（旦作惊醒，低叫介）秀才，秀才，你去了也？（又作痴睡介）（老旦上）“夫婿坐黄堂，娇娃立绣房。怪他裙衩上，花鸟绣双双。”孩儿，孩儿！你为甚瞌睡在此？（旦作醒，叫秀才介）咳也！（老旦）孩儿怎的来？（旦作惊起介）奶奶到此？（老旦）我儿，何不做些针指，或观玩史书，舒展情怀？因何昼寝于此？（旦）孩儿适花园中闲玩，忽值春暄恼人。故此回房。无可消遣，不觉困倦少息。有失迎接，望母亲恕儿之罪。（老旦）这后花园中冷静，少去闲行。（旦）领母亲严命。（老旦）孩儿，学堂看书去。（旦）先生不在，且自消停[31]。（老旦叹介）女孩儿长成，自有许多情态，且自由他。正是：“宛转随儿女，辛勤做老娘。”（下）（旦长叹介）（看老旦下介）哎也，天那！今日杜丽娘有些侥幸也。偶到后花园中，百花开遍，睹景伤情，没兴而回，昼眠香阁。忽见一生，年可弱冠[32]，丰姿俊妍。于园中折得柳丝一枝，笑对奴家说：“姐姐既淹通书史，何不将柳枝题赏一篇？”那时待要应他一声，心中自忖：素昧平生，不知名姓，何得轻与交言。正如此想间，只见那生向前说了几句伤心话儿，将奴搂抱去牡丹亭畔，芍药阑边，共成云雨之欢。两情和合，真个是千般爱惜，万种温存。欢毕之时，又送我睡眠，几声“将息”。正待自送那生出门，忽值母亲来到，唤醒将来。我一身冷汗，乃是南柯一梦[33]。忙身参礼母亲，又被母亲絮了许多闲话。奴家口虽无言答应，心内思想梦中之事，何曾放怀。行坐不宁，自觉如有所失。娘呵，你教我学堂看书去，知他看那一种书消闷也！（作掩泪介）

【绵搭絮】雨香云片[34]，才到梦儿边，无奈高堂，唤醒纱窗睡不便。泼新鲜冷汗粘煎，闪的俺心悠步亸[35]，意软鬟偏。不争多费尽神情[36]，坐起谁饮[37]？

则待去眠。

（贴上）“晚妆销粉印，春润费香篝[38]。”小姐，薰了被窝睡罢。

【尾声】（旦）困春心游赏倦，也不索香薰绣被眠。天呵，有心情那梦儿还去不远。

春望逍遥出画堂，（张说）　间梅遮柳不胜芳。（罗隐）

可知刘阮逢人处？（许浑）　回首东风一断肠。（韦庄）

注释：

1. 乱煞年光遍：缭乱的春光触目皆是。

2. 抛残绣线：做理线式。

3. 梅关：指大庾岭，广东、江西交界的地方，宋朝在此设有梅关。

4. 袅晴丝吹来闲庭院：形容花絮在春天的庭院里飘荡的样子。

5. 停半晌：意即歇一会儿，没有身段可做。

6. 没揣菱花：没有想到之意。“菱花”是镜子。镜子突然照出杜丽娘的半个脸。

7. 迤逗的彩云偏：“迤逗”意即牵惹。镜子里看到杜丽娘半个脸，因而只能看见云鬓偏影。

8. 翠生生出落的裙衫儿茜：“翠生生”是颜色鲜艳，“茜”是绛红色。

9. 惜花疼煞小金铃：“金铃”是系在鞋上的小铃铛。古代女子被关在屋里，不许随便外出，鞋上有铃，使她走起路来有声音，可以约束女子的行动。又一说法，出自《开元天宝遗事》：“天宝初，宁王……於后园中纫红丝为绳，密缀金铃，系於花梢之上。每有鸟鹊翔集，则令园吏掣铃索惊之。盖惜花之故也。”

10. 似这般都付与断井颓垣：残败景象令杜丽娘感慨好景不长，因而伤春。

11. 赏心乐事谁家院：全句见于谢灵运《拟魏太子邺中集诗序》，“天下良辰美景赏心乐事，四者难并。”

12. 锦屏人忒看的这韶光贱：“锦屏人”是泛指富贵中人，“韶光”就是春光。这句的意思，是说那些富贵中人平日只知道争权夺利，哪里有时间来欣赏这些天然美景呢？另说，锦屏人指深闺中人。

13. 荼蘼外：指荼蘼架的外面。荼蘼，开于晚春的花名。

14. 那牡丹虽好，他春归怎占得先：牡丹在夏初才开花，赶不上春天，作者写牡丹的用意，是暗指杜丽娘自伤落在后面。

15. 观之不足：看不厌。

16 开我西阁门：见于《木兰诗》“开我东阁门，坐我西阁床”。

17. 小试宜春面：《荆楚岁时记》载，立春日，妇女剪彩作燕子状，戴于发髻，上贴“宜春”字样。

18. 韩夫人得遇于郎：即唐传奇“红叶题诗”。熹宗时，宫女韩氏红叶题诗置于沟渠流出，于佑拾到，又题诗于红叶，投入水的上流，寄给韩氏，后两人结为夫妇。汤显祖友人王骥德据此写有《题红记》，见于其《曲律·杂论》第三十九下。

19. 张生偶逢崔氏：见于元稹《会真记》。后《西厢记》也演绎了此故事。

20.《崔徽传》：见《丽情记》载，歌姬崔徽和裴敬中相爱，别后再无见面。崔徽请人画像，托人带给裴生："崔徽一旦不及卷中人，徽且为郎死亦"。

21. 及笄：《礼记·内侧》载，古代女子十五始以笄（簪）束发，称及笄。意即成年可婚嫁。

22. 岂料命如一叶：出自元好问《鹧鸪天·薄命妾》"颜色如花画不成，命如叶薄可怜生"。

23. 没乱里：意即心绪很乱。

24. 隐几：靠着几案。

25. 阮肇到天台：意即见到爱人。此引用元杂剧《误入桃源》，把阮肇在天台山桃源洞遇见仙女，跟陶渊明《桃花源记》提及的通向桃花源的溪水名，两者相混。武陵、桃源被用作恋爱的典故。

26. 是答儿：到处之意。下文的"那答儿"，指那边。

27. 催花御史：《说郛》卷二十七《云仙散录》，唐"穆宗，每宫中花开，则以重顶蒙蔽栏槛，置惜花御史掌之。"

28. 景上缘：景，影；与"想""因"都是佛家用语。"景""想"比喻姻缘短暂，不易成真的梦幻。"因中见（现）"，佛家认为凡事皆由因缘造和而成。

29. 展污：玷污，弄脏。

30. 鬼门：一作古门，戏台上演员的上下场门。

31. 消停：休息之意。

32. 弱冠：二十岁。《礼·曲礼》上载："人生十年曰幼，学；二十曰弱，冠；三十曰壮，有室……"冠指男子到二十岁行冠礼，表示已经成年。

33. 南柯一梦：《太平广记》卷四七五引李公佐《淳于棼》载，淳于棼梦见自己被招为驸马，尽享富贵，梦醒才知其槐安国不过是槐树下蚁穴。南柯郡不过是南面树枝下另一蚁穴。南柯因此成为梦的代名词。

34. 雨香云片：云雨，指梦中的幽会。

35. 步亸：脚步挪不开。亸，偏斜之意。

36. 不争多：差不多，几乎。

37. 忺：惬意。

38. 香篝：指熏笼，用以熏香衣物。

[提示]

《牡丹亭》是我国古代戏曲史上最优秀的作品之一。与王实甫的《西厢记》齐名。从戏剧形式上看《牡丹亭》属于传奇。《牡丹亭》共有戏五十五出，《惊梦》是第十出。在舞台上演出将《惊梦》分成《游园》和《惊梦》两折。一次演出完大约需要四十分钟，舞台演出通称《游园惊梦》。《游园》和《惊梦》两折均富有浪漫主义色彩。

《牡丹亭》剧中人物六人：有杜丽娘、柳梦梅、春香、杜宝、杜夫人、陈最良。

通过描写杜宝、杜母、陈最良这样的人物，向读者展示杜丽娘的生活环境。《牡丹亭》问世后，令众人为之沉迷。据沈德符（比汤显祖稍晚）记述：《牡丹亭》一出，“家传户颂，几令《西厢》减价”。充分体现了《牡丹亭》永远的艺术魅力。这种影响一直延续到了清代的《红楼梦》。《牡丹亭》反礼教、反理学主题，主要通过杜丽娘来表达的。杜丽娘对幸福和美好爱情勇敢追求，得到历代有同感的女性的喜爱和认同。本场戏情节奇幻，婉转典雅。其艺术手法高妙，情景交融。

思考与练习：

1. 试分析杜丽娘游园时的心理变化。
2. 举例说明本场戏中情景交融的写法对人物形象有何意义？
3. 春香在此剧中起什么作用？

[平行阅读]

你没有伴随我在途中

［匈牙利］裴多菲·山陀尔

你没有伴随我在途中，
我的天使，我的爱人；
但是我已知道你的心，
跟随着我的脚步缓行。
亲爱的，我需要晓得：
你以什么形象伴随着我？
也许你是微风，把浓香
轻轻地撒在我的前额？
也许你变成黄昏的晚霞，
悬挂在弧形的天边？
也许你变成夜晚的星星，
向我投射着银色的光芒？
也许你变成一只小鸟，
在树林中婉转地歌唱？
也许你变成朵朵的小花，
灿烂的颜色闪耀我的双眼？
鲜花对我说：你把我摘去吧，
把我带走，插在你爱人的胸前！
告诉我吧，悄悄告诉我吧——
你是我所说形象中的哪一个？

一八四八年六月五日至六日
纳吉·克洛什

（选自上海译文出版社1982年出版的兴万生译《裴多菲诗选》）

三国演义·曹操煮酒论英雄

罗贯中

[题解]

我国古典文学名著《三国演义》取材于东汉末年和魏、蜀、吴三国历史。从东汉灵帝中平元年（公元 184 年）黄巾起义开始，一直叙写到晋武帝太康元年（公元 280 年）吴亡为止。晋朝史学家陈寿编著《三国志》一书，南朝宋人裴松之为《三国志》作注，并增补了许多材料。此后，有关三国的故事一直在我国民间流传。唐朝诗人李商隐在《骄儿诗》中曾用张飞、邓艾等三国人物作为笑谑的材料。宋、元期间，三国人物已被民间艺人搬上艺台。我们现在看到的三国故事的最早写定本，是元代至治年间（公元 1321—1323 年）的新安虞氏刻本《全相三国志平话》。罗贯中的生平不见史传。据一些笔记记载，罗贯中名本，贯中是他的字，别号湖海散人，生活于元末明初大约公元 1330 年至 1400 年间。他所写的小说很多，相传有数十种，现在留存的除《三国演义》外，还有《隋唐志传》《残唐五代史》和《三遂平妖传》等。《曹操煮酒论英雄》是《三国演义》第二十一回中的一个故事。

却说董承等问马腾曰："公欲用何人？"马腾曰："见有豫州牧刘玄德在此，何不求之？"承曰："此人虽系皇叔，今正依附曹操，安肯行此事耶？"腾曰："吾观前日围场之中，曹操迎受众贺之时，云长在玄德背后，挺刀欲杀操，玄德以目视之而止。玄德非不欲图操，恨操牙爪多，恐力不及耳。公试求之，当必应允。"吴硕曰："此事不宜太速，当从容商议。"众皆散去。次日黑夜里，董承怀诏，径往玄德公馆中来。门吏入报，玄德迎出，请入小阁坐定。关、张侍立于侧。玄德曰："国舅夤夜至此[1]，必有事故。"承曰："白日乘马相访，恐操见疑，故黑夜相见。"玄德命取酒相待。承曰："前日围场之中，云长欲杀曹操，将军动目摆头而退之，何也？"玄德失惊曰："公何以知之？"承曰："人皆不见，某独见之。"玄德不能隐讳，遂曰："舍弟见操僭越[2]，故不觉发怒耳。"承掩面而哭曰："朝廷臣子，若尽如云长，何忧不太平哉！"玄德恐是曹操使他来试探，乃佯言曰："曹丞相治国，为何忧不太平？"承变色而起曰："公乃汉朝皇叔，故剖肝沥胆以相告，公何诈也？"玄德曰："恐国舅有诈，故相试耳。"于是董承取衣带诏令观之，玄德不胜悲愤。又将义状出示，上止有六位：一，车骑将军董承；二，工部侍郎王子服；三，长水校尉种辑；四，议郎吴硕；五，昭信将军吴子兰；六，西凉太守马腾。玄德曰："公既奉诏讨贼，备敢不效犬马之劳。”承拜谢，便请书名。玄德亦书“左将军刘备”，押了字，付承收讫。承曰：“尚容再请三人，共聚十义，以图国贼，”玄德曰：“切宜缓缓施行，不可轻泄。”共议到五更，相别去了。

玄德也防曹操谋害，就下处后园种菜，亲自浇灌，以为韬晦之计。关、张二人曰：“兄不留心天下大事，而学小人之事，何也？”玄德曰：“此非二弟所知也。”二人乃不复言。

一日，关、张不在，玄德正在后园浇菜，许褚、张辽引数十人入园中曰：“丞相有命，请使君便行。”玄德惊问曰：“有甚紧事？”许褚曰：“不知。只教我来相请。”玄德只得随二人入府见操。操笑曰：“在家做得好大事！”諕得玄德面如土色。操执玄德手，直至后园，曰：“玄德学圃不易[3]！”玄德方才放心，答曰：“无事消遣耳。”操曰：“适见枝头梅子青青，忽感去年征张绣时，道上缺水，将士皆渴；吾心生一计，以鞭虚指曰：‘前面有梅林。’军士闻之，口皆生唾，由是不渴。今见此梅，不可不赏。又值煮酒正熟，故邀使君小亭一会。”玄德心神方定。随至小亭，已设樽俎：盘置青梅，一樽煮酒。二人对坐，开怀畅饮。酒至半酣，忽阴云漠漠，骤雨将至。从人遥指天外龙挂[4]，操与玄德凭栏观之。操曰：“使君知龙之变化否？”玄德曰：“未知其详。”操曰：“龙能大能小，能升能隐；大则兴云吐雾，小则隐介藏形；升则飞腾于宇宙之间，隐则潜伏于波涛之内。方今春深，龙乘时变化，犹人得志而纵横四海。龙之为物，可比世之英雄。玄德久历四方，必知当世英雄。请试指言之。”玄德曰：“备肉眼安识英雄？”操曰：“休得过谦。”玄德曰：“备叨恩庇，得仕于朝。天下英雄，实有未知。”操曰：“既不识其面，亦闻其名。”玄德曰：“淮南袁术，兵粮足备，可为英雄？”操笑曰：“冢中枯骨，吾早晚必擒之！”玄德曰：“河北袁绍，四世三公，门多故吏；今虎踞冀州之地，部下能事者极多，可为英雄？”操笑曰：“袁绍色厉胆薄，好谋无断；干大事而惜身，见小利而忘命：非英雄也。玄德曰：“有一人名称八俊，威镇九州：刘景升可为英雄？”操曰：“刘表虚名无实，非英雄也。”玄德曰：“有一人血气方刚，江东领袖——孙伯符乃英雄也？”操曰：“孙策藉父之名，非英雄也。”玄德曰：“益州刘季玉，可为英雄乎？”操曰：“刘璋虽系宗室，乃守户之犬耳，何足为英雄！”玄德曰：“如张绣、张鲁、韩遂等辈皆何如？”操鼓掌大笑曰：“此等碌碌小人，何足挂齿！”玄德曰：“舍此之外，备实不知。”操曰：“夫英雄者，胸怀大志，腹有良谋，有包藏宇宙之机，吞吐天地之志者也。”玄德曰：“谁能当之？”操以手指玄德，后自指，曰：“今天下英雄，惟使君与操耳！”玄德闻言，吃了一惊，手中所执匙箸，不觉落于地下。时正值天雨将至，雷声大作。玄德乃从容俯首拾箸曰：“一震之威，乃至于此。”操笑曰：“丈夫亦畏雷乎？”玄德曰：“圣人迅雷风烈必变，安得不畏？”将闻言失箸缘故，轻轻掩饰过了。操遂不疑玄德。后人有诗赞曰："勉从虎穴暂趋身，说破英雄惊杀人。巧借闻雷来掩饰，随机应变信如神。"

天雨方住，见两个人撞入后园，手提宝剑，突至亭前，左右拦挡不住。操视之，乃关、张二人也。原来二人从城外射箭方回，听得玄德被许褚、张辽请将去了，慌忙来相府打听；闻说在后园，只恐有失，故冲突而入。却见玄德与操对坐饮酒。二人按剑而立。操问二人何来。云长曰："听知丞相和兄饮酒，特来舞剑，以助一笑。"操笑曰："此非鸿门会，安用项庄、项伯乎？"玄德亦笑。操命："取酒与二樊哙压惊。"关、张拜谢。须臾席散，玄德辞操而归。云长曰："险些惊杀我两个！"玄德以落箸事说与关、张。关、张问是何意。玄德曰："吾之学圃，正欲使操知我无大志；不意操竟指我为英雄，我故失惊落箸。又恐操生疑，故借惧雷以掩饰之耳。"关、张曰："兄真高见！"

（选自人民文学出版社 1979 年出版的罗贯中《三国演义》）

注释：

1. 夤（yín）夜：深夜。
2. 僭（jiàn）越：超越封建礼法等级制度的规范。
3. 学圃：学习种菜。
4. 龙挂：龙卷风。

思考与练习：

1. 刘备为何要使韬晦之计？
2. 《三国演义》非常善于用典型情节和典型细节来刻画人物性格，请分析说明。

［泛读部分］

山海经（三则）

［题解］

《山海经》是中国先秦古籍，是中国最早以记载山水为内容的地理志，其中包含了古代神话、地理、物产、神话、巫术、宗教、古史、医药、民俗、民族等方面丰富的内容。《山海经》共18卷，分《山经》五卷和《海经》十三卷。有些学者认为《山海经》不单是神话，应该视为远古的地理，其中甚至包括了一些海外的山川鸟兽。至于它的成书年代和作者至今都存在着争论。过去认为是大禹、伯益所作。现代中国学者一般认为《山海经》成书非一时，作者亦非一人。此书可能草创于唐虞，成书于夏，完善于春秋战国，由多人所作，直到西汉校书时才合编在一起。其中许多可能来自口头传说。它可谓是一部百科全书，是后世研究上古社会的重要文献，也可为文学创作和欣赏提供重要的神话原型。

精卫填海[1]

又北二百里，曰发鸠之山，其上多柘木[2]。有鸟焉，其状如乌，文首，白喙，赤足[3]，名曰精卫，其鸣自詨。是炎帝之少女名曰女娃[4]。女娃游于东海，溺而不返，故为精卫，常衔西山之木石，以堙于东海[5]。漳水出焉，东流注于河。

注释：

1. 选自《山海经·山经·北山经》，又名《发鸠山》。

2. 旧说长子县属今山西省；发鸠山亦名发苞山、鹿谷山、廉山，为太行山分支。（见袁珂《山海经校注》）柘（zhè）木，柘树、桑树的一种。

3. 乌：乌鸦。文首：头上有花纹。喙：鸟嘴。

4. 炎帝，即神农氏。

5. 堙（yīn）：填塞。郭璞云："堙，塞也；音因。"

夸父逐日[1]

夸父与日逐走，入日[2]。渴欲得饮，饮于河渭[3]；河渭不足，北饮大泽[4]。未至，道渴而死。弃其杖，化为邓林[5]。

注释：

1. 选自《山海经·海经·海外北经》。

2. 入日：太阳落下去了。

3. 一说河即为黄河，渭，即今日陕西省境内的渭水。

4. 大泽：大湖。据传说占地百里，甚至千里，有群鸟聚集。毕沅以为即古之瀚海。

5. 邓林：地名，在今大别山附近。据毕沅考证：邓、桃音近，“邓林”即“桃林”。（见毕沅《山海经》校本）

黄帝擒蚩尤[1]

蚩尤作兵伐黄帝[2]，黄帝乃令应龙攻之冀州之野[3]。应龙畜水，蚩尤请风伯雨师，纵大风雨。黄帝乃下天女曰魃[4]，雨止，遂杀蚩尤。

（选自上海古籍出版社 1980 年出版的袁珂注释《山海经校注》）

注释：

1. 选自《山海经·海经·大荒北经》。

2. 黄帝：上古帝号。传说称轩辕氏，亦即有熊氏。蚩尤：一说为神农臣。黄炎斗争，炎帝兵败，蚩尤奋起为炎帝复仇。（见袁珂《山海经校注》）

3. 应龙：传说中长有翅膀的神龙，能蓄水施雨。冀州：古九州之一，位于中央。

4. 魃（bá）：黄帝的女儿。

思考与练习：

1. 请评价《山海经》的艺术特色。

2.《山海经》作为中国的神话故事，与古希腊的神话故事相比，在文学史上的地位有何相似之处？

淮南子（二则）

[题解]

《淮南子》，又名“鸿烈”“淮南鸿烈”，意即包含了光明宏大之理。全书是西汉皇室贵族淮南王刘安主持其门客共同编著的。全书共二十一卷，成书年代大约在景、武之间。此书为汉初黄老学派著作，主要继承先秦道家思想，但也有对儒家、法家、墨家等学说的融合，是汉代学者对汉以前古代文化一次最大规模的汇集与融合，对研究各家思想的历史背景和思想渊源，具有很高的参考价值。同时，它也涉及奇物灵怪，记载了一部分神话传说，是研究远古人民的生活和思想的重要资料。

女娲补天[1]

往古之时，四极废[2]，九州裂[3]，天不兼覆，地不周载[4]。火爁炎而不灭[5]，水浩洋而不息。猛兽食颛民[6]，鸷鸟攫老弱。于是女娲炼五色石以补苍天，断鳌足[7]以立四极，杀黑龙以济冀州，积芦灰以止淫水。苍天补，四极正，淫水涸，冀州平，狡虫死，颛民生。

（选自中华书局1989年出版的刘文典撰，冯逸、乔华点校《淮南鸿烈集解》）

注释：

1. 选自《淮南子·览冥训》。女娲是中国历史神话传说中的一位女神。据说与伏羲为兄妹，人首蛇身，曾炼五色石以补天，并抟土造人，创造人类。

2. 四极：神话传说中支撑天地四方的四根柱子。废：坏。柱子断了，天随着塌陷。

3. 九州：传说中上古时代的中国大地共分为九州。裂：崩裂。

4. 兼覆：全面地覆盖大地；周载：周全地容纳万物。

5. 爁（làn）炎：大火蔓延。

6. 颛（zhuān）民：善良的民众。

7. 鳌：大龟。

后羿射日[1]

逮至尧之时，十日并出，焦禾稼，杀草木，而民无所食。猰貐、凿齿[2]、九婴、大风、封狶、修蛇，皆为民害。尧乃使羿诛凿齿于畴华[3]之野，杀九婴于凶水之上，缴大风于青邱之泽，上射十日而下杀猰貐，断修蛇于洞庭，擒封狶于桑林。万民皆喜，置尧以为天子。

（选自中华书局1989年出版的刘文典撰，冯逸，乔华点校《淮南鸿烈集解》）

注释：

1. 选自《淮南子·本经训》。后羿：相传是夏王朝东夷族有穷氏的首领，善于射箭。而神话传说中认为后羿是嫦娥的丈夫。民间奉他为“箭神”。

2. 猰貐（yàyǔ）、凿齿均为怪兽名。九婴：传说中长着九个脑袋的怪物。大风：一种凶猛的大鸟，常能带起大风，毁灭万物。封狶（xī）：大野猪的一种。修蛇：身躯修长的蟒蛇。

3. 畴华：南方某水泽名。

思考与练习：

1. 请列举出自《淮南子》的著名成语。

2. 请解读《淮南子》的思想。

左传·郑伯克段于鄢

[题解]

《左传》，也叫《春秋左氏传》，相传是春秋末年鲁国的左丘明仿照《春秋》的体例编写的，是我国第一部叙事完整编年史。比较系统地记载了春秋时期各国的政治、经济、军事和文化等方面的一些事件。《左传》在文学上和语言上的成就很大，作者善于突出事物的本质，用简括的语句写出复杂纷繁的事物，也善于用极少的笔墨刻画人物的细微动作和内心活动，为后代的历史著作和叙事散文树立了典范。

《郑伯克段于鄢》选自《左传》隐公元年。本无篇目，篇目是后加的。主要讲述郑国统治阶级内部的倾轧。

初，[1]郑武公娶于申，曰武姜，生庄公及共叔段。[2]庄公寤生，[3]惊姜氏，故名曰“寤生”，遂恶之。爱共叔段，欲立之。亟请于武公，[4]公弗许。及庄公即位，为之请制[5]。公曰：“制，岩邑也，[6]虢叔死焉，佗邑唯命。[7]”请京，[8]使居之，谓之京城大叔。祭仲[9]曰：“都城过百雉，国之害也。先王之制：大都，不过参国之一[10]；中，五之一；小，九之一。今京不度[11]，非制也，君将不堪。[12]”公曰：“姜氏欲之，焉辟害？[13]”对曰：“姜氏何厌之有[14]？不如早为之所[15]，无使滋蔓[16]！蔓，难图也[17]。蔓草犹不可除，况君之宠弟乎？”公曰：“多行不义，必自毙，子姑待之。[18]”

既而大叔命西鄙、北鄙贰于己[19]。公子吕曰[20]：“国不堪贰，君将若之何？欲与大叔，臣请事之[21]；若弗与，则请除之。无生民心。[22]”公曰：“无庸，将自及。[23]”大叔又收贰以为己邑，[24]至于廪延[25]。子封曰：“可矣。厚将得众。[26]”公曰：“不义不暱，厚将崩。[27]”

大叔完聚，缮甲兵，具卒乘，将袭郑[28]，夫人将启之[29]。公闻其期[30]，曰：“可矣！”命子封帅车二百乘以伐京[31]。京叛大叔段，段入于鄢，公伐诸鄢[32]。五月辛丑，大叔出奔共[33]。

遂置姜氏于城颍[34]，而誓之曰：“不及黄泉，无相见也。[35]”既而悔之。[36]

颍考叔为颍谷封人[37]，闻之，有献于公[38]。公赐之食，食舍肉[39]。公问之，对曰：“小人有母，皆尝小人之食矣，未尝君之羹，请以遗之[40]。”公曰：“尔有母遗，繄我独无！[41]”颍考叔曰：“敢问何谓也？”公语之故，且告之悔。对曰：“君何患焉？[42]若阙地及泉，隧而相见[43]，其谁曰不然？[44]”公从之。公入而赋[45]：“大隧之中，其乐也融融！”姜出而赋：“大隧之外，其乐也洩洩[46]！”遂为母子如初。[47]

君子曰[48]："颍考叔，纯孝也[49]，爱其母，施及庄公[50]。《诗》曰'孝子不匮，永锡尔类。'[51]其是之谓乎！[52]"

（选自中华书局1981年出版的杨伯峻《春秋左传注》）

注释：

1. 初：当初。古文中追述往事的一种说法。申：国名，姜姓，在今天河南省南阳市。武姜：武是丈夫武公的谥号。姜表示母家的姓。

2. 共：国名，在今河南县辉县。叔：表排行，排在末的，年少的。这里"叔"表示段是庄公的弟弟。段后来出奔共国，所以叫共叔段。

3. 寤（wù）：通"牾"，逆，倒着。寤生：胎儿脚先出来，等于是难产。惊：使动用法。

4. 亟（qì）：屡次。

5. 制：又名虎牢，在今河南巩义市东，原来是东虢（guó）国的领地。东虢为郑所灭，制就成了郑地。

6. 岩：险要。邑：人所聚居的地方，大小不定。

7. 虢叔：虢国的君王。死焉：死在那里。佗：通"他"。唯命："唯命是听"的省略。

8. 请京句：姜氏请求京，庄公使段住在那里，称他为京城大叔。京：郑国的邑名，在今河南省荥阳市东南。大：后来写作"太"。

9. 祭（zhài）仲：郑国的大夫。城：城墙。雉：量词，长三丈，高一丈。国：国家。

10. 参：同三。国：国都。参国之一：国都的三分之一。古代制度，侯伯之国，城墙为三百雉。三分之一就是百雉。

11. 不度：不合法度。非制：不是先王的制度。

12. 堪：经得起。

13. 辟：后来作"避"，焉：疑问代词，哪里。

14. 厌：满足。之：代词，复指提前的宾语。

15. 为之所：为他安排地方。

16. 无：通"毋"，不要。滋：滋长，蔓：蔓延。

17. 图：图谋，这里指设法对付。

18. 不义：指不义的事情。毙：倒下来。子：对人的尊称。姑：姑且。

19. 既而，不久。鄙：边邑。贰：两属，从属于二主。贰于己：一方面属于庄公，一方面属于自己。

20. 公子吕：字子封，郑国大夫。

21. 如果打算把郑国送给大叔，请您允许我侍奉他。

22. 不要使人民生二心。

23. 不用，他将会自己赶上灾祸。庸：用。及：赶上。

24. 贰：指前两属的地方，原先该地是两属，现在段正式收为自己的所有。

25. 至：到，廪延：郑邑，在今河南省延津县。

26. 厚：土地扩大。众：百姓，这里指民心。

27. 暱：通“昵”，黏。这里指能团结人。崩：山塌。这里指垮下来，崩溃。这句话意思是段既然不义，就不能笼络住民心，土地占多了就要垮台。

28. 完：修葺，指修城。聚：指聚集百姓。缮：修理，制造。甲：戎衣，铠甲。兵：兵器。具：准备。卒：步兵。乘：兵车。

29. 夫人：指武姜。启之：为段开启城门。

30. 期：段袭郑的日期。

31. 帅：通“率”，春秋时期都是车战，兵车一乘有甲士（带盔甲的兵士）三人，步卒七十二人。

32. 诸：“之于”的合音字。

33. 出奔：指逃到外国避难。

34. 寘：放置，安顿。这里有放逐的意思。城颍：郑邑名，在今河南省临颍县西北。

35. 黄泉：意即墓穴。此话等于是说，一辈子不见面了。

36. 之：指置姜氏于城颍并发誓的事情。

37. 颍（yǐng）考叔：郑大夫。颍谷：郑边邑，在今河南登封市西南。封：疆界。封人：管理疆界的官员。

38. 有献：有所献。

39. 舍：放着。后来写作“捨”。

40. 遗（wèi）：给。之：指其母。

41. 繄（yī）：句首语气词。

42. 你在这件事情上忧虑什么呢。

43. 阙：挖。隧：名作动词，挖隧道。

44. 谁说不是这样？其：语气词，加强反问。然：代词，指黄泉相见。

45. 入：在这里与下面的“出”互文见义，即笼统表示庄公和姜氏进出隧道。赋：赋诗。这里是庄公赋诗的一部分。

46. 洩洩（yìyì）：和“融融”一样，都形容快乐的样子。

47. 从此做母亲做儿子还和当初一样。

48. 君子：作者的假托，《左传》中的习惯用的发表评论的方式。

49. 纯：笃厚。

50. 施（yì）：延，扩展。等于说“扩大影响。”

51. 见《诗经·大雅·既醉》。孝子的孝没有穷尽，永久把它赐予你的同类。匮：尽。锡：赐，给予。

52. 大概是说这种情况吧。其：表示委婉的语气词。是：这个。作“谓”的宾语。之：代词，复指“是”。

思考与练习：

1. 本文是如何刻画人物的？

2. 你是如何看待郑庄公的做法的？（引导学生讨论。）

3. 阅读一些历史散文，看看《左传》在哪些方面影响了后代历史散文。

孙子·谋攻

孙武

[题解]

孙子，名武。春秋末期齐国乐安（今山东省广饶，另一说为惠民县）人，生卒年不详。齐国贵族后裔，后因避战乱，投奔吴国，被吴王阖闾任为将。支持吴王破强楚，北威齐晋，称霸诸侯。是我国公元前五世纪伟大的军事家。

《孙子》是我国古代杰出的军事著作，据《汉书·艺文志》载，《孙子》共八十二篇，今天能见到的只有十三篇。素有“百代谈兵之祖”之称。被认为是“兵经”或者“武经”。《孙子》一书对战争的性质、战略、战役的思想和战争的规律，以及在战斗中人的主观能动性等，都有论述。

《谋攻》选自《孙子》。论述用计谋征服敌人的问题。

孙子曰：凡用兵之法[1]，全国为上[2]，破国次之[3]；全军为上，[4]破军次之；全旅为上，破旅次之；全卒为上，破卒次之；全伍为上，破伍次之。是故百战百胜，非善之善者也[5]，不战而屈人之兵[6]，善之善者也。

故上兵伐谋[7]，其次伐交[8]，其次伐兵[9]，其下攻城。攻城之法，为不得已。修橹轒辒[10]，具器械[11]，三月而后成，距堙[12]，又三月而后已。将不胜其忿而蚁附之，[13]杀士三分之一[14]，而城不拔者[15]，此攻之灾也。

故善用兵者，屈人之兵而非战也，拔人之城而非攻也，毁人之国而非久也[16]；必以全争于天下，故兵不顿而利可全[17]，此谋攻之法也。

故用兵之法：十则围之[18]，五则攻之，倍则分之，敌则能战之，[19]少则能逃之[20]，不若则能避之。故小敌之坚，大敌之擒也。[21]

夫将者，国之辅也。辅周则国必强，辅隙则国必弱。[22]

故君之所以患于军者三[23]：不知军之不可以进而谓之进[24]，不知军之不可以退而谓之退，是谓縻军[25]。不知三军之事，而同三军之政[26]，则军士惑矣。不知三军之权[27]，而同三军之任，则军士疑矣。三军既惑且疑，则诸侯之难至矣，是谓乱军引胜[28]。

故知胜有五[29]：知可以战与不可以战者胜，识众寡之用者胜[30]，上下同欲者胜[31]，以虞待不虞者胜[32]，将能而君不御者胜[33]。此五者知胜之道也。

故曰：知彼知己，百战不殆[34]；不知彼而知己，一胜一负；不知彼不知己，每战必殆。

（选自文渊阁影印本四库全书《孙子》）

注释：

1. 法：法则。

2. 全：做动词，完整地取得。以下，全军，全旅，全卒，全伍，用法相同。

3. 破国次之：攻破敌国就差一等。次：差一等。

4. 军：古制一万二千五百人为军，五百人为旅，百人为卒，五人为伍。

5. 非善之善者：不是高明办法中的最高明办法。

6. 屈人之兵：使敌人之兵屈服。

7. 上兵：上等的用兵策略。伐谋，粉碎敌方的战略。

8. 伐交：拆散敌人的联盟，使其孤立。

9. 伐兵：攻击敌人的武装力量，以战取胜。

10. 修：治，制造。橹：防御矢石的大盾牌，多在攻城时候护身用。轒辒：攻城时候的四轮战车，以木制成，上蒙一生牛皮做甲，下可容十人。从内推行，往来运土，以填平敌方城壕，又称为木驴。

11. 具器械：准备攻城的工具。

12. 距堙：在距离敌城很近的地方，垒成高出城墙的土山。主要用于侦察敌情和掩护攻城部队作战。堙：积土填高，已：动词，完毕。

13. 不胜：承受不住。蚁附之：（驱使士卒）像蚂蚁一样攀城墙。

14. 杀：被敌人杀伤。

15. 拔：攻取，占领。

16. 非久：不用很长时间。

17. 顿：挫，损伤。

18. 十：十倍。

19. 敌：匹敌，相等。战之：战胜敌人。

20. 少：兵力少。逃之：遇到敌人后，设法退却。

21. 小敌之坚，大敌之擒也：弱小的军队（不顾实力）固执坚守，（就要成为）强大军队的俘虏。擒：擒获，这里指俘虏。

22. 辅：辅助。周：周密。

23. 君之所以患于军者三：君主危害军队的有三个方面。患：危害。

24. 谓之进：命令军队前进。谓：告诉，这里是命令的意思。

25. 縻军：牵制军队，铲绊，牵制。

26. 同：参与。干涉：政务，军队的行政事务。

27. 权：权谋。

28. 敌军引胜：扰乱自己的军队，而导致敌人的胜利。引：导致，引导。

29. 知胜：预知胜利。

30. 识：理解，懂得。众寡：兵力的多与少。

31. 同欲：同心，目的一致。

32. 虞：准备，事前考虑周到。

33. 将能而君不御者胜：将帅有能力而君王不牵制的取胜。

34. 殆：危险。

思考与练习：

1. 你如何看待关于“知胜”因素的总结，你是否还有补充？

2. 从《谋攻》来看《孙子》这部兵书，你认为它有无文学价值？如果有，体现在何处？

礼记·大同

[题解]

（《礼记》题解参见《礼记·大学》）

本文节选自《礼记·礼运第九》，是《礼运》一文的开头三章，主要记述儒家“大同”“小康”政治思想。

昔者仲尼与于蜡宾，事毕，出游于观之上[1]，喟然而叹。仲尼之叹，盖叹鲁也。言偃在侧曰[2]：“君子何叹？”孔子曰：“大道之行也，与三代之英，丘未之逮也，而有志焉。[3]”

“大道之行也，天下为公。选贤与能，讲信修睦，故人不独亲其亲，不独子其子，使老有所终，壮有所用，幼有所长，矜寡孤独废疾者，皆有所养[4]。男有分，女有归[5]。货，恶其弃于地也，不必藏于己；力，恶其不出于身也，不必为己。是故，谋闭而不兴，盗窃乱贼而不作[6]，故外户而不闭，是谓大同。”

“今大道既隐，天下为家[7]，各亲其亲，各子其子，货力为己，大人世及以为礼[8]。城郭沟池以为固，礼义以为纪；以正君臣，以笃父子[9]，以睦兄弟，以和夫妇，以设制度，以立田里，以贤勇知，以功为己[10]。故谋用是作，而兵由此起。禹汤文武成王周公，由此其选也。此六君子者，未有不谨于礼者也。以著其义，以考其信，著有过，刑仁讲让，示民有常[11]。如有不由此者，在势者去[12]，众以为殃，是谓小康。”

（选自中华书局1996年出版的朱彬《礼记训纂》）

注释：

1. 与：参与。蜡（zhà）：蜡礼，古代国君年终祭祀大礼。宾：参与祭祀的人。观（guàn）：古代指门阙，门楼。

2. 言偃：字子游，吴国人，孔子的弟子。

3. 三代之英：指夏禹、商汤、周武三代英明的君主。逮：赶上。有志焉：有志于此。

4. 矜（guān）：同鳏。寡：无夫的妇女。孤：幼而无父。独：老而无子。

5. 分：职分，职务。归：名分。

6. 谋：阴谋诡计。作：兴起。

7. 隐：隐没，消失。

8. 世及：世袭。

9. 笃：忠实，忠诚。

10. 贤勇知：重用有勇有智的人。功为己：表彰为自己做出贡献的人。

11. 著其义：彰显合礼法的行为。考其信：考察人们的信用。著有过：明白指出人们的过错。刑仁讲让：制定仁义的准则，推广谦让的品格。刑，动词，指制定准则；讲，动词，推广。常：常法，不变的法规。

12. 在势者：指掌管权力的人，统治者。

思考与练习：

1. 你怎样理解先贤圣哲关于理想社会的描述，你怎样理解“大同世界”和“小康社会”的基本特征?

2. “大同”与“小康”的区别是什么？这里的“小康”与党的十六大报告中提出的“全面建设小康社会”中的“小康”相同吗？请谈谈你的看法。

3. 你怎样理解“大道之行，天下为公”思想对中国古代治国方略的影响?

4. 谈谈你对“和谐社会”的理解。

论语（节选）

孔子

[题解]

《论语》是一部记载孔子及其弟子言行的语录体书。共二十篇，内容包括政治主张，教育原则，伦理观念，品德修养等。比较集中地反映了孔子的思想。语言简而易晓，含蓄隽永，是一部儒家的经典著作。

孔子(公元前551—公元前479)，名丘，字仲尼。春秋鲁国人。

（一）宰予昼寝[1]，子曰："朽木不可雕也，粪土之墙不可杇也[2]，于予与何诛[3]！"子曰："始吾于人也[4]，听其言而信其行；今吾于人也，听其言而观其行。于予与改是[5]。"

注释：

1. 宰予：字子我，孔子的弟子。昼寝：白天睡觉。
2. 粪土：腐土，脏土。杇：抹墙用的抹子，这里指粉刷。
3. 于：对于，与：语气词。诛：指责。
4. 始：当初，以前。
5. 与：语气词。改是：改变了这个（指听其言而信其行）。

（二）子曰："饭疏食[1]，饮水，曲肱而枕之[2]，乐亦在其中矣。不义而富且贵，于我如浮云。"

注释：

1. 饭：做动词。疏食：粗粮。
2. 曲：弯曲。肱（gōng）：手臂自肘到腕的部分。枕（zhěn）：动词，当枕头用。

（三）子贡问政。子曰："足食，足兵，民信之矣。"子贡曰："必不得已而去，于斯三者何先？"曰："去兵。"子贡曰："必不得已而去，于期二者何先？"曰："去食。自古皆有死，民无信不立。"

子贡问友。子曰："忠告而善道之，不可则止，毋自辱也。"

子曰："富与贵，是人之所欲也，不以其道得之，不处也；贫与贱，是人之所恶也，不以其道得之，不去也。君子去仁，恶乎成名？君子无终食之间违仁[1]，造次必于是[2]，颠沛必于是。[3]"

注释：

1. 终食：一顿饭。
2. 造次：仓促，匆忙。
3. 颠沛：颠沛流离。

（选自中华书局1985年出版的朱熹《四书章句集注》）

思考与练习：

1. 选文中可以看到孔子的哪些思想或主张？你如何看待这些思想或者主张？
2. 体会文章简约的语言特点。

墨子·公输

墨子

[题解]

墨子，名翟，鲁国（今山东曲阜县一带）人。约生于公元前468年，卒于公元前376年。墨子主张“尚同”“尚贤”“兼爱”“非攻”“节用”“节丧”“尊天”等思想，提倡简朴节俭，反对礼乐繁饰，反对声色逸乐。《墨子》一书，《汉书·艺文志》著录71篇，今存53篇。其中汇集了墨子弟子及后学者的记录。《墨子》文章的特点是逻辑性强，语言质朴。

公输盘为楚造云梯之械[1]，成，将以攻宋。子墨子闻之，起于齐，行十日十夜而至于郢[2]，见公输盘。

公输盘曰："夫子何命焉为?"子墨子曰："北方有侮臣者，愿藉子杀之。"

公输盘不说。

子墨子曰："请献千金。"

公输盘曰："吾义固不杀人。"

子墨子起，再拜曰："请说之。吾从北方闻子为梯，将以攻宋。宋何罪之有？荆国有馀于地，而不足于民，杀所不足而争所有馀，不可谓智。宋无罪而攻之，不可谓仁。知而不争，不可谓忠。争而不得，不可谓强。义不杀少而杀众，不可谓知类。"公输盘服。

子墨子曰："然乎不已乎?"公输盘曰："不可，吾既已言之王矣。"

子墨子曰："胡不见我于王?"公输盘曰："诺。"

子墨子见王，曰："今有人于此，舍其文轩，邻有敝舆[3]，而欲窃之。舍其锦绣，邻有短褐而欲窃之。舍其粱肉[4]，邻有糠糟而欲窃之。此为何若人?"王曰："必为窃疾矣。"子墨子曰："荆之地方五千里，宋之地方五百里，此犹文轩之与敝舆也。荆有云梦，犀兕麋鹿满之，江汉之鱼鳖鼋鼍为天下富[5]，宋所为无雉兔鲋鱼者也，此犹粱肉之与糠糟也。荆有长松、文梓、楩楠、豫章[6]，宋无长木，此犹锦绣之与短褐也。臣以三事之攻宋也，为与此同类，臣见大王之必伤义而不得。"王曰："善哉！虽然，公输盘为我为云梯，必取宋。"

于是见公输盘。子墨子解带为城，以牒为械[7]，公输盘九设攻城之机变，子墨子九距之[8]。公输盘之攻械尽，子墨子之守圉有馀[9]。公输盘诎[10]，而曰："吾知所以距子矣，吾不言。"子墨子亦曰："吾知子之所以距我，吾不言。"

楚王问其故，子墨子曰："公输子之意，不过欲杀臣。杀臣，宋莫能守，可攻也。然臣之弟子禽滑厘等三百人，已持臣守圉之器，在宋城上而待楚寇矣。虽杀臣，不能绝也。"

楚王曰："善哉！吾请无攻宋矣。"子墨子归，过宋，天雨，庇其闾中，守闾者不内也。故曰：治于神者，众人不知其功。争于明者，众人知之。

（选自上海古籍出版社1979年出版的朱东润主编《中国历代文学作品选》）

注释：

1. 公输盘：鲁国著名工匠鲁班。

2. 郢（yǐng）：楚国都城。

3. 敝舆：破旧的车子。

4. 粱肉：精美的饭菜。

5. 犀兕：犀，犀牛；兕（sì），类似犀牛的牛。鼋鼍：鼋（yuán），比鳖大，俗称癞头鼋；鼍（tuó），扬子鳄。

6. 文梓、楩（pián）楠：均是大木；豫章：即樟树。

7. 牒（dié）：小木札。

8. 距：同拒。

9. 圉（yù）：同御。

10. 诎：同屈。

思考与练习：

1. 墨子非常善于借用对方的逻辑驳斥对方的论点，请分析说明。

2. 请分析本文的语言特色。

五蠹（节选）

韩非子

[题解]

韩非子（约前280—前233年），战国晚期韩国（今河南新郑）人，原为韩国贵族，与李斯同师荀卿，继承和发展了荀子的法术思想，提出“以法为主”，法、术、势结合的理论，集法家思想大成，为中国第一个统一的中央集权制国家的诞生提供了理论依据。今存《韩非子》五十五篇，记载了大量脍炙人口的寓言故事，构思精巧，说理精密，文锋犀利，议论透辟，具有较高的文学价值。

《五蠹》是体现韩非政治思想的重要篇章，主要内容是根据古今社会不断变迁的事实，论述法治应当适应时代的要求，并提出实际的权势比空头的仁义更有效，反对政治上顽固守旧的态度。韩非的议论，深刻周密，不尚空谈，从大量的事实中分析归纳出结论，更具有说服力。五蠹，指当时社会上的五种人：(1) 学者（指战国末期的儒家），(2) 言谈者（指纵横家），(3) 带剑者（指游侠），(4) 患御者（指依附贵族私门的人），(5) 商工之民。韩非说：“此五者，邦之蠹也。”蠹，蛀虫。韩非认为这五种人无益于耕战，就像蛀虫那样有害于社会。策论文一向注重逻辑的严密，《五蠹》结构严谨周密，文风犀利恣肆，辩说剔抉精微，是不可多得的佳作。

儒以文乱法，侠以武犯禁，而人主兼礼之，此所以乱也。夫离法者罪[1]，而诸先生[2]以文学取；犯禁者诛，而群侠以私剑养。故法之所非，君之所取；吏之所诛，上之所养也。法、趣、上、下[3]，四相反也，而无所定，虽有十黄帝不能治也。故行仁义者非所誉，誉之则害功；文学者非所用，用之则乱法。楚之有直躬[4]，其父窃羊，而谒之吏[5]。令尹曰：“杀之！”以为直于君而曲于父，报而罪之。以是观之，夫君之直臣，父之暴子也。鲁人从君战，三战三北[6]。仲尼问其故，对曰：“吾有老父，身死[7]，莫之养也。”仲尼以为孝，举而上之。以是观之，夫父之孝子，君之背臣也。故令尹诛而楚奸不上闻，仲尼赏而鲁民易降北。上下之利，若是其异也，而人主兼举匹夫之行[8]，而求致社稷之福[9]，必不几矣[10]。

古者苍颉之作书也，自环者谓之“厶”，背厶谓之“公”，公私之相背也，乃苍颉固以知之矣[11]。今以为同利者，不察之患也，然则为匹夫计者，莫如修行义而习文学[12]。行义修则见信，见信则受事[13]；文学习则为明师，为明师则显荣：此匹夫之美也。然则无功而受事，无爵而显荣，为有政如此，则国必乱，主必危矣。故不相容之事，不两立也[14]。斩敌者受赏，而高慈惠之行；拔城者受爵禄，而信廉爱之说；坚甲厉兵以备难，而美荐绅之饰[15]；富国以农，距敌恃卒[16]，而贵文学之士；废敬上畏法之民，而养游侠私剑之属。举行如此[17]，治强不可得也。国平养儒侠，难至用介士[18]，所利非所用，所用非所利。是故服事者简其业[19]，而于游学者日众[20]，是世之所以乱也。

且世之所谓贤者，贞信之行也[21]；所谓智者，微妙之言也。微妙之言，上智之所难知也。今为众人法，而以上智之所难知，则民无从识之矣。故糟糠不饱者不务粱肉[22]，短褐不完者不待文绣[23]。夫治世之事，急者不得，则缓者非所务也。今所治之政，民间之事，夫妇所明知者不用，而慕上知之论[24]，则其于治反矣。故微妙之言，非民务也。若夫贤良贞信之行者[25]，必将贵不欺之士；不欺之士者，亦无不欺之术也。布衣相与交[26]，无富厚以相利，无威势以相惧也，故求不欺之士。今人主处制人之势，有一国之厚，重赏严诛，得操其柄，以修明术之所烛[27]，虽有田常、子罕之臣，不敢欺也，奚待于不欺之士？今贞信之士不盈于十，而境内之官以百数，必任贞信之士，则人不足官。人不足官，则治者寡而乱者众矣。故明主之道，一法而不求智[28]，固术而不慕信[29]，故法不败，而群官无奸诈矣。

今人主之于言也，说其辩而不求其当焉[30]；其用于行也，美其声而不责其功[31]。是以天下之众，其谈言者务为辨而不周于用[32]，故举先王言仁义者盈廷[33]，而政不免于乱；行身者竞于为高而不合于功[34]，故智士退处岩穴，归禄不受[35]，而兵不免于弱，政不免于乱，此其故何也？民之所誉，上之所礼，乱国之术也。今境内之民皆言治，藏商、管之法者家有之[36]，而国贫，言耕者众，执耒者寡也；境内皆言兵，藏孙、吴之书者家有之[37]，而兵愈弱，言战者多，被甲者少也[38]。故明主用其力，不听其言；赏其功，伐禁无用。故民尽死力以从其上。夫耕之用力也劳，而民为之者，曰：可得以富也。战之为事也危[39]，而民为之者，曰：可得以贵也。今修文学，习言谈，则无耕之劳而有富之实，无战之危而有贵之尊，则人孰不为也？是以百人事智而一人用力。事智者众，则法败；用力者寡，则国贫：此世之所以乱也。

故明主之国，无书简之文[40]，以法为教；无先王之语，以吏为师[41]；无私剑之捍[42]，以斩首为勇。是则境内之民，其言谈者必轨于法[43]，动作者归之于功，为勇者尽之于军。是故无事则国富，有事则兵强，此之谓王资[44]。既畜王资而承敌国之亹[45]，超五帝侔三王者[46]，必此法也。

今则不然，士民纵恣于内，言谈者为势于外[47]，外内称恶[48]，以待强敌，不亦殆乎！故群臣之言外事者，非有分于从衡之党[49]，则有仇雠之忠[50]，而借力于国也。从者，合众强以攻一弱也；而衡者，事一强以攻众弱也：皆非所以持国也。今人臣之言衡者，皆曰："不事大，则遇敌受祸矣。"事大未必有实[51]，则举图而委[52]，效玺而请兵矣[53]。献图则地削，效玺则名卑，地削则国削，名卑则政乱矣。事大为衡，未见其利也，而亡地乱政矣。人臣之言从者，皆曰："不救小而伐大，则失天下，失天下则国危，国危而主卑。"救小未必有实[54]，则起兵而敌大矣[55]。救小未必能存[56]，而交大未必不有疏[57]，有疏则为强国制矣。出兵则军败，退守则城拔。救小为从，未见其利，而亡地败军矣。是故事强，则以外权士官于内[58]；救小，则以内重求利于外。国利未立，封土厚禄至矣；主上虽卑，人臣尊矣；国地虽削，私家富矣。事成，则以权长重；事败，则以富退处。人主之听说也于其臣，事未成则爵禄已尊矣；事败而弗诛，则游说之士孰不为用缴之说而侥幸其后[59]？故破国亡主以听言谈者之浮说。此其故何也？是人君不明乎公私之利，不察当否之言，而诛罚不必其后也。皆曰："外事，大可以王，小可以安。"夫王者，能攻人者也；而安，则不可攻也。强，则能攻人者也；治，则不可攻也。治强不可责于外，内政之有也[60]。今不行法术于内，而事智于外，则不至于治强矣。

鄙谚曰："长袖善舞，多钱善贾[61]。"此言多资之易为工也[62]。故治强易为谋，弱乱难为计。故用于秦者，十变而谋希失[63]；用于燕者，一变而计希得。非用于秦者必智，用于燕者必愚也，盖治乱之资异也。故周去秦为从，期年而举[64]；卫离魏为衡，半岁而亡。是周灭于从，卫亡于衡也。使周、卫缓其从衡之计，而严其境内之治[65]，明其法禁，必其赏罚，尽其地力以多其积，致其民死以坚其城守[66]，天下得其地则其利少，攻其国则其伤大，万乘之国莫敢自顿于坚城之下[67]，而使强敌裁其弊也[68]，此必不亡之术也。舍必不亡之术而道必灭之事[69]，治国者之过也。智困于内而政乱于外[70]，则亡不可振也[71]。

民之政计[72]，皆就安利如辟危穷[73]。今为之攻战[74]，进则死于敌，退则死于诛，则危矣。弃私家之事而必汗马之劳[75]，家困而上弗论[76]，则穷矣。穷危之所在也，民安得勿避？故事私门而完解舍[77]，解舍完则远战，远战则安。行货赂而袭当涂者则求得[78]，求得则私安，私安则利之所在，安得勿就？是以公民少而私人众矣[79]。

夫明王治国之政，使其商工游食之民少而名卑，以寡趣本务而趋末作[80]。今世近习之请行[81]，则官爵可买；官爵可买，则商工不卑也矣。奸财货贾得用于市，则商人不少矣。聚敛倍农而致尊过耕战之士[82]，则耿介之士寡而高价之民多矣[83]。

是故乱国之俗：其学者，则称先王之道以籍仁义[84]，盛容服而饰辩说[85]，以疑当世之法，而贰人主之心[86]。其言古者，为设诈称[87]，借于外力，以成其私，而遗社稷之利[88]。其带剑者，聚徒属，立节操，以显其名，而犯五官之禁[89]。其患御者[90]，积于私门[91]，尽货赂，而用重人之谒[92]，退汗马之劳[93]。其商工之民，修治苦窳之器[94]，聚弗靡之财[95]，蓄积待时，而侔农夫之利[96]。此五者，邦之蠹也。人主不除此五蠹之民，不养耿介之士，则海内虽有破亡之国，削灭之朝，亦勿怪矣。

（选自中华书局1998年出版的王先慎《韩非子集解》）

注释：

1. 离：同“罹”，离法，犯法。
2. 诸先生：众儒生。
3. 趣：同“取”。
4. 直躬，以其行称其人。
5. 谒：这里是报案的意思。
6. 北：败北。
7. 身：我自己。
8. 匹夫之行：个人德行。
9. 致：获得。
10. 几：希望。
11. 以：同“已”。
12. 行义：德行和道义。
13. 事：官事。
14. 两立：并存。
15. 荐绅之饰：指儒服。荐：通“搢”，插；绅：宽大的衣带。古代官吏上朝时把朝笏插在衣带间，叫作搢绅。
16. 距：通“拒”。
17. 举行：举动，代政治措施。
18. 介士：即甲士。
19. 服事者：从事于耕战的人。简：简慢，这里指荒废。
20. 于：衍文。
21. 贞信：忠贞而不欺骗。
22. 梁肉：指精美的饭食。
23. 短褐：裋褐，僮仆所穿的粗布衣服；短，当作“裋”。文绣：有刺绣的华丽服装。
24. 知：同“智”。
25. 良：因“贤”衍。
26. 布衣：平民。
27. 修明：修习并巧妙地运用。烛：洞察。
28. 一法：专一地实行法制。
29. 固术：坚定地使用权术。
30. 说：同“悦”。

31. 声：虚名。

32. 谈言者，指游说之士。周：契合。

33. 举先王言仁义者：称颂先王、高谈仁义的人。

34. 行身者竞于为高而不合于功：立身处世的人竞相标榜清高，不去为国家建功立业。

35. 归禄：犹辞去俸禄。

36. 商、管之法：指《商君书》《管子》等商鞅和管仲的法典。

37. 孙、吴之书：指《孙子兵法》《吴子兵法》等孙子和吴起的兵书。

38. 被：同“披”。

39. “为”字原本无，王先慎据《艺文类聚》《太平御览》补。

40. 书简之文：指有关学术的文献典籍。

41. 吏：指执法之官。

42. 捍：同“悍”，凶悍，强悍。

43. 轨：作动词，遵守。依句例下当有“之”字。

44. 王资：称王天下的凭借。

45. 畜：同“蓄”，累积，这里指拥有。承：同“乘”，趁机。亹：通“衅”，间隙，破绽。

46. 侔：相等，齐平。

47. 为势于外：在国外制造声势。

48. 称恶：一样地做坏事。

49. 分：从属。从：同“纵”，合纵。衡：同“横”，连横。

50. 忠：同“衷”，仇雠之忠，报私仇的个人打算。

51. 实：实际效果。

52. 委：托付，这里指献图。

53. 效：进献。请兵：请大国之兵。

54. 实：实惠。

55. 敌：对抗。

56. 存：使……保存下来。

57. 交：讨伐，进攻。疏：疏忽，闪失。

58. 士官：做官，士，同“仕”。

59. 缴之说：指有得无失的虚言。侥幸其后：希望在那以后猎取利禄。

60. 治强不可责于外，内政之有也：国家的强大，不可从外交上求，而只能从内政中取得。责，求。之：帮助提宾的助词。有：取。

61. 贾：做买卖。

62. 此言多资之易为工也：这是说条件充裕，事情就容易办好。

63. 希：同“稀”。

64. 举：被攻取。

65. 严：加紧。
66. 致其民死：使其百姓拼死。
67. 顿：困顿。
68. 裁：制。其：指屯于坚城之下的万乘之国。
69. 道：由。
70. 智困于内而政乱于外：本句“内”“外”二字互文。
71. 振：救。
72. 政计：通常的打算。政：同“正”。
73. 辟：同“避”，避开。
74. 为：使。
75. 必：决定，决意。汗马之劳：指苦战。
76. 论：过问。
77. 完：修缮。解舍：同“廨舍”，官舍。
78. 袭：因，这里是依附之意。当涂者：即重臣，涂：同“途”。
79. 公民：为君主出力的人。
80. 趣：同“趋”。本务：指农战。趋：王先慎云张榜本作“减”，较旧义为近。
81. 近习：君主的亲信。请：请托。行：盛行。
82. 聚敛：搜刮到的财富。致尊：获得的尊贵地位。
83. 耿介之士：刚正不阿的人。高价：疑为“商贾”二字之形近致误。
84. 籍：同“藉”，凭借。
85. 盛容服：使仪表端庄、服饰华美。饰辨说：文饰巧辩言辞。
86. 贰：使无所适从。
87. 为设诈称：谓捏造事实，编造谎言。为：通“伪”。
88. 遗：丢弃。
89. 五官之禁：泛指国家法令。五官：司徒、司马、司空、司士、司寇。
90. 患御者，担心打仗守御的人。
91. 积：聚集。
92. 用重人之谒：借助于重臣的请托。
93. 退汗马之劳：逃避从军作战的劳苦。
94. 苦窳之器：质量粗劣的器物。
95. 弗靡：奢侈浪费。弗：通“费”。
96. 侔：通“牟”，取。

[提示]

《五蠹》根据古今社会变迁，阐明了韩非所主张的法治思想是合于当时的时代要求的。韩非斥责当时的学者、言谈者、带剑者、患御者和商工之民为五蠹，因而主张养耕战之士而除五蠹之民。据《史记·老庄申韩列传》载，秦王见此文后说：“嗟乎！

寡人得见此人，与之游，死不恨矣。”可见其中所体现出的法家治国之术的切中时弊。

课文节选的部分，韩非论述了在他所处的“今世”，由于统治者的个人喜好和社会风气，社会上充满了破坏法治之徒。“令尹诛而楚奸不闻上，仲尼赏而鲁民易降北。”“人主说贤能之行，而忘兵弱地荒之祸，则私行立而公利灭矣。”韩非对此的批判正是司马迁所概括的“儒者用文乱法，而侠者以武犯禁。宽则宠名誉之人，急则用介胄之士。今者所养非所用，所用非所养。”韩非认为人与人之间的关系都是利益关系，统治者可利用手中的权力，以赏罚为手段进行统治，对百姓必须以威力强制，只要一手持赏金，一手持法令，就可以破私立公。要推行法治，就必须清除败坏法治的人。韩非认为儒者称引先王之道来宣扬仁义道德，讲究仪容服饰而文饰巧辩言辞，扰乱当今的法令，动摇君主的决心；辩者弄虚作假，招摇撞骗，借助于国外势力来达到私人目的，进而放弃了国家利益；侠者聚集党徒，标榜气节，以图显身扬名，结果触犯国家禁令；患御者“事私门而完解舍，解舍完则远战”，使“公民少而私人众”；商工游食之民制造粗劣器具，积累奢侈资财，囤积居奇，待机出售，希图从农民身上牟取暴利。如果君主不除掉这五种像蛀虫一样的人，而广罗“耿介之士”，那么“海内虽有破亡之国、削灭之朝，亦勿怪矣”。这样，文章落实到了本篇的题目之上。

韩非的文章犀利恣肆，峭拔峻削。《史记·韩非传》说“韩非引绳墨，切事情，明是非。”这正是适应讨论实际问题的需要而形成的特有风格。《五蠹》波澜壮阔，奋扬凌厉，居高临下，语挟风霜，充分表现出法家森严冷酷，惨刻无情的性格。后人对本文所体现出的文字技巧多予以肯定。如袁了凡说它“胸中如万斛泉涌，滚滚不竭，而纵横变化，无中生有，愈出愈奇”。孙月峰说它“议论奇，辩难透，是韩文之隽”。郭沫若评述说：“他（韩非子）能够以普通的常识为根据而道出人之所不能道，不敢道，不屑道。所以他的文章，你拿到手里，只感觉他的犀利，真是锋不可当，大有无可如何，只有投降之势了。”

思考与练习：

1. “五蠹”具体指当时社会上的哪五种人？韩非子认为这五种人对社会有什么样的危害？你是怎么看待这个问题的？

2. 结合本篇说说韩非子论文的独特风格以及在先秦论说文发展中的地位。

屈原（楚辞二篇）

九章·哀郢

[题解]

《九章》是屈原九篇政治抒情诗的总名。主要抒写诗人对黑暗政治的控诉，遭谗被流放的生活和思想，坚守高尚情操与崇高理想的心志，具有强烈的主观色彩。诗歌所表现的诗人情怀震撼人心。

《哀郢》是屈原被流放时思念故国而创作的。《史记·楚世家》记载顷襄王元年，秦军打败楚军，攻占了15座城池，秦水沿汉水而下，郢都震动。据《史记·屈原列传》记载，楚国顷襄王立为王，令尹子兰进谗言，致使屈原被流放，也就在这个时候。哀郢就是为故都“郢”被敌军攻占，祖宗庙宇变成废墟，人民流离失所而发出的悲鸣。

皇天之不纯命兮[1]，何百姓之震愆[2]！民离散而相失兮[3]，方仲春而东迁[4]。去故乡而就远兮，遵江夏以流亡[5]。出国门而轸怀兮[6]，甲之鼂吾以行[7]。发郢都而去闾兮[8]，怊荒忽其焉极[9]。楫齐扬以容与兮[10]，哀见君而不再得。望长楸而太息兮[11]，涕淫淫其若霰[12]。过夏首而西浮兮[13]，顾龙门而不见[14]。心婵媛而伤怀兮[15]。眇不知其所蹠[16]。顺风波以从流兮，焉洋洋而为客[17]。凌阳侯之氾滥兮[18]，忽翱翔之焉薄[19]！心絓结而不解兮[20]，思蹇产而不释[21]。

将运舟而下浮兮[22]，上洞庭而下江。去终古之所居兮[23]，今逍遥而来东[24]。羌灵魂之欲扫兮，何须臾而忘反[25]！背夏浦而西思兮[26]，哀故都之日远。登大坟以远望兮[27]，聊以舒吾忧心。哀州土之平乐兮[28]，悲江介之遗风[29]。

当陵阳之焉至兮[30]，淼南渡之焉如[31]！曾不知夏之为丘兮[32]，孰两东门之可无[33]！心不怡之长久兮，忧与愁其相接。惟郢路之辽远兮，江与夏之不可涉。忽若不信兮[34]，至今九年而不复[35]。惨鬱鬱而不通兮，蹇侘傺而含慼[36]。

外承欢之汋约兮[37]，谌荏弱而难持[38]。忠湛湛而原进兮[39]，妬被离而鄣之[40]。尧舜之抗行兮[41]，瞭杳杳而薄天[42]。众谗人之嫉妒兮，被以不慈之伪名[43]。憎愠惀之修美兮[44]，好夫人之忼慨[45]。众踥蹀而日进兮[46]，美超远而逾迈[47]。

乱曰：曼余目以流观兮[48]，冀壹反之何时[49]！鸟飞反故乡兮，狐死必首丘[50]。信非吾罪而弃逐兮，何日夜而忘之！

（选自上海古籍出版社1979年出版的朱东润《中国历代文学作品选》第一版）

注释：

1. 纯：正，常。皇天不纯命，意即天命无常。

2. 震：动荡。愆（qiān）：罪过，此指遭罪，受罪。

3. 相失：彼此失散。

4. 仲春：阴历二月。

5. 遵：循着。江夏：长江和夏水。

6. 国门：指郢都城门。轸（zhěn）：痛。轸怀：言内心痛苦。

7. 甲：指甲日。鼂：同“朝”，早晨。

8. 闾：里巷之门。

9. 怊（chāo）：惆怅。荒忽：同“恍惚”，心神不定。极：终点。

10. 楫（jí）：船桨。齐扬：一齐举起。容与：行进缓慢。

11. 楸（qiū）：梓树，紫葳科落叶乔木。指郢都的大树。古代有悠久历史的国都，大都植有乔木。

12. 淫淫：水流貌。霰（xiàn）：小冰粒。

13. 夏首：夏水与长江合流处。西浮：指船顺水势向西漂流。本篇所述路程，是由西向东行。这里说西浮，当是舟行至水流曲折之处，路有向西者。

14. 龙门：郢都东门。

15. 婵媛：内心牵挂貌。

16. 眇：同“渺”，指前程的渺茫遥远。蹠（zhí）：践踏。不知所蹠：即不知到哪里去的意思。

17. 洋洋：漂泊无所归的样子。

18. 凌：乘在上面。阳侯：大波之神，古代传说陵阳国之侯，溺死于水，其神为大波。

19. 薄：止。焉薄：止于何处。

20. 絓（guà）：悬挂。絓结：内心牵挂而郁结

21. 蹇（jiǎn）产：委屈抑郁的意思。

22. 运舟：驾船。下浮：顺流下航。

23. 终古之所居：祖先世代所居之处。

24. 逍遥：飘荡，漂泊。来东：来至东方。

25. 须臾：片刻。

26. 夏浦：夏水之滨。西思：思念西方。

27. 坟：水边高地。

28. 州土：指所经江汉地区。平：土地宽平。

29. 江介：江畔。

30. 陵阳：地名，在今安徽省。

31. 淼（miǎo）：大水望不到边际的意思。如：往。

32. 夏：借作厦。为丘：荒废为丘墟。

33. 这句说，郢都两座东门怎么可让它荒芜。

34. 忽：忽然，迅速。

35. 复：回返。

36. 蹇：发语词。侘（chà）傺（chì）：失志貌。慼（qī）：悲伤。

37. 外：外表。汋（zhuó）约：姿态柔美貌。

38. 谌（chén）：诚，实在。荏（rěn）弱：软弱。

39. 忠：指忠诚的人。湛（zhàn）湛：厚重貌。进：进用，为国尽力。

40. 妬：指嫉妒的谗人。被：读作“披”。披离：纷乱貌。鄣：同障。

41. 抗：高。抗行：高尚的行为。

42. 瞭：眼珠明亮。杳杳：远貌。薄天：接近天，极言高远。这句意思是，尧舜眼光明亮，远至上天，无不照察。

43. 被：加上。不慈：洪兴祖补注：“尧舜与贤而不与子，故有不慈之名。”

44. 愠（wěn）惀（lǔn）：内心蕴积而不外露。朱熹说：“愠，心所缊积也。思求晓知谓之轮。”（《楚辞集注》）王夫之说：“愠轮，诚积而不能言也。”（《楚辞通释》）

45. 夫（fú）人：指那些人小人。忼慨：此处指口头上讲得慷慨激昂。忼：通“慷”。

46. 众：指众小人。踥（qiè）蹀（dié）：行走貌。

47. 美：指修美的君子。逾：越。迈：远。逾迈：起来越疏远。

48. 曼：远貌。曼余目：指放开自己的眼睛，向远处看。流观：四望。

49. 冀：希望。

50. 首丘：头向山丘。相传狐在死时还头向山丘，以示不忘所生的地方。

[提示]

《哀郢》描写了国家破败，人民逃亡流离失所，遍地哀鸣的一幅幅悲惨画面，而诗人也置身于逃亡的人群中踏上流放的旅程。诗人个人政治的失败与国家命运、人民疾苦紧密结合在一起，使诗歌的悲剧力量更加强烈，真可谓夺人心魄、催人肝肺，传达出悲剧的审美魅力。

此诗在艺术上最独特的是采用了倒叙的方法。前面三层是回顾九年前当郢都危难之时，自己被放逐，因战乱而随逃离家园的人民一起离开故国的情景。第四层才点明前三层所写都是回忆。然后抒写自己心情与对国家、个人悲剧的思考。这种写法强化了身临其境的感受，更显示出九年来时时不忘、刻骨铭心的伤痛。

《哀郢》在语言形式上力求工整，较为完美。主要表现在两个方面，其一是全诗隔句押韵，韵脚均在偶句之尾。对偶句很多，如“去故乡而就远兮，遵江夏以流亡”“心絓结而不解兮，思蹇产而不释”“美灵魂之欲归，何须臾而忘反”。这些对偶句对仗工整、自然流畅，使诗歌的节奏分明、韵律感强。其二是除乱辞之外，前五层都是四句一节、三节为一层，形式整炼、结构匀称，展示了诗人对语言形式完美不懈的孜孜追求。

思考与练习：

1. 中国古典诗歌中有很多抒写离愁别绪的诗歌，试举出一两首，分析《哀郢》的离恨与它们的不同之处。

2. 试析本诗的语言特色。

渔父

[题解]

屈原（约前 340—约前 278 年）名平，字原。祖先封于屈，遂以屈为氏。屈原年轻时受到楚怀王的高度信任，官为左徒，“入则与王图议国事，以出号令；出则接遇宾客，应对诸侯。王甚任之”（《史记·屈原贾生列传》），是楚国内政外交的核心人物。据推算，他当时仅二十多岁，可谓少年得志。后上官大夫在怀王面前进谗，怀王“怒而疏屈平”。屈原转任三闾大夫。

怀王三十年，秦人诱骗怀王会于武关。屈原极力劝阻，而怀王的小儿子子兰等却力主怀王入秦，结果怀王被扣，三年后死于秦。顷襄王接位，子兰任令尹，谗屈原，导致屈原被流放到沅、湘一带。顷襄王二十一年，秦将白起攻破楚都郢，屈原眼看国家无望，自沉于汨罗江。

《渔父》一文古人多认为是屈原所作，而今人多认为系他人伪托所作。

屈原既放[1]，游于江潭，行吟泽畔，颜色憔悴，形容枯槁。渔父见而问之，曰：“子非三闾大夫与[2]？何故至于斯？”屈原曰：“举世皆浊我独清，众人皆醉我独醒，是以见放。”渔父曰：“圣人不凝滞于物，而能与世推移。世人皆浊，何不淈其泥而扬其波[3]？众人皆醉，何不餔其糟而歠其酾[4]？何故深思高举，自令放为？”屈原曰：“吾闻之，新沐者必弹冠，新浴者必振衣。安能以身之察察[5]，受物之汶汶者乎[6]？宁赴湘流，葬于江鱼之腹中。安能以皓皓之白，而蒙世俗之尘埃乎？”渔父莞尔而笑，鼓枻而去[7]，乃歌曰：“沧浪之水清兮，可以濯我缨[8]，沧浪之水浊兮，可以濯我足。”遂去，不复与言。

（选自中华书局 1981 年出版的金开诚、高路明、董洪利著《屈原集校注》）

注释：

1. 放：放逐，流放。
2. 三闾大夫：战国时楚国的官职，主管楚国屈、景、昭三姓王族的事务。
3. 淈（gǔ）：搅浑。
4. 餔：食；糟：酒渣；歠（chuò）：通啜，饮；酾（lí）：通“醨”，薄酒。
5. 察察：清洁的样子。

6. 汶汶（mén）：污秽的样子。

7. 鼓枻（yì）：摇动船桨；枻：船桨。

8. 濯（zhuó）：洗涤。

思考与讨论：

1. 本文表现了屈原的执着与渔父的旷达，你更欣赏谁？

2. 本文最突出的特点是用文学形象来表达思想冲突，试分析之。

3. 对比《卜居》一文，分析两文表现手法的异同。

[平行阅读]

卜居

屈原既放，三年不得复见。竭知尽忠，而蔽障于谗。心烦虑乱，不知所从。乃往见太卜郑詹尹，曰："余有所疑，愿因先生决之。"詹尹乃端策拂龟，曰："君将何以教之?"

屈原曰："吾宁悃悃款款，朴以忠乎？将送往劳来，斯无穷乎？宁诛锄草茅，以力耕乎？将游大人，以成名乎？宁正言不讳，以危身乎？将从俗富贵，以偷生乎？宁超然高举，以保真乎？将呢訾栗斯，喔咿儒儿，以事妇人乎？宁廉洁正直，以自清乎？将突梯滑稽，如脂如韦，以洁楹乎？宁昂昂若千里之驹乎？将泛泛若水中之凫，与波上下，偷以全吾躯乎？宁与骐骥亢轭乎？将随驽马之迹乎？宁与黄鹄比翼乎？将与鸡鹜争食乎？此孰吉孰凶？何去何从？世溷浊而不清，蝉翼为重，千钧为轻；黄钟毁弃，瓦釜雷鸣；谗人高张，贤士无名。吁嗟默默兮，谁知吾之廉贞!"

詹尹乃释策而谢曰："夫尺有所短，寸有所长，物有所不足，智有所不明，数有所不逮，神有所不通。用君之心，行君之意，龟策诚不能知此事。"

（选自中华书局 1981 年出版的金开诚、高路明、董洪利著《屈原集校注》）

汉书·苏武传（节选）

班固

[题解]

班固（公元 32—92 年），字孟坚，扶风安陵（今陕西咸阳市东）人。东汉著名的史学家。《后汉书·班固传》称他“年九岁，能属文，诵诗赋。及长，遂博贯载籍，九流百家之言，无不穷究。所学无常师，不为章句，举大义而已”。班固在其父《后传》基础上，进一步广搜材料，历经二十多年努力，写成《汉书》。其中，八“表”与“天文志”是由其妹班昭和同郡人马续续成的。《汉书》是我国第一部纪传体断代史，全书有纪十二篇，表八篇，志十篇，传七十篇，共一百篇，起自汉高祖，止于王莽，记西汉一代二百三十年间史实。历来《汉书》与《史记》并称，史学家刘知几说《汉书》“言皆精炼，事甚该密”（《史通·六家》）。《苏武传》着墨于苏武出使匈奴被扣留 19 年期间的事迹，颂扬了他在敌人面前富贵不淫，贫贱不移，威武不屈的浩然正气，充分肯定了他坚毅忠贞、大义凛然，视死如归的民族气节。

武字子卿，少以父任[1]，兄弟并为郎[2]，稍迁至栘中厩监[3]。时汉连伐胡，数通使相窥观[4]。匈奴留汉使郭吉、路充国等前后十余辈[5]。匈奴使来，汉亦留之，以相当[6]。天汉元年[7]，且鞮侯单于初立[8]，恐汉袭之，乃曰：“汉天子，我丈人行也。”[9]尽归汉使路充国等。武帝嘉其义，乃遣武以中郎将使持节送匈奴使留在汉者[10]；因厚赂单于，答其善意。[11]武与副中郎将张胜及假吏常惠等募士、斥候百余人俱[12]。既至匈奴，置币遗单于[13]。单于益骄，非汉所望也。

方欲发使送武等，会缑王与长水虞常等谋反匈奴中[14]。缑王者，昆邪王姊子也[15]，与昆邪王俱降汉，后随浞野侯没胡中[16]。及卫律所降者[17]，阴相与谋劫单于母阏氏归汉[18]。会武等至匈奴，虞常在汉时素与副张胜相知[19]，私候胜[20]，曰：“闻汉天子甚怨卫律，常能为汉伏弩射杀之。吾母与弟在汉，幸蒙其赏赐[21]。”张胜许之，以货物与常[22]。

后月余，单于出猎，独阏氏子弟在。虞常等七十余人欲发[23]；其一人夜亡，告之[24]。单于子弟发兵与战，缑王等皆死，虞常生得[25]。单于使卫律治其事[26]。张胜闻之，恐前语发，以状语武[27]。武曰：“事如此，此必及我[28]。见犯乃死，重负国。[29]”欲自杀，胜、惠共止之。虞常果引张胜[30]。单于怒，召诸贵人议，欲杀汉使者[31]。左伊秩訾曰[32]：“即谋单于，何以复加？宜皆降之。”单于使卫律召武受辞[33]，武谓惠等：“屈节辱命，虽生，何面目以归汉！”引佩刀自刺。卫律惊，自抱持武，驰召医。凿地为坎，置熅火，覆武其上，蹈其背以出血[34]。武气绝，半日复息。惠等哭，舆归营[35]。单于壮其节，朝夕遣人候问武，而收系张胜[36]。

武益愈，单于使使晓武，会论虞常，欲因此时降武[37]。剑斩虞常已，律曰："汉使张胜谋杀单于近臣，当死。单于募降者，赦罪[38]。"举剑欲击之，胜请降。律谓武曰："副有罪，当相坐[39]。"武曰："本无谋，又非亲属，何谓相坐？"复举剑拟之，武不动。律曰："苏君，律前负汉归匈奴，幸蒙大恩赐号称王，拥众数万，马畜弥山[40]，富贵如此。苏君今日降，明日复然[41]。空以身膏草野[42]，谁复知之？"武不应。律曰："君因我降，与君为兄弟。今不听吾计，后虽欲复见我，尚可得乎？"武骂律曰："女为人臣子，不顾恩义，畔主背亲，为降虏于蛮夷，何以女为见[43]！且单于信女，使决人死生；不平心持正，反欲斗两主[44]，观祸败。南越杀汉使者，屠为九郡[45]；宛王杀汉使者，头县北阙[46]；朝鲜杀汉使者，即时诛灭[47]；独匈奴未耳！若知我不降明，欲令两国相攻，匈奴之祸从我始矣！"

律知武终不可胁，白单于。单于愈益欲降之，乃幽武，置大窖中，绝不饮食。天雨雪，武卧啮雪，与旃毛并咽之[48]，数日不死，匈奴以为神。乃徙武北海上无人处[49]，使牧羝，羝乳乃得归[50]。别其官属常惠等，各置他所[51]。

武既至海上，廪食不至，掘野鼠去草实而食之[52]。仗汉节牧羊，卧起操持，节旄尽落。积五六年，单于弟於靬王弋射海上[53]。武能网纺缴[54]，檠弓弩[55]，於靬王爱之，给其衣食。三岁余，王病，赐武马畜、服匿、穹庐[56]。王死后，人众徙去。其冬，丁令盗武牛羊[57]，武复穷厄[58]。

…… ……

昭帝即位[59]。数年，匈奴与汉和亲。汉求武等，匈奴诡言武死[60]。后汉使复至匈奴，常惠请其守者与俱，得夜见汉使，具自陈道[61]。教使者谓单于，言天子射上林中[62]，得雁，足有系帛书，言武等在某泽中。使者大喜，如惠语以让单于[63]。单于视左右而惊，谢汉使曰："武等实在。"[64]……单于召会武官属，前已降及物故[65]，凡随武还者九人[66]。

武以始元六年春至京师[67]。……武留匈奴凡十九岁，始以强壮出，及还，须发尽白。

（选自中华书局标点本《汉书·李广苏建传》）

注释：

1. 苏武的传是附在苏建的传后面的，所以这里不再写明他的姓。父，指苏武的父亲苏建，有功封平陵侯，做过代郡太守。任，指他父亲的职任。

2. 兄弟：指苏武和他的兄苏嘉，弟苏贤。郎，官名，汉代专指职位较低的皇帝侍从。汉制年俸二千石以上、任职满三年的官吏，可保举其子弟为郎。

3. 稍迁：逐渐提升。移（yí）中厩（jiù）：汉宫中有移园，园中有马厩（马棚），故称。监：管事的官员，此指管马厩的官，掌鞍马、鹰犬等。

4. 伐：征讨。胡：古代对北方少数民族的通称，这里指匈奴。通使：派遣使者往来。

5. 郭吉：元封元年（前 110 年），汉武帝亲统大军十八万到北地，派郭吉到匈奴，晓谕单于归顺，单于大怒，扣留了郭吉。路充国：元封四年（前 107 年），匈奴派遣使者至汉，病故。汉派路充国送丧到匈奴，单于以为是被汉杀死，扣留了路充国。（事见《史记·匈奴列传》《汉书·匈奴传》）辈：批。

6. 相当（dàng）：相抵、抵挡。

7. 天汉元年：公元前 100 年。天汉：汉武帝年号。

8. 且（jū）鞮（dī）侯：单于嗣位前的封号。单（chán）于：匈奴首领的称号。

9. 丈人：对老人和长辈的尊称。行：辈。

10. 中郎将：皇帝的侍卫长。节：使臣所持信物，以竹为杆，柄长八尺，拴上旄牛尾，共三层，故又称“旄节”。

11. 赂（lù）：赠送礼物。

12. 假吏：临时委任的使臣属官。斥候：军中担任警卫的侦察人员。俱：一同。

13. 置币遗单于：备办了一些礼物赠送给单于。

14. 缑（gōu）王：匈奴的一个亲王。长水：水名，在今陕西省蓝田县西北。虞常：指汉朝原长水校尉，后投降匈奴。

15. 昆（hún）邪（yé）王：匈奴一个部落的王，其地在河西（今甘肃省西北部）。昆邪王于汉武帝元狩二年（前 121 年）降汉。

16. 浞（zhuó）野侯：汉将赵破奴的封号。汉武帝太初二年（前 103 年）率二万骑击匈奴，兵败而降，全军沦没。

17. 卫律：本为长水胡人，但长于汉，被协律都尉李延年荐为汉使出使匈奴。回汉后，正值延年因罪全家被捕，卫律怕受牵连，又逃奔匈奴，被封为丁灵王。丁灵：匈奴的一个部落。

18. 阴：暗地里。相与：共同、一起。阏氏（yānzhī）：匈奴王后封号。

19. 相知：相熟识、有交情。

20. 私候胜：私自拜访张胜。

21. 幸：希望。蒙：蒙受、得到。其：代词，指汉天子。

22. 货物：指一般财物。

23. 欲发：准备发动（事）。

24. 其一人夜亡：他们当中有一个人夜里跑了出来。告之：告发这件事。

25. 生得：被活捉。

26. 治其事：审理这个案件。

27. 恐前语发：担心以前（与虞常）的谈话被揭露。以状语武：把情况告诉苏武。

28. 及：动词，牵连到。

29. 见犯：受到侵犯、侮辱。重（zhòng）：更。

30. 引：牵攀、招供。

31. 贵人：贵族。

32. 左伊秩訾（zī）：匈奴的王号，有“左”“右”之分。

33. 降：招降。受辞：受审讯。

34. 坎：坑。煴（yún）火：无焰的火。覆武其上：把苏武背朝上放在坑上。蹈：通“掐（tāo）”，轻轻地拍打。

35. 舆：轿子。此用作动词，犹“抬”。

36. 壮其节：钦佩苏武的气节。壮：形容词的意动用法，“以……为壮”。候问：问候。收系：逮捕并监禁。

37. 益愈：渐渐痊愈。使使晓武：派使者通知苏武。前一个“使”作动词，派遣。后一个“使”是名词，使者。论：判罪。因：就。

38. 募降者赦罪：招募投降的人就免罪。

39. 相坐：连带治罪。古代法律规定，凡犯谋反等大罪者，其亲属也要跟着治罪，叫作连坐或相坐。

40. 弥山：满山。

41. 复然：也会这样。

42. 膏：肥美滋润，此用作动词。

43. 女（rǔ）：即“汝”，下同。为：语气助词。畔：同“叛”，背叛。

44. 斗两主：使汉皇帝和匈奴单于相斗。斗：用为使动词，“使……相斗”。

45. 南越：国名，今广东、广西南部一带。屠：平定。《史记·南越列传》载：武帝元鼎五年（前 112 年），南越王相吕嘉杀其国王及汉使者，叛汉。武帝发兵讨伐，活捉吕嘉，因将其地改为珠崖、南海等九郡。

46. 宛王：指大宛国王毋寡。北阙：宫殿的北门。《史记·大宛列传》载：汉武帝太初元年（前 104 年），宛王毋寡派人杀前来求良马的汉使。武帝即命李广利讨伐大宛，大宛诸贵族乃杀毋寡而降汉。

47.《史记·朝鲜列传》载：武帝元封二年（前 109 年）派遣涉何出使朝鲜，涉何暗害了伴送他的朝鲜人，谎报为杀了朝鲜武将，因而被封为辽东东部都尉。朝鲜王右渠袅杀涉何。于是武帝发兵讨伐。朝鲜相杀王右渠降汉。

48. 天雨（yù）雪：天下雪。雨：动词，下。啮（niè）：咬、嚼。旃（zhān）：通“毡”，毛毡。

49. 北海：当时在匈奴北境，即今贝加尔湖。

50. 羝（dī）：公羊。乳：用作动词，生育，指生小羊。公羊不可能生小羊，故此句是说苏武永远没有归汉的希望。

51. 别：分别、隔离。官属：所属官吏、部下。他所：别的处所。

52. 去：通“弆（jǔ）”，收藏。草实：野生果实。

53. 於（wū）靬（qián）王：且鞮侯单于之弟，为匈奴的一个亲王。弋射：射猎。

54. 网：结网，用作动词。缴（zhuó）：系在箭上的丝绳。

55. 檠（qíng）：矫正弓箭的工具。此作动词，（用檠）矫正。

56. 给（jǐ）：供给。服匿：盛酒酪的容器，类似今天的坛子。穹庐：圆顶大篷帐，犹今之蒙古包。

57. 丁令：即丁灵，匈奴北边的一个部族。卫律被封为丁灵王。“丁令盗武牛羊”，也许是他所使。

58. 穷厄：陷于困境。穷：失意。厄：困窘。

59. 昭帝：公元前87年—前74年在位。汉武帝少子，名弗陵，即位后次年（前86年）改年号为“始元”。

60. 诡言：欺骗说。

61. 具：一五一十地、详尽。

62. 上林：即上林苑，皇帝游猎的场所，在长安西。

63. 让：责问。

64. 谢：道歉，谢罪。

65. 以：通“已”，已经。物故：死亡。

66. 凡：共，副词。

67. 以：在。始元六年：公元前81年。

思考与练习：

1. 分析人物性格，重点剖析苏武的性格特征，体会苏武的人格魅力。
2. 分析文章塑造人物的艺术技巧。
3. 试评论苏武的功过得失和价值意义。

汉乐府民歌（二首）

[题解]

乐府原本是掌管音乐机构的名称，创立于秦代，汉代从武帝时成为掌管配制乐谱，收集歌辞的机关。后人称为“乐府”或“乐府诗”的，包括文人写作的朝廷典礼乐章与从民间搜集的民歌。据《汉书·艺文志》记载，仅西汉就有民歌130多首，但大多已亡佚，现存两汉乐府民歌共三四十首。宋代郭茂倩编辑的《乐府诗集》是收集乐府歌辞最完备的总集。

汉乐府秉承《诗经·国风》现实主义创作方法——“感于哀乐，缘事而发”，真切地抒发了人民群众的喜怒哀乐，表达了人民自己的心声。汉乐府诗歌题材广泛，像一幅幅图画，真实地反映了那个时代的社会生活风貌。在文学创作手法，情意表达方式，以及文学技巧上都产生了跨越性的进步，增添了审美意趣。

上邪

[题解]

有关爱情和婚姻的诗歌在汉乐府中占有一定的比例，本诗在《乐府诗集》中属“鼓吹曲”。这是一首妇女向所爱之人表达誓言的情歌。

上邪[1]！我欲与君相知[2]，长命无绝衰[3]。山无陵[4]，江水为竭，冬雷震震[5]，夏雨雪[6]，天地合，乃敢与君绝！

（选自上海古籍出版社1979年出版的朱东润《中国历代文学作品选》第一版）

注释：

1. 上：指天。邪（yé）：通“耶”，语气词。
2. 相知：指相亲相爱。
3. 命：令、使。
4. 陵：指山峰。
5. 震震：雷声。
6. 雨：动词，落的意思。

[提示]

中国诗歌在情感表现方面讲究委婉曲折，常将感情抒写融入景物描写与叙事之中，而本诗是个例外，以直抒胸臆的方式表达了强烈奔放的爱情，可谓别树一帜。

诗篇第一句就采用非常强烈的语气呼喊“上邪（天啊）”，这是请上苍为她那海枯石烂，坚贞不渝的爱情作证。所举为证的五种现象，无不是大自然中极难出现的异常现象，山盟海誓发到这个份上，也可谓前无古人，后无来者。整首诗歌所表现出的诗人的情感，有如火山爆发那样强烈，像海啸那样奔放，虽有失之于偏激之嫌，但也确是一种特色。

本诗句式很有特色、长短参差的语句显示了一种率性而作的民歌的朴实性。真可谓，情之所至，一切的语言都是苍白的。

思考与练习：

1. 结合本诗谈一谈直抒胸臆与委婉曲折表达感情方式的不同艺术效果。

2. 请分析本诗语言特点。

[平行阅读]

有所思

有所思，乃在大海南。何用问遗君？双珠玳瑁簪，用玉绍缭之。闻君有他心，拉杂摧烧之。摧烧之，当风扬其灰。从今以往，勿復相思！相思与君绝！鸡鸣狗吠，兄嫂当知之。妃呼狶！秋风萧萧晨风飔，东方须臾高知之。

（选自上海古籍出版社 1979 年出版的朱东润《中国历代文学作品选》第一版）

十五从军征

[题解]

本诗在《乐府诗集》中属“横吹曲辞·梁鼓角横吹曲”，大约产生于东汉后期。两汉时期战争此起彼伏，在东汉后期战争更是频繁发生。战争给人民造成了极大的苦难，战争使山河破碎，田园荒芜。本诗正是描写一个老兵回乡所目睹的家园破败的悲惨景象。

十五从军征，八十始得归。道逢乡里人：“家中有阿谁[1]？”“遥看是君家。”松柏冢累累[2]。兔从狗窦入[3]，雉从梁上飞[4]，中庭生旅谷[5]，井上生旅葵[6]。舂穀持作饭，采葵持作羹。羹饭一时熟，不知饴阿谁[7]。出门东向看，泪落沾我衣。

（选自上海古籍出版社 1979 年出版的朱东润《中国历代文学作品选》第一版）

注释：

1. 阿谁：谁。“阿”是语助词，无意义。

2. 冢（zhǒng）：隆起的坟墓。累累：一个连一个的样子。

3. 狗窦：给狗进出的墙洞。
4. 雉：野鸡。
5. 旅：植物未经播种而野生的叫旅生。榖：谷。
6. 葵：菜名，又名冬葵，其嫩叶可食。
7. 饴：送给。

[提示]

战争会破坏许多东西，描写战争给人民带来苦难的作品蔚为大观。本诗没有从正面描写战争的残酷，而是选取了一个独特的视角，以一位15岁应征从军，80岁才返乡的老兵的口吻，描写亲人尽逝，家园成了废墟，一片荒芜的情景。

本诗的独特处在于此，80岁的老兵已经被消耗了他整个人生生命的战争折磨得行将就木，已没有了强烈的激愤，已无力作义愤填膺的控诉，有的只是疲惫与心灰意冷。与之相适应的是诗篇在表现方法上采用叙事的手法，不愠不火娓娓道来。平淡的语气中蕴含多少感慨，多少心酸。“羹饭一时熟，不知饴阿谁”这轻轻的一笔，包含着深深的失落与孤寂之情，令读者鼻酸。

本诗语言朴素，感情内敛，民歌风味浓郁，“感于哀乐，缘事而发”，深得“风诗”之旨。

思考与练习：

1. 这首诗表达了什么样的思想感情？为什么主人翁情感表现是那样的平缓、深沉？
2. 具体分析这首诗篇以叙事抒情的特点。
3. 谈谈本诗对偶句的特点。

[平行阅读]

战城南

战城南，死郭北，野死不葬乌可食。为我谓乌：“且为客豪！野死谅不葬，腐肉安能去子逃！”水深激激，蒲苇冥冥；枭骑战斗死，驽马徘徊鸣。梁筑室，何以南，何以北？禾黍不获君何食？愿为忠臣安可得？思子良臣，良臣诚可思：朝行出攻，暮不夜归！

（选自上海古籍出版社1979年出版的朱东润《中国历代文学作品选》第一版）

古诗十九首（三首）

[题解]

东汉时期，五言诗兴起，其中有一批无名氏作品，梁代萧统因它们风格相近，将之收入《文选》中，称为《古诗十九首》。诗歌作者多是知识分子，他们在作品里抒写夫妇朋友之间的离愁别绪、仕途失意彷徨与伤时感慨的情绪。《古诗》感情真挚、深切，语言简朴、自然，表意委婉曲折，耐人回味。《古诗》代表了汉代文人诗歌的最高成就，对后世诗歌创作产生了很大影响。《文心雕龙》评它为："五言之冠冕。"

行行重行行

[题解]

本诗是以一女子的口吻抒写对远行在异乡的情人的思念之情，有着浓郁的民歌韵味。

行行重行行[1]，与君生别离。相去万余里，各在天一涯。道路阻且长，会面安可知？胡马依北风[2]，越鸟巢南枝[3]。相去日已远[4]，衣带日已缓[5]。浮云蔽白日，游子不顾反。思君令人老，岁月忽已晚[6]。弃捐勿复道[7]，努力加餐饭。

（选自上海古籍出版社 1979 年出版的朱东润《中国历代文学作品选》第一版）

注释：

1. 重行行：不断地行走。
2. 胡马：北方所产的马。依：依恋。
3. 越：南方的越国。越鸟：即南方的鸟。这句说，越鸟北飞后仍筑巢于南向的树枝。
4. 已：同"以"。日已远：即一天比一天远。
5. 缓：宽松。
6. 这句说，不知不觉地又岁暮了。
7. 捐：抛弃。道：谈说。

[提示]

离别相思之情是人类普遍的感情类型，《古诗》的作者许多是在外游学或游宦的，再加上东汉后期社会的动荡，便有更多的羁愁别恨需要抒写。外有旷夫，定然内有怨女。本诗就是一首典型的闺怨之作。

本诗可以分为四层，每四句为一层。本诗在开头就以看似平淡的语气道出了生离死别的锥心的痛苦，然后叙说天各一方，路远难会的思念之情，再写相思给人带来的伤痛，只好自勉自励“努力加餐饭”。相思之情经此平平淡淡道来，虽无什么新巧苛险的艺术手法，但表现得质朴而又委婉曲折，耐人咀嚼，值得回味。

本诗在艺术风格上的显著特点是浓郁的民歌风格。汉代文人受汉乐府民歌影响，诗歌呈现出一种朴素自然、简洁活泼的特点。诗中运用“行行重行行”“相去万余里”“道路阻且长”等意思相近的诗句形成循环复沓的形式，体现了诗歌吟讴本色。又如“胡马依北风，越鸟巢南枝”“浮云蔽白日，游子不顾反”等诗句，比兴手法的运用也深得《诗经》的神韵。

思考与练习：

1. 相思之情，往往是肠回九转，情感复杂，请比较“胡马依北风，越鸟巢南枝”与“浮云蔽白日，游子不顾反”两句所表现的不同心态。

2. 体会诗中比兴句子的表意作用。

3. 请举出另一首优秀的闺怨诗与本诗进行比较。

迢迢牵牛星

[题解]

牛郎织女动人的爱情故事在汉代已经产生，牛郎织女的佳话在东汉初年的班固《西都赋》里就有表现：“临乎昆明之池，左牵牛而右织女，似云汉之无涯”。本诗就是诗人有感牛郎织女凄婉爱情故事而作。

迢迢牵牛星[1]，皎皎河汉女[2]。纤纤擢素手[3]，札札弄机杼[4]。终日不成章[5]，泣涕零如雨[6]。河汉清且浅，相去复几许？盈盈一水间[7]，脉脉[8]不得语。

（选自上海古籍出版社 1979 年出版的朱东润《中国历代文学作品选》第一版）

注释：

1. 迢迢：遥远貌。牵牛星：天鹰星座主星，俗称为扁担星。

2. 皎皎：明亮貌。河汉：银河。河汉女：织女星，天琴星座主星，在银河北，与牵牛星隔河相对。

3. 纤纤：柔长貌。擢（zhuó）：摆动。

4. 札札：织机声。杼（zhù）：织布机上的梭子。

5. 章：布帛上的经纬纹理。

6. 零：落下。

7. 盈盈：水清而浅的样子。

8. 脉脉：互相注视的样子。

[提示]

爱情是人类讴歌的永恒主题，爱情既给人们带来欢乐，也给人们带来深深的痛苦。本诗写织女与牛郎银汉阻隔不能相聚的痛苦，寓寄了诗人深深的同情。

此诗最大的特点是借民间传说故事曲折地表现了诗人对爱情的感悟。相知相恋而不能相聚是人生深沉强烈的痛苦之一。诗篇可以说句句写的是织女，而实则句句写诗人自己的痛苦。情思从银河彼岸飞来，牵动了每一对相知相恋而不能相聚的情人心怀。

本诗在艺术表现上达到了较高的水准，造诣较高。诗人最善描写情状，山水阻隔用“迢迢”一词，蕴含无限哀怨。“纤纤”一词，织女美貌便跃然纸上；“盈盈一水间”更是暗含情思无限，平添几许惆怅。

本诗语言优美、音韵和谐。整齐的句式，对偶的运用，加之大量使用叠音词，造就了一种回环往复的韵律，具有强烈的音乐美。

思考与练习：

1. 牛郎织女的故事已成为文学上表意的象征性符号，请分析它的寓意与产生这个神话故事的社会背景因素。

2. 本诗不仅抒发了有情人不能相聚的痛苦之情，也勾画了织女的形象，请结合诗句分析织女的艺术形象。

3. 本诗善用叠音词，试举例分析它们的表达作用。

明月皎夜光

[题解]

追求功名利禄，在仕途上飞黄腾达是许多士子的共同梦想。在东汉，门阀制度让出身下层的知识分子往往求仕无门，于是有一些人便寄希望于达官贵人的提携，友人的帮助。哪知世态炎凉，这种希望只不过是一厢情愿。失望过后往往是一腔怨愤。本诗就是一位仕途失意的仕子抒写对世态炎凉的怨愤。

明月皎夜光，促织鸣东壁[1]。玉衡指孟冬[2]，众星何历历[3]。白露沾野草，时节忽复易[4]。秋蝉鸣树间，玄鸟逝安适[5]？昔我同门友[6]，高举振六翮[7]。不念携手好[8]，弃我如遗迹[9]。南箕北有斗[10]，牵牛不负轭[11]。良无盘石固[12]，虚名复何益[13]？

（选自上海古籍出版社 1979 年出版的朱东润《中国历代文学作品选》第一版）

注释：

1. 促织：蟋蟀。

2. 玉衡：北斗七星中的斗柄三星。北斗七星形似舀酒的斗：一至四星成勺形，叫斗魁；五至七星成一直线，为斗柄。由于地球在旋转，从地面上看去，斗星每月所指的方位不同，古人根据这种变化辨别节令的推移。孟冬：初冬，指阴历十月。这句是说，看玉衡所指的方位（西北），知道时节已届孟冬。

3. 历历：分明的样子。

4. 易：更换。这句说，时节很快的由秋入冬了。

5. 玄鸟：燕子。逝：去。安适：到什么地方去。燕性喜暖，秋时飞向南方。

6. 同门友：同学。

7. 翮（hé）：羽毛的茎。六翮：指羽翼。这句说，从前的同学都得意了，仿佛有了坚硬的翅膀，远走高飞。

8. 携手好：指过去携手同游的好友，即同学。用《诗经·北风》“惠而好我，携手同行”语意。

9. 这句说，如行人留下足迹般把我抛弃了。

10. 南箕：星名，共四星组成，形似簸箕。斗，指南斗星，共六星组成，形似斗，位于箕星之北。《诗经·大东》：“维南有箕，不可以簸扬；维北有斗，不可以挹酒浆。”意思说，箕星和斗星徒有其名，实际没有簸米和舀酒的作用。本诗运用《诗经》语句，省去下半部分，在修辞学上属于歇后手法。

11. 牵牛：星名。轭，车辕前横木，拉车时负在牛背上，用以控制牛背，拉车前进。这句说，牵牛星不能负轭拉车，寓意也本自《诗经·大东》“睆彼牵牛，不以服箱。”意思说，牵牛星不能用来驾车。以上两句是比喻徒有同门友的空名，实际上没有真实情谊。

12. 盘石：同“磐石”，大石。

13. 虚名：指徒有“同门友”之名。

[提示]

本诗以月夜起兴，以细腻的笔触描绘了一幅秋夜图。在图中夜空清澈璀璨，蟋蟀、秋蝉的鸣叫平添了几分孤寂、凄凉。诗人感叹时节变易中包含着无数难以言说的情绪。诗篇前八句抒写诗人月下徘徊的哀伤之情，妙在融情入景，全无直接抒情的情语，感情表达委婉含蓄，但浓郁的伤感气氛充溢于画中画外。

时节的变易使诗人联想到人情的反复，后八句直抒胸臆。不谙世事的诗人对友人一变阔就变脸的卑劣之态，十分惊讶；对星星的“无理指责”曲折地表达了诗人心中的激愤。落魄者的失意、苦闷，对功名富贵的渴求都包含在对世态炎凉的谴责之中。

本诗在艺术表现上的妙处有三个：一是善于描景，营造气氛。月光寄伤感，虫鸣传悲声，于无声处表幽情。二是精于埋伏呼应，“众星何历历”暗伏“南箕北有斗，牵牛不负轭”的奇思妙想；“时节忽复易”的感叹触动心怀，自然转入对人情反复的愤慨。这一前后呼应顿觉诗篇脉络清晰。三是善用比兴。以月夜起兴，既含蓄委婉又为全诗奠定感情基调。“弃我如遗迹”，“南箕”“北斗”“牵牛”星的比喻巧妙而形象。

思考与练习：

1. 诗人在诗中表达对飞黄腾达却不念旧情的同门友人的谴责，对此，你作何评价？

2. 这篇诗歌善用比兴，请具体分析“兴句”与“比句”的表达效果。

3. 本诗善于安排结构，请分析它的结构方法与特点。

别赋（节选）

江淹

[题解]

江淹（444—505），字文通，济阳考城（今河南兰考）人。少年孤贫，历仕宋、齐、梁三代。曾任中书侍郎，封临沮县伯，封醴陵侯等。梁武帝时，官至金紫光禄大夫。早年以文章著名，晚年才思衰退，诗作乏美句，人称“江郎才尽”。他的诗多长于刻画，哀婉奇丽，尤擅抒情小赋。现存赋作二十多篇，风格既刚且柔，以《恨赋》《别赋》最著名。有《江文通集》。

黯然销魂者[1]，唯别而已矣！况秦吴兮绝国，复燕宋兮千里[2]。或春苔兮始生，乍秋风兮蹔起[3]。是以行子肠断[4]，百感凄恻。风萧萧而异响，云漫漫而奇色。舟凝滞于水滨，车逶迟于山侧[5]；棹容与而讵前[6]，马寒鸣而不息。掩金觞而谁御[7]，横玉柱而霑轼[8]。居人愁卧，怳若有亡。日下壁而沉彩，月上轩而飞光；见红兰之受露，望青楸之罹霜[9]。巡曾楹而空掩[10]，抚锦幕而虚凉。知离梦之踯躅，意别魂之飞扬[11]。

…… ……

乃有剑客惭恩，少年报士[12]。韩国赵厕，吴宫燕市[13]；割慈忍爱，离邦去里；沥泣共诀，抆血相视[14]。驱征马而不顾，见行尘之时起。方衔感于一剑，非买价于泉里[15]。金石震而色变[16]，骨肉悲而心死。

…… ……

至如一赴绝国，讵相见期[17]。视乔木兮故里[18]，决北梁兮永辞[19]。左右兮魂动，亲宾兮泪滋。可班荆兮赠恨[20]，惟尊酒兮叙悲[21]。值秋雁兮飞日，当白露兮下时。怨复怨兮远山曲，去复去兮长河湄。

又若君居淄右，妾家河阳[22]。同琼佩之晨照，共金炉之夕香[23]。君结绶兮千里[24]，惜瑶草兮徒芳[25]。惭幽闺之琴瑟[26]，晦高台之流黄[27]。春宫閟此青苔色[28]，秋帐含兹明月光；夏簟青兮昼不暮[29]，冬釭凝兮夜何长[30]！织锦曲兮泣已尽，回文诗兮影独伤[31]。

…… ……

是以别方不定，别理千名[32]。有别必怨，有怨必盈。使人意夺神骇，心折骨惊。虽渊、云之墨妙[33]，严、乐之笔精[34]；金闺之诸彦[35]，兰台之群英[36]；赋有凌云之称[37]，辨有雕龙之声[38]，谁能摹暂离之状，写永诀之情者乎？

（选自中华书局1984年出版的胡之骥《江文通集汇注》）

注释：

1. 黯然：心神沮丧的样子。销魂：神思恍惚、丧魂落魄，形容极度悲伤。

2. “况秦吴”句：春秋战国时，西北的秦国和东南的吴国，相隔遥远。而燕国和宋国，燕在宋的东北，宋在燕的西南，也相隔千里。

3. “或春苔”句：春苔萌生，秋风乍起，最能引起离愁别恨。乍：突然。蹔：同“暂”。

4. 行子：行人。肠断：极度悲伤。鲍照《东门行》：“野风吹林木，行子心断肠。”

5. 逶迟：徘徊不前。

6. 棹：船桨，这里指船。容与：迟缓不前。屈原《九章·涉江》：“船容与而不进兮，淹回水而凝滞。”讵：岂。

7. 掩：盖，覆。御：进，用，此指喝酒。

8. 玉柱：琴瑟上支弦的码，这里指琴瑟。霑：同“沾”，泪水浸湿。轼：车前横木。

9. 青楸：绿色的楸树。楸：落叶乔木。罹：遭受。

10. 巡：巡行。楹：堂前柱子，此代指房屋。

11. “知离梦”句：居人设想行人也必定神魂不安。踯躅，迟疑不前。

12. 惭恩：受恩未报而惭愧。报士：报答好友。士，这里兼有士友、君子之义。

13. 韩国：指聂政刺死韩相侠累事。战国时，严仲子与侠累有隙，于是结交聂政，聂感其知遇之恩，为他刺死侠累。赵厕：指豫让谋刺赵襄子。豫让事晋国智伯。后智伯被赵襄子所灭。豫让潜入赵宫厕所，想伺机刺襄子为智伯报仇。吴宫：指专诸刺死吴王僚。燕市：指荆轲为燕太子丹行刺秦王。

14. 抆：擦，拭。血：泪尽而继之以血。

15. “方衔感”句：刺客因不忘感恩而仗剑行刺，非为求声名于地下。

16. “金石”：荆轲与舞阳入秦，钟鼓齐响，舞阳大恐，面如死灰。

17. 讵：岂有。

18. 乔木：高大的树木。王充《论衡·佚文》：“睹乔木，知旧都。”

19. “决北”：语出《楚辞·九怀·陶壅》：“济江海兮蝉蜕，绝北梁兮永辞。”

20. 班：铺设。荆：树枝条。《左传·襄公二十六年》：“班荆相与食，而言复故。”后人以“班荆道故”喻亲旧惜别之悲痛。

21. 尊：酒器。

22. “又若”句：淄右，淄水之西。河阳，黄河之北。

23. 琼佩：用美玉做的佩饰。

24. 结绶：出仕做官。

25. 瑶草：香草，代指前文“妾”。

26. 惭：惭愧，无心娱乐之意。

27. 晦：昏暗，黯淡。流黄：一种黄色的绢，指帷幕。

28. 宫：泛指住所。

29. 簟：竹席。

30. 釭：灯。此言暗淡无光。

31. 织锦曲：《晋书·列女传》：秦州刺史窦涛被贬谪，其妻苏惠织锦为回文诗寄给他。织锦曲，即回文诗。

32. “是以”句：方，类别。理，原因。

33. 渊、云：渊，王褒，字子渊。云：扬雄，字子云。为西汉著名辞赋家。

34. 严、乐：指严安、徐乐。均系汉武帝时文人。

35. 金闺：汉代长安金马门，文学侍从都在此待诏。彦：有才之士。

36. 兰台：汉代宫廷藏书之所，也是文雄汇聚地。

37. 凌云之称：司马相如作《大人赋》，汉武帝读后赞赏，“有凌云之气”。指写赋才能极高。事见《史记·司马相如列传》。

38. 雕龙之声：战国齐人邹奭擅长辩论，时人称为“雕龙奭”。雕龙：喻辩术美妙，如同雕镂龙文。事见《史记·孟子荀卿列传》。

[提示]

《别赋》是一篇典型的骈赋。离别，人生难免之事。抒写此类人间离情的作品迭出。但本赋出彩在于，既无南北朝骈赋仅重外形华丽而格卑辞微之弊，又能在文字整饬中流露真情实感，把不同离悲别苦，写得哀婉动人，引发各层次读者认同、共鸣。

本赋一洗汉代赋体板滞巨制，追求铺排中参差错落、语言规范中摇曳生彩。摹写七种身份殊异人物在不同背景下的离情别状，存同求异，写出七样离怨七样别离的差异，离情这一共同感受，在作者笔下，因人与事不同，情与境更加呈现别样吸引力。此乃本篇成功之处。

思考与练习：

1. 试比较《别赋》同中存异的写法。

2. 情感动人，在本赋中是怎样表现的？

[平行阅读]

贺新郎（别茂嘉十二弟）

辛弃疾

绿树听鹈鴂。更那堪、鹧鸪声住，杜鹃声切。啼到春归无寻处，苦恨芳菲都歇。算未抵、人间离别。马上琵琶关塞黑，更长门、翠辇辞金阙。看燕燕，送归妾。

将军百战身名裂。向河梁、回头万里，故人长绝。易水萧萧西风冷，满座衣冠似雪。正壮士悲歌未彻。啼鸟还知如许恨，料不啼清泪长啼血。谁共我，醉明月？

（选自人民文学出版社1988年出版的朱德才《辛弃疾词选》）

文心雕龙·知音

刘勰

[题解]

参见《神思》篇。

《知音》是《文心雕龙》的第四十八篇文章，主要阐述有关文学批评的基础理论问题，是我国古代比较系统的文学批评专论文章。《知音》比较全面地论述了文学批评的态度、特点、方法和文学批评的基本原理，并涉及文学批评与创作的关系和文学欣赏等问题。但在本篇中，这些问题都讲得比较简略，我们必须联系全书有关论述，才能全面理解刘勰的文学批评观点。

知音其难哉！音实难知，知实难逢；逢其知音，千载其一乎！夫古来知音，多贱同而思古[1]；所谓“日进前而不御，遥闻声而相思”[2]也。昔《储说》始出，《子虚》初成[3]，秦皇、汉武，恨不同时；既同时矣，则韩囚而马轻[4]，岂不明鉴同时之贱哉？至于班固、傅毅[5]，文在伯仲，而固嗤毅云“下笔不能自休”[6]。及陈思论才，亦深排孔璋[7]；敬礼请润色，叹以为美谈[8]；季绪好诋诃，方之于田巴：意亦见矣[9]。故魏文称“文人相轻”[10]，非虚谈也。至如君卿唇舌[11]，而谬欲论文，乃称史迁著书，咨东方朔[12]；于是桓谭之徒[13]，相顾嗤笑。彼实博徒，轻言负诮[14]；况乎文士，可妄谈哉？故鉴照洞明，而贵古贱今者，二主是也[15]；才实鸿懿[16]，而崇己抑人者，班、曹是也；学不逮文，而信伪迷真者，楼护是也。酱瓿之议[17]，岂多叹哉？

夫麟凤与麏雉悬绝[18]，珠玉与砾石超殊，白日垂其照，青眸写其形。然鲁臣以麟为麏[19]，楚人以雉为凤[20]，魏氏以夜光为怪石[21]，宋客以燕砾为宝珠[22]。形器易征[23]，谬乃若是，文情难鉴，谁曰易分？夫篇章杂沓，质文交加；知多偏好，人莫圆该[24]。慷慨者逆声而击节，酝藉者见密而高蹈[25]，浮慧者观绮而跃心[26]，爱奇者闻诡而惊听。会己则嗟讽，异我则沮弃[27]；各执一隅之解，欲拟万端之变[28]：所谓“东向而望，不见西墙”也[29]。

凡操千曲而后晓声，观千剑而后识器；故圆照之象[30]，务先博观。阅乔岳以形培塿，酌沧波以喻畎浍[31]。无私于轻重，不偏于憎爱；然后能平理若衡，照辞如镜矣。是以将阅文情，先标六观：一观位体[32]，二观置辞[33]，三观通变[34]，四观奇正[35]，五观事义[36]，六观宫商[37]。斯术既形，则优劣见矣。

夫缀文者情动而辞发，观文者披文以入情[38]；沿波讨源，虽幽必显。世远莫见其面，觇文辄见其心[39]。岂成篇之足深？患识照之自浅耳。夫志在山水，琴表其情，况形之笔端，理将焉匿？故心之照理，譬目之照形：目瞭则形无不分，心敏则理无不达。然而俗监之迷者，深废浅售[40]。此庄周所以笑《折杨》[41]，宋玉所以伤《白雪》也[42]。昔屈平有言[43]："文质疏内，众不知余之异彩。[44]"见异，唯知音耳。扬雄自称"心好沈博绝丽之文[45]"，其事浮浅[46]，亦可知矣。夫唯深识鉴奥，必欢然内怿[47]；譬春台之熙众人[48]，乐饵之止过客[49]。盖闻兰为国香[50]，服媚弥芬[51]；书亦国华，玩泽方美[52]。知音君子，其垂意焉。

赞曰：洪钟万钧，夔、旷所定[53]。良书盈箧，妙鉴乃订[54]。流郑淫人，无或失听[55]。独有此律，不谬蹊径[56]。

注释：

1. 同：指同时代的人。古：古人。

2. 御：用。声：名声。这两句是《鬼谷子·内楗（jiàn 见）》篇中的话。

3.《储说》：战国时期杰出的思想家韩非所著《韩非子》中，有《内储说》《外储说》等篇。《子虚》：指西汉作家司马相如的《子虚赋》。

4. 恨不同时：《史记·老庄申韩列传》中说，秦始皇读了韩非的《孤愤》等篇曾说："寡人得见此人，与之游，死不恨矣！"《汉书·司马相如传》中说：汉武帝读了司马相如的《子虚赋》曾说："朕独不得与此人同时哉！"韩：指韩非，他入秦后，被谗入狱而死。马：指司马相如，他始终只是汉武帝视若倡优的人。

5. 鉴：察看。班固：字孟坚，东汉初年史学家、文学家。傅毅：字武仲，和班固大致同时的文学家。

6. 嗤（chī）：讥笑。休：停止。全句意指傅毅写作不会剪裁。以上几句见曹丕的《典论·论文》："傅毅之于班固，伯仲之间耳，而固小之；与弟超书曰：'武仲以能属文为兰台令史，下笔不能自休。'"

7. 陈思：即曹植，他封陈王，谥号"思"。排：排斥。孔璋：陈琳的字。他是"建安七子"之一。曹植《与杨德祖书》说："以孔璋之才，不闲于辞赋。"

8. 敬礼：丁廙（yì）的字。他是汉末作家，曹植的好友，常请曹植修改他的文章。润色：修改加工。美谈：佳话。指曹植在《与杨德祖书》中所引丁廙的话："文之佳恶，吾自得之，后世谁相知定吾文者耶？"曹植接着说："吾常叹此达言，以为美谈。"

9. 季绪：刘修的字。他是汉末作家。诋诃：批评。方：比。田巴：战国时齐国喜欢批评别人的人，曾被鲁仲连所驳倒。

10. 魏文：即魏文帝曹丕。曹丕在《典论·论文》中说："文人相轻，自古而然。"

11. 君卿：楼护的字。他是西汉末年的辩士。唇舌，指有口才。《论说》篇曾说："楼护唇舌。"

12. 史迁：即司马迁。咨（zī）：询问。东方朔：西汉作家。楼护说司马迁著书曾咨询东方朔的话今不存。

13. 桓谭：东汉初年著名学者，著有《新论》。

14. 博徒：指贱者。诮（qiào）：责怪。照：察看、理解。洞：深。

15. 二主：指秦始皇与汉武帝。

16. 鸿：大。懿（yì）：美。

17. 瓿（bù）：小瓮，《汉书·扬雄传赞》中说，扬雄著《太玄经》时，“刘歆亦尝观之，谓雄曰：空自苦！今学者有禄利，然尚不能明《易》，又如《玄》何？吾恐后人用覆酱瓿也”。这里是借以喻指真正有价值的作品难以得到正确的评价。

18. 麏（jūn）：獐，似鹿而小。雉（zhì）：野鸡。悬绝：相差极远。

19. 麟为麏：《公羊传·哀公十四年》中说：“春，西狩获麟，……有以告者曰：有麏而角者。”

20. 雉为凤：《尹文子·大道上》中说：“楚人担山雉者，路人问：‘何鸟也?’担雉者欺之曰：‘凤凰也。’路人曰：‘我闻有凤凰，今直见之。’”

21. 氏：一作“民”。夜光：夜间发光，美玉或明珠都如此。这里指玉。《尹文子·大道上》：“魏田父有耕于野者，得宝玉径尺，弗知其玉也，以告邻人。邻人阴欲图之，谓之曰：‘怪石也。’……于是遽而弃于远野。”

22. 燕砾：即燕石。《艺文类聚》卷六录《阚（kàn）子》：“宋之愚人得燕石于梧台之东，归而藏之以为宝。周客闻而观焉，……掩口而笑曰：‘此特燕石也，其与瓦甓（pì）不殊。’”

23. 征：证、验。

24. 质：指作品的思想内容。文：指艺术形式。交加：交织。知：指对作品的欣赏评论者。圆该：全面判别。

25. 慷慨：指性情激昂的人。逆：迎。击节：打拍节，表示欣赏。节：乐器。酝藉：指性情含蓄的人。高蹈：高兴地跳舞。

26. 浮：浅。绮（qǐ）：一种有花纹的丝织品，这里借指文辞华丽的作品。

27. 会：合。嗟：称，称叹。讽：诵读。沮（jǔ）：阻止。

28. 拟：度量，衡量。

29. 东向而望，不见西墙：《淮南子·氾论训》：“故东面而望，不见西墙；南面而视，不睹北方。”

30. 圆：周遍，全面。照：察看，理解。象：方法。

31. 乔岳：高山。形：显著，这里指看清。培塿（pǒulǒu）：小土山。酌：斟酌。沧：沧海。畎浍（quǎnkuài）：田间小沟。

32. 位：安排，处理。体：体裁。

33. 置：安放。

34. 通：指继承方面。变：指创新方面。

35. 奇：指新奇的表现方式。正：指正常的表现方式。

36. 事：主要指作品中所用的典故。义：思想内容。

37. 宫商：指平仄声律。

38. 披：翻阅。

39. 觇（chān）：窥视。

40. 监：察看。浅售：得到粗浅的赏识。

41. 庄周：即庄子，战国时思想家。《折杨》：一种庸俗的歌曲。《庄子·天地》中说："大声不入千里耳，《折杨》《皇华》则嗑（xiā）然而笑。"嗑：笑声。

42. 宋玉：战国时楚国著名作家。《白雪》：一种高妙的乐曲。传为宋玉所作的《对楚王问》中说："客有歌于郢中者，其始曰《下里巴人》，国中属而和者数千人，……其为《阳春白雪》，国中属而和者不过数十人。"（《文选》卷四十五）

43. 屈平：名原，战国时楚国人，古代伟大诗人之一。这里所引的话，见于《楚辞·九章·怀沙》。

44. 文：指外表。质：指本性。疏：粗，这里指不注意装饰。内：即讷，迟钝，这里引申为朴实的意思。

45. 扬雄：字子云，西汉末年著名作家。他的话见于《答刘歆书》（《古文苑》卷十）。沈：深。绝：独一无二。

46. 其：当作"不"。事：从事于。

47. 鉴奥：看得深。内：指内心。怿（yì）：喜悦。

48. 熙：乐。春台：《老子·二十章》说："众人熙熙，……如春登台。"河上公本作"如登春台"。《总术》篇"落落之玉"，也是取河上公本，可见刘勰这里说"春台"是据河上公本《老子》。

49. 乐：音乐。饵（ěr）：食物。《老子·三十五章》说："乐与饵，止过客。"

50. 兰为国香：《左传·宣公三年》中说："以兰有国香，人服媚之如是。"国香：全国最香的花，后以"国香"专指兰花。

51. 服：佩带。媚：喜爱。弥：更加。

52. 华：精华。泽：当作"绎"。玩绎：细细体会玩味。

53. 洪：大。钧：三十斤。夔（kúi）：舜时的乐官。旷：师旷，春秋时晋国的乐师。

54. 箧（qiè）：箱。鉴：这里指评论家。订：评定。

55. 流：流荡。郑：郑声。儒家认为郑国的音乐淫邪。淫人：使人走到过分的境地。淫：过分。失听：听错了。

56. 律：规则。蹊：路。

思考与练习：

1. 请根据文章内容，分析指出知音难觅的主要原因。

2. 请根据文章内容，分析指出"文情难鉴"的原因。

3. 你怎样理解"博观"原则和"六观"鉴赏方法？

乌夜啼（林花谢了）

李煜

[题解]

李煜（937—978），李后主，字重光，徐州人，公元 961 年至 975 年在位。南唐苟安于江南。至宋兵南下攻破金陵城，他被俘押至汴京，封违命侯。太平兴国三年（978）七夕是他 42 岁生日，被宋太宗宴饮毒杀。葬于洛阳邙山。

后主精书画，谙音律，工诗文，词尤五代之冠。前期词绮丽柔靡，仍属“花间”格调。亡国后软禁生涯，变为悲凉，清婉谐和，一洗其浓艳，真挚真切引起历代共鸣。为苏辛“豪放”埋下伏笔。宋人辑有《南唐二主词》，现存词仅三十余首。

林花谢了春红[1]，太匆匆！无奈朝来寒雨晚来风。
胭脂泪[2]，相留醉[3]，几时重？自是人生长恨水长东[4]。

（选自人民文学出版社 1958 年出版的詹安泰《李璟李煜词》）

注释：

1. 林花：满林的春花，花的种类繁多。谢：凋零。

2. 胭脂泪：美人的眼泪。前言落花，此处直接把花比作美人，花带雨状似泪。出于杜甫《曲江对酒》：“林花着雨胭脂湿。”

3. 醉：悲伤凄迷至极，恍若醉意。

4. 自是：本来就是。

[提示]

代表李煜最高成就的是他后期词作。本词是李煜被俘后伤心之作。此调原为唐教坊曲，又名《相见欢》《秋夜月》《上西楼》。

本词最大特点是将人生失意怅恨寄寓在春暮残景的描绘中，是借景抒情代表作。暮春时分，花褪残红，谁是摧花罪魁？自然是那朝风晚雨。春天最美也最短暂，因此有“太匆匆”慨叹。“无奈朝来寒雨晚来风”，既叹花，亦自叹。“无奈”，对景难遣惆怅，更兼“胭脂泪”感慨。引发更深邃感叹：“自是人生长恨水长东。”

诚如叶嘉莹先生评语：李后主“眼界始大，感慨遂深”“全心沉入哀痛中。”（《论李煜词》）李煜词用曲笔，历朝历代读者都能听到那凄婉深沉心声。“人生长恨”不再是一已失意，而是涵盖了人类所共有的故事。

思考与练习：

1. 试分析“林花谢了春红”与“朝来寒雨晚来风”两句何以动人心弦？
2. 品味全篇表达出的人生感慨。其中景物描写的意义？

[平行阅读]

虞美人

李煜

春花秋月何时了，往事知多少。小楼昨夜又东风，故国不堪回首月明中。

雕栏玉砌应犹在，只是朱颜改。问君能有几多愁，恰似一江春水向东流。

（选自人民文学出版社 1958 年出版的詹安泰《李璟李煜词》）

登幽州台歌[1]

陈子昂

[题解]

陈子昂（661—702），字伯玉，梓州射洪（今属四川）人。唐睿宗文明元年（684年）进士，曾任右拾遗，后世称为陈拾遗。轻财好施，慷慨任侠。博览群书，擅长写作。有政治见识和政治才能。直言敢谏，对武后朝廷弊政，屡次上书，不被采纳，一度因“逆党”反对武则天而株连下狱。最终冤死狱中。

陈子昂是初唐著名诗人，标举《诗经》和古诗，鄙夷靡丽诗风。《感遇诗》三十八首，是表现革新精神主要作品，为五言古体，充实浑厚，备受杜甫、韩愈等人推崇。其诗风骨峥嵘，寓意深远。有《陈伯玉集》传世。

前不见古人，后不见来者。念天地之悠悠，独怆然而涕下。[2]

（选自中华书局1959年出版的蘅塘退士《唐诗三百首》）

注释：

1. 幽州台：即蓟北楼，又称蓟丘、燕台、黄金台。幽州：古十二州之一，是燕国国都，在今北京市大兴区。

2. 怆然：悲伤凄凉，伤感貌。涕：泪。

[提示]

本诗为陈子昂以右拾遗随军参谋从武则天侄子建安王武攸宜进兵契丹时所作。陈子昂数次向武进言，反被降职。忠而见弃，悲愤郁郁。眼看报国宏愿成为泡影，因此登上蓟北楼，写下《登幽州台歌》以及《蓟丘览古赠卢居士藏用七首》等诗。

《登幽州台歌》苍劲奔放，富有感染力。抒发登楼远眺、凭今吊古，深刻揭示封建社会中正直多才而遭遇困厄的知识分子境遇。

寥寥数句，却成千古绝唱。全诗基调慷慨悲凉。艺术意境雄浑、视野开阔，形象感人。

思考与练习：

1. 何以理解诗人孤单寂寞悲哀苦闷的情绪？

2. 试分析本篇“沉郁悲壮”的格调。

3. 怎样理解本诗篇幅短小却意蕴丰富？

送杜少府之任蜀川

王勃

[题解]

王勃（650—676），字子安，绛州龙门（今山西稷山县）人，为沛王府侍读，因事被逐出府。后南游巴蜀，任虢州参军，犯死罪，遇赦革职。与杨炯、卢照邻、骆宾王齐名，并称“初唐四杰”。四杰文学倾向大致相同。其诗扩大题材，从宫廷走向市井，从宫廷至边塞，情感激烈愤慨。四杰中骆宾王诗歌最多，但以王勃成就最高。明人辑有《王子安集》。

城阙[1]辅[2]三秦[3]，风烟望五津[4]。
与君离别意，同是宦游[5]人。
海内存知己，天涯若比邻。
无为在歧路，儿女共沾巾。

（选自上海古籍出版社1992年出版的《王子安集》卷三）

注释：

1. 城阙：指唐代都城长安。

2. 辅：护卫。阙，宫门前望楼。辅三秦：以三秦为辅。长安位于三秦中枢。

3. 三秦：现陕西省一带；项羽灭秦后分秦地为雍、塞、翟三国，分封秦降将章邯等三人为王，故称“三秦”。这里泛指长安附近关中之地。

4. 五津：四川境内五个渡口。指岷江的白华津、万里津、江首津、涉头津、江南津，泛指“蜀川”。

5. 宦游：因仕宦而漂泊。

[提示]

这是一首送别五绝，基调开朗。作者个性阳刚，艺术上不屑落于忧伤俗套，雄浑昂扬。起始以辽阔自然景色为背景，点明送别和所赴地点，同时也隐含山川遥远阻隔之意。再以彼此相似处境，表达对远行友人的安慰和劝勉。

王勃诗句精炼概括。“慰安其情，开广其意，可作正小雅”（《唐诗意》）。本诗气韵流畅，意境爽健。对仗工整。首联、颈联为对联，其余为散联。

思考与练习：

1. 本诗颇能代表初唐气势，试品味其开阔和雄健。

2. 试比较一两首离别诗词，把握它们的差异点和贡献。

［平行阅读］

别薛华

王勃

送送多穷路，遑遑独问津。
悲凉千里道，凄断百年身。
心事同漂泊，生涯共苦辛。
无论去与住，俱是梦中人。

（选自上海古籍出版社1992年出版的《王子安集》）

走马川行奉送封大夫出师西征

岑参

[题解]

岑参（715—770）是盛唐时代浪漫主义诗歌的代表人物，其诗与高适齐名，并称为“高岑”。岑参是河南新野人，生于湖北江陵。天宝十三年，封长清受命为北庭都护，西伊节度使、瀚海军使。奏调岑参为安西北庭节度判官，军府驻轮台。此诗即为岑参在轮台所作。封长清在这年，朝命摄御史大夫，故称封大夫。西征，即征播仙。

君不见走马川行雪海边，平沙莽莽黄入天。
轮台九月风夜吼，[1] 一川碎石大如斗，随风满地石乱走。
匈奴草黄马正肥，金山西见烟尘飞[2]，汉家大将西出师。[3]
将军金甲夜不脱，半夜军行戈相拨，风头如刀面如割。
马毛带雪汗气蒸，五花连钱旋作冰[4]，幕中草檄砚水凝。[5]
虏骑闻之应胆慑，料知短兵不敢接，车师西门伫献捷。

（选自上海古籍出版社出版的朱东润《中国历代文学作品选》）

注释：

1. 轮台：唐时属庭州，隶北庭都护府，置有静塞军。
2. 金山：即阿尔泰山。
3. 汉家：这里实借汉以指唐。
4. 五花句：五花和连钱，都是指斑驳的毛色。一说，五花连钱，指名贵的马。
5. 草檄：起草声讨敌人的文书。

[提示]

岑参出身于官僚家庭。不愿以文章换取功名而向往到边塞去建功立业，而且确实在边塞度过了六年艰苦的军旅生涯！他的许多优秀诗篇就是这时创作的。他的诗歌题材很广泛，而其中边塞诗占数量很多，而且也写得最出色。

这首诗是岑参任安西北庭节度判官时所作的。为了安定西部边疆，封常清曾几次率兵出征。天宝十三年（754）冬，封常清又出兵西征播仙（走马川离播仙城五百里），岑参为这次出征的将士写了这首颂歌。诗中主要描写了军队在莽莽沙海、风吼冰冻的夜晚进军情景。环境虽然恶劣，但将士们却充满着高昂的战斗气志。诗成功地运用了衬托手法，通过渲染飞沙走石，厉风寒雪的恶劣环境，反衬出将士们坚强豪迈的战斗精神。诗中虽然没有具体的战斗场面描写，却从出师军容的豪迈中烘托出战斗必胜的气氛。另外，诗中“如斗”大的碎石被狂风吹得满地乱滚，蒸腾的马汗伴着雪水旋即成冰等细节的描写，都是把大胆的夸张与贴切的比喻结合在一起的，使得形象更加传神、生动。

这首诗除首二句外，其他都是三句一韵，而且三句中又是句句押韵，这就与通常的双句换韵和隔句押韵大不相同。它的节奏急促，变化灵活，读起来也很顺口，给人以慷慨激昂的感觉。

思考与练习：

1. 杜甫曾说“岑参兄弟皆好奇”（《美陂行》），请体会岑参诗歌的意奇语奇处。

2. 岑参和高适合称“高岑”，都以边塞诗出名，读读二人的诗歌，谈谈两人诗歌风格上有什么不同？

3. 内容同是写封大夫出征，看看本首和平行阅读的诗歌有何不同？

[平行阅读]

轮台歌奉送封大夫出师西征

岑参

轮台城头夜吹角，轮台城北旄头落。
羽书昨夜过渠黎，单于已在金山西。
戍楼西望烟尘黑，汉兵屯在轮台北。
上将拥旄西出征，平明吹笛大军行。
四边伐鼓雪海涌，三军大呼阴山动。
虏塞兵气连云屯，战场白骨缠草根。
剑河风急雪片阔，沙口石冻马蹄脱。
亚相勤王甘苦辛，誓将报主静边尘。
古来青史谁不见，今见功名胜古人。

长信秋词五首（其三）[1]

王昌龄

［题解］

王昌龄（698—757），字少伯，京兆万年（今陕西西安）人，开元十五年（727）进士，授校书郎，二十二年登博学宏词科，迁汜水尉。因事贬岭南，改江宁（今江苏南京）丞，世称“王江宁”。安史之乱中，避乱江淮，为濠州刺史闾丘晓所杀。王昌龄为天宝间著名诗人，有“诗家天子王江宁”之称，尤擅七绝。存诗一百八十余首，《全唐诗》编为四卷。

奉帚平明金殿开[2]，且将团扇共徘徊[3]。
玉颜不及寒鸦色，犹带昭阳日影来[4]。

注释：

1. 长信：汉宫殿名。汉成帝时，班况的女儿班婕妤（jiéyú）选入后宫，深得成帝宠爱。后来成帝又宠爱赵飞燕、赵合德姐妹，班婕妤请求到长信宫侍奉太后，在孤独寂寞中度过一生。《长信秋词》组诗共五首，都是写失宠宫嫔的幽怨，这是其中的第三首。

2. 奉帚：即捧着扫帚打扫宫殿。

3. 将：拿起。团扇，乐府《相和歌辞·楚调曲》中有《怨歌行》一首，又名《团扇诗》，相传为班婕妤所作，诗为“新裂齐纨素，鲜洁如霜雪。裁为合欢扇，团团似明月。出入君怀袖，动摇微风发。常恐秋节至，凉飚夺炎热。弃捐箧笥中，恩情中道绝。”诗以秋扇见捐为喻，悲君恩中断。这里“团扇”暗用其意。

4. 昭阳：即昭阳宫，赵飞燕所居宫殿。日影：古人常以日喻君，日影喻君恩。

［提示］

此诗借汉代班婕妤失宠之事写唐代宫廷女子不幸的命运和悲怨的心情，艺术上颇具特色。开篇写秋日清晨长信宫女手执扫帚打扫庭院，揭示其孤寂凄清的内心世界；二句以捐弃团扇之典故暗喻失宠；三句以“玉颜”与“寒鸦”进行反比，四句以昭阳日影暗喻对君恩的期盼。整首诗对人物的心理描写细致入微，不言怨而怨自在，构思十分巧妙。风格优柔婉丽，含蕴无穷。

思考与练习：

1. 此诗非常含蓄，请分析说明。

2. 请与王昌龄的边塞诗相较说明此诗的风格。

古从军行

李颀

[题解]

李颀（qí）（690—751），盛唐诗人，祖籍赵郡（今河北赵县），长期居住颍阳（今河南登封西）。开元二十三年（735）登进士第。任新乡县尉，不久去官。后隐居嵩山、少室山一带的“东川别业”，有时来往于长安、洛阳间。李颀与王维、高适、王昌龄等著名诗人皆有来往，诗名颇高。其诗内容涉及较广，尤以边塞诗、音乐诗获誉于世。擅长五、七言歌行体。

《唐才子传》传曰：“颀，东川人。开元二十三年贾季邻榜进士及第，调新乡县尉。性疏简，厌薄世务，慕神仙，服饵丹砂，期轻举之道，结好尘喧之外，一时名辈，莫不重之。工诗发调即清，修辞亦秀，杂歌咸善，玄理最长，多为放浪之语，足可震荡心神。惜其伟材，只到黄绶。故其论家，往往高于众作。有集，今传。”

白日登山望烽火，黄昏饮马傍交河[1]。
行人刁斗风沙暗，公主琵琶幽怨多[2]。
野云万里无城郭，雨雪纷纷连大漠。
胡雁哀鸣夜夜飞，胡儿眼泪双双落。
闻道玉门犹被遮[3]，应将性命逐轻车[4]。
年年战骨埋荒外，空见蒲桃入汉家[5]。

注释：

1. 饮：读去声，使马饮水。交河：在今新疆吐鲁番市西北，因河水分流绕城下，故名。唐置县。

2. 公主琵琶：汉武帝时以江都王刘建女细君嫁乌孙国王昆莫，恐其途中烦闷，故弹琵琶以娱之。琵琶本胡人马上所弹乐器。

3. 据《史记·大宛传》：汉武帝太初元年，命李广利攻大宛，欲至贰师城取汗血宝马。因饥饿战不利，请求罢兵。武帝闻之大怒，“使使遮玉门曰：‘军有敢入者辄斩之。’”

4. 轻车：汉至唐有轻车将军、轻车校尉、轻车都尉等名号，此处泛指将帅。

5. 《汉书·西域传》：“宛王蝉封与汉约，岁献天马二匹，汉使采蒲陶（葡萄）、苜宿（蓿）种归。天子以天马多，又外国使来众，益种蒲陶苜宿离宫馆旁。”

[提示]

《从军行》原是乐府古题，多描写军旅生活。本诗约写于唐玄宗天宝年间，主题为抒写边塞征戍生活的艰辛，讽刺统治者轻启战争。此诗借《从军行》旧题，以古喻今，借汉讽唐，故加一“古”字。诗前四句虚实结合，写士兵们紧张、单调的生活。白日登山看起没起烽火，傍晚到交河边梳洗战马，随时准备迎接战争。大漠风沙弥漫，夜间刁斗相伴。上三句近于实写，第四句用典，以当年细君公主出塞时尚且赖琵琶抒发自己幽怨之情，比喻将士们思乡怀归的抑郁幽怨。以下四句先写大漠的荒芜，气候的恶劣，以及戍边将士们的艰苦，接着写夜雁悲鸣，胡人悲伤，来自中原的从军者更加哀伤。最后四句写玉门关被阻塞，归家无望，只能跟随将帅去拼死战斗，尸骨掩埋边地，只看见甘甜的葡萄贡奉朝廷，把军人的伤怨之情推到近乎绝望的境地。

全诗句句蓄意，层层推进，强烈地讽刺了统治者妄起边衅，不顾人民死活的行径，是一首思想内容深刻的诗。诗风悲壮苍凉。诗中以偶间散，押韵平仄互换的形式，和卢、骆以来的歌行大体相承，但气势的动荡开阖却是新的发展。诗中大量运用双声叠韵和叠字，在节奏上又多变化，读来铿锵跳宕，韵味悠长。

思考与练习：

1. 请分析说明此诗句句蓄意、层层推进的写作手法。
2. 请将此诗与其他著名边塞诗相较，体会本诗的特色。

李白（诗五首）

古风（大车扬飞尘）

[题解]

玄宗后期，生活腐化，宠信宦官和贵戚，赏赐无度，外戚、宦官气焰嚣张。当时贵族中盛行一种斗鸡的游戏，玄宗于宫中建鸡房，搜集斗鸡，选人饲养，宫中的斗鸡人也成为特权阶级中的人物。此诗对上述现象加以讽刺。

大车扬飞尘，亭午暗阡陌。[1]
中贵多黄金[2]，连云开甲宅。[3]
路逢斗鸡者，冠盖何辉赫！[4]
鼻息干虹蜺[5]，行人皆怵惕。[6]
世无洗耳翁[7]，谁知尧与跖。

（选自上海古籍出版社出版的朱东润《中国历代文学作品选》）

注释：

1. 亭午：正午。阡陌：原指田间道路（由南到北叫阡，由东到西叫陌）这里泛指大路。

2. 中贵：中贵人（宦官）简称。

3. 连云：意谓一座座高的建筑物矗立天空，望上去像连绵相接的云彩一样。甲宅：甲第。皇帝所赐的头等住宅。

4. 冠盖：衣冠和车盖。辉赫：光彩照人。

5. 鼻息：这里指气焰。干：冲犯。虹蜺：彩云，这里指天。

6. 怵惕：恐惧。

7. 洗耳翁：指许由。相传尧曾想把帝位让给许由，许由不肯接受，逃隐于颍水之阳。尧又召他为九州长，他认为这话玷污了自己，洗耳于清冷之水。事见《庄子》《史记》《高士传》等书。跖：中国古代传说中反抗贵族的人。常被称为“盗跖”。

思考和练习：

1 诗歌用了什么样的方式来表现主题？你觉得效果怎样？

2 对于斗鸡者的煊赫，你有何感想？

子夜吴歌

（四首选一，原第三首）

［题解］

据《旧唐书·音乐志二》：“《子夜》，晋曲也，晋有女子夜也，造此声，声过哀苦。”因属吴声曲，故又称《子夜吴歌》。内容多写女子思念情人的哀怨之情。

长安一片月，万户捣衣声。[1]
秋风吹不尽，总是玉关情。[2]
何日平胡虏，良人罢远征。[3]

（选自上海古籍出版社出版的朱东润《中国历代文学作品选》）

注释：

1. 捣衣声：古代妇女把布帛放置在砧上，用杵捶击，捣后便于制衣。秋天正是备寒衣时节，此时的捣衣声最能引起思妇对远方亲人的怀念。

2. 玉关：玉门关

3. 良人：丈夫。罢：停止。

思考和练习：

1. 比较诗歌和平行阅读中的词，看看诗歌和词在用同一意象表现同一主题时，有着怎样不同的表现方式。

2. 阅读一些征战诗，总结一下不同的诗人对战争的看法与态度，并谈谈自己的想法。

［平行阅读］

古捣练子

贺铸

砧面莹，杵声齐。捣就征衣泪墨题。
寄到玉关应万里，戍人犹在玉关西。

秋浦歌

（十四）

[题解]

《秋浦歌》为组诗，共十七首。为李白在秋浦时候所作。所选之诗歌为十四和十五首。一首描写当地冶矿工人的劳动场景。一首反映作者怀才不遇，壮志难伸而发出的愁思。秋浦：唐县名。旧治在今安徽省贵池区西。县西南有秋浦河。

炉火照天地，红星乱紫烟。
赧郎明月夜[1]，歌曲动寒川[2]。

注释：

1. 赧郎：赧：原意是脸面羞红的样子。此指被炉火映红了双颊的冶炼工人。唐时，秋浦盛产铜、银，当地冶铜，冶银业发达。

2. 动：震荡。寒川：带有寒意的河川。

秋浦歌

（十五）

白发三千丈，缘愁似个长。[1]
不知明镜里，何处得秋霜。[2]

（选自上海古籍出版社出版的朱东润《中国历代文学作品选》）

注释：

1. 缘：因。个：如此，这样。

2. 秋霜：指白发。形容头发如秋霜般白。

思考和练习：

1. 秋浦歌共十七首，仔细读读，体会李白如何用不同的手法表现不同的主题的。

2. 秋浦歌第十四首，题材比较特殊，仔细体会作者是如何来写这类题材的。

宣州谢朓楼饯别校书叔云

[题解]

此诗为天宝末年李白游宣州时所作。谢朓楼，亦称谢公楼或者北楼。南齐时代诗人谢朓官宣城太守时所建。唐末改为叠嶂楼。李云，官秘书省校书郎，是李白的族叔。

弃我去者，昨日之日不可留；
乱我心者，今日之日多烦忧。
长风万里送秋雁，对此可以酣高楼[1]。
蓬莱文章建安骨[2]，中间小谢又清发。
俱怀逸兴壮思飞，欲上青天览明月。[3]
抽刀断水水更流，举杯浇愁愁复愁。
人生在世不称意，明朝散发弄扁舟。[4]

（选自文渊阁影印本四库全书《李太白集注》）

注释：

1. 酣：尽情畅饮。

2. 蓬莱：海中仙山，为仙府。后汉时学者称贮藏图书的机构为老氏藏室，道家蓬莱山。这里的蓬莱，借指唐代的秘书省。李云校书秘书省，故称“蓬莱文章”。建安：汉献帝年号。建安骨：建安风骨的简称。小谢：指谢朓。区别于谢灵运。（因谢朓年代在后，故称小谢）清发：清新秀发。指谢朓的诗歌风格。

3. 览：通“揽”。

4. 散发弄扁舟：意指避世隐居。暗用范蠡“乘扁舟浮于江湖”的典故。见《史记·货殖列传》。散发：指脱去簪缨，不受约束的意思。

思考和练习：

1. 本诗中李白对谢朓诗歌的评价是“清发”，阅读谢朓的诗歌，看看你的认识是否与作者相同？

2. 有人认为诗歌的最后两句很消极，你的看法呢？

杜甫（诗四首）

[题解]

杜甫（712—770年），汉族，字子美，自号少陵野老，杜少陵等。他祖籍襄阳（今湖北襄阳），远祖为晋代功名显赫的杜预，乃祖为初唐诗人杜审言，乃父杜闲。

杜甫少年时曾游历很多地方。大约在天宝四五年时到达长安，并于次年应考科举。但由于李林甫的原因落第。此后在长安住了十年左右，直到天宝十四年，才获得右卫率府胄曹参军的小职。安史之乱开始，他在找肃宗途中为叛军所俘，押到长安，后得以脱身，到凤翔，见了肃宗李亨。长安收复后，一度任华州司功参军。不久辞官，他颠沛流离，从秦州（今甘肃天水）又到了成都投靠节度使严武，在其幕中任检校工部员外郎，故又有杜工部之称。晚年举家东迁，途中留滞夔州二年，出峡。漂泊鄂、湘一带，贫病而卒。

杜甫是我国伟大的现实主义诗人。他忧国忧民，疾恶如仇，对人民怀着深厚的感情，是古代士大夫精神的典范。他的诗作思想深刻，社会内容丰富，有着鲜明的时代色彩和强烈的政治倾向，深刻地反映了安史之乱前后一个历史时代政治时事和广阔的社会生活画面，因而被称为一代“诗史”。

丽人行[1]

三月三日天气新[2]，长安水边多丽人[3]。态浓意远淑且真，肌理细腻骨肉匀[4]。绣罗衣裳照暮春，蹙金孔雀麒麟[5]。头上何所有？翠为㔩叶垂鬓唇[6]；背后何所见？珠压腰衱稳称身[7]。

就中云幕椒房亲[8]，赐名大国虢与秦[9]。紫驼之峰出翠釜[10]，水精之盘行素鳞[11]。犀箸厌饫久未下，鸾刀缕切空纷纶[12]。黄门飞鞚不动尘[13]，御厨络绎送八珍[14]。箫鼓哀吟感鬼神，宾从杂遝实要津[15]。后来鞍马何逡巡[16]！当轩下马入锦茵[17]。杨花雪落覆白蘋，青鸟飞去衔红巾[18]。炙手可热势绝伦[19]，慎莫近前丞相嗔[20]。

注释：

1. 这诗通过对杨国忠兄妹生活奢靡的嘲讽，尖锐地揭露了统治集团的腐朽和罪恶。杨国忠于天宝十一年（752）十一月为右丞相。这诗约作于次年（753）春天。

2. 古人以三月三日为上巳日，多到水边春游祭祀，除灾求福，实际上成了游春宴会的节日。

3. 长安水边：指长安东南的风景区曲江。唐康骈《剧谈录》卷下描写曲江：其南有紫云楼、芙蓉苑，其西有杏园、慈恩寺。花卉环周，烟水明媚，都人游玩，盛于中和上巳之节，彩幄翠帱，匝于堤岸，鲜车健马，比肩击毂。

4. 这两句说神态凝重而高雅。淑且真：娴静和端庄。匀：匀称。

5. 蹙金句申足上句绣罗衣裳，指衣服上用金银线绣出孔雀、麒麟等形象。蹙：刺绣。金、银互文。

6. 翠：翡翠。㔩（音饿）叶：妇人发髻上的装饰。为：指㔩叶是用翡翠制成。一作“微”，则指在㔩叶上散镶着一些翠玉片；但与下文“珠压”对举，作“为”较好。鬓唇：鬓边。

7. 珠压腰衱：缀着珍珠的腰带。

8. 云幕：描绘着云彩的帐幕，供郊游时休息宴饮之用。唐人诗文中常提起这一点。例如王勃《上巳浮江宴序》写三月三日春游，就说：“翠幕玄帷，彩缀南津之雾。”椒房：汉代后妃宫室，以椒末和泥涂壁，取其温暖而有香气，后借称后妃。椒房亲：后妃的亲属，指杨贵妃的姐姐。这句说水边的“云幕”是“椒房亲”所居之地。

9. 虢与秦：杨贵妃两位姐姐的封号。《旧唐书·杨贵妃传》：“（杨贵妃）有姊三人，皆有才貌，玄宗并封国夫人之号。长曰大姨，封韩国，三姨封虢国，八姨封秦国，并承恩泽，出入宫掖，势倾天下。”

10. 驼：即骆驼。驼峰羹是当时贵族常用的名菜。翠釜：翠色的釜（炊器）。

11. 水精：即水晶。素鳞：代指白色的鱼。

12. 这两句说极珍贵的肴馔都已吃腻。犀箸：用犀牛角制成的筷子。厌饫（音吁）：吃饱。厌：同“餍”。鸾刀：饰有铃的刀。鸾：铃，声如鸾鸣。空纷纶：白白地忙了一阵子。

13. 黄门：太监。鞚：马络头。飞鞚：驾着快马。

14. 御厨：皇家的厨房。八珍：古代相传八种珍异的名菜，这里泛指许多精美的食品。

15. 宾从（音纵）：宾客随从。杂遝（音踏）：众多貌。实要津：犹言填满了交通要道。有人解作官居要职，似未贴切。

16. 后来：晚到。逡巡：急驰貌，形容杨国忠的骄横。

17. 当轩下马：意气骄盈、不可一世的神态。锦茵：锦制的地毯。

18. 这两句是说，杨国忠车马来到，人声鼎沸，竟闹得江边的杨花纷纷飘落，树上的鸟儿也惊飞而去。《剧谈录》卷下说曲江：“入夏则菰蒲葱翠，柳阴四合，碧波红叶，湛然可爱。”唐章碣《曲江诗》云“落絮却笼他树白”，说明曲江原多杨柳。红巾：一说唐代妇女饰物，大概因人群拥挤脱落在地，为鸟所得；一说树间所挂的彩带，也可通。

19. 炙手可热：指杨氏权重位高，气焰逼人。绝伦：无人能比。

20. 丞相：指杨国忠。嗔：发怒。

思考与练习：

1. 诗歌采用了乐府民歌常用的夸张、铺叙的手法，试从诗作中找出来并加以分析。

2. 从“后来鞍马何逡巡”一句到结尾的创作在全诗中起到怎样的作用？

春 望[1]

国破山河在，城春草木深[2]。感时花溅泪，恨别鸟惊心[3]。烽火连三月，家书抵万金[4]。白头搔更短，浑欲不胜簪[5]。

注释：

1. 本篇作于唐肃宗至德二年（757）三月。时杜甫羁居长安。

2. 这两句含有山河依旧而国事全非、草木深密而人烟稀少的暗示。

3. 这两句点出忧国和思家两方面的内容。春天花开鸟鸣，原该使人欣喜愉快；但目前由于国家遭逢丧乱，一家人流离分散，花容并不能少抑人的悲怀，鸟声却更增加人的愁思。花溅泪：言花上溅滴愁人的泪。鸟惊心：言鸟鸣惊动愁人的心。“感时”承上，“恨别”启下。

4. 连三月：谓战火延续，整个春天就将这样过去了。抵：值得。

5. 白头：指白发。浑：简直。簪：古代男子成年以后，都把头发束在头顶上，用发簪别住。

思考与练习：

1. 全诗前四句写“望”中所感用的是怎样的艺术手法，试分析。

2. 最后两句怎样增添了诗的艺术感染力？

春夜喜雨[1]

好雨知时节[2]，当春乃发生[3]。随风潜入夜，润物细无声[4]。野径云俱黑，江船火独明。晓看红湿处，花重锦官城[5]。

注释：

1. 本篇上元二年（761）春作于成都。

2. 这句谓及时的春雨似乎懂得季节的需要。

3. 乃：即。发生：申说“春”。《尔雅·释天》：“春为发生。”下雨正当春季，而春是植物萌发的时节，引起下文“物”字。

4. 潜、润、细无声，都是极力描写小雨绵绵之状。

5. 末两句设想雨后晓景。红湿处：指树头的花红润一片。花重：花因着雨而显得饱满沉重的样子。梁简文帝《赋得入阶雨》诗“渍花枝觉重”，用意相似。锦官城：成都的别称。古锦官城是成都的少城，毁于晋桓温平蜀时。

思考与练习：

1. 诗人是怎样调动自己的视听觉去感受和表现这场春夜喜雨的？

2. 诗人是怎样做到不用喜悦欢愉之类词汇，却能处处透露出喜悦的气息和明快的情调的？

闻官军收河南河北[1]

剑外忽传收蓟北[2]，初闻涕泪满衣裳[3]。却看妻子愁何在[4]，漫卷诗书喜欲狂[5]。白日放歌须纵酒[6]，青春作伴好还乡[7]。即从巴峡穿巫峡，便下襄阳向洛阳[8]。

（选自人民文学出版社 1978 年出版的中国社会科学院文学研究所编《唐诗选》）

注释：

1. 本篇唐代宗广德元年（763）春作于梓州。据《旧唐书·史思明传》，宝应元年（762）十月，仆固怀恩等屡破史朝义军，次年正月，史军兵变，擒史降唐。至此，延续七年多的“安史之乱”即将结束。杜甫在流离中听到这个消息，不禁欢喜欲狂，写下了这首跌宕流走的七律。“河南河北”，指今洛阳一带及河北省北部。

2. 剑外：代指蜀中。蓟北：在今河北省北部，安史叛军的根据地。

3. 这句说乍闻好消息，激动得落泪。

4. 却看（读平声）：犹言再看，还看。不作回首顾视讲，“却”字与下句“漫”字对。愁何在：言愁已无影无踪。

5. 漫卷诗书：胡乱地卷起书本，作归乡之计。

6. 放歌：放声高歌。纵酒：开怀痛饮。

7. 青春：春天。青春作伴：言一路春光明媚，可助行色。

8. 结尾两句预拟“还乡”路线：出峡东下，抵襄阳，然后由陆路向洛阳故家进发。字里行间透露出诗人无限的欣喜。长江在川鄂一带多峡谷，“巴峡”，泛指在四川省境内的一段。“巫峡”，三峡之一，在今四川省巫山县东。“向洛阳”，句末原注：“余有田园在东京（洛阳）。”

思考与练习：

1. 这首诗为何被誉为诗人“生平第一快诗”？

2. 全诗用词贴切、传神，试举例说明。

过故人庄

孟浩然

[题解]

唐代诗人，襄州襄阳（今湖北襄樊）人，世称孟襄阳。以写田园山水诗为主。因未曾入仕，又称之为孟山人。40岁时，在长安、洛阳谋取功名虽不成，但与张九龄、王维等交谊甚笃，亦留下诗名。后回到家乡，漫游吴越，在旅游山水之间排遣仕途的失意。

他的诗现存有二百几十处，五言居多，其中五律和排律又最多。他的诗虽然内容不开阔，但亦有一些愤世嫉俗之作。最为出名的，却是他山水田园和隐逸、行旅等内容的诗篇，这些诗清远淡然，飘逸明快，生活气息十分浓厚，富有超妙自得之趣，深受当时诗人的赞赏。李白就曾经称赞过他“红颜弃轩冕，白首卧松云”。也有人将他和王维并称。而更为重要的是，他继陶渊明、谢灵运、谢朓之后，开盛唐田园山水诗派之先声。

故人具鸡黍[1]，邀我至田家。绿树村边合[2]，青山郭外斜。开筵面场圃，把酒话桑麻[3]。待到重阳日，还来就菊花[4]。

（选自人民文学出版社1978年出版的中国社会科学院文学研究所编《唐诗选》）

注释：

1. 鸡黍：泛指待客的饭菜。

2. 树木多傍村庄种植，村边树木稠密，连接成一片，故称合。

3. 这两句说对着打谷场和菜园子摆开酒菜，饮酒时所谈的都是桑麻生长的情况。陶潜《归田原居》：“想见无杂言，但道桑麻长。”筵：一作轩。

4. 末两句说又约定了下次重游。重阳日：农历九月九日。重阳是赏菊的佳节，古人在这一天有饮菊花酒的风俗。

思考与练习：

1. 这首诗是作者作为盛唐田园诗人的代表作品，它最大的特点就是“淡而有味”，请体会。

2. 请将作者的诗篇与王维的相对比。

白居易（诗二首）

[题解]

白居易（772—846），字乐天，号香山居士。其祖先居太原，后迁居下邽（陕西渭南）。贞元进士，历任秘书省校书郎，江州司马，苏州、杭州刺史，左拾遗等职。在文学上主张“文章合为时而著，歌诗合为事而作”，强调继承《诗经》的优良传统和杜甫的创作精神，反对六朝以来的形式主义，开创了诗歌的新局面。白居易早年将自己的诗歌分为讽喻、闲适、感伤、杂律四类。

杜陵叟

杜陵叟，杜陵居，岁种薄田一顷余。
三月无雨旱风起，麦苗不秀[1] 多黄死。
九月降霜秋早寒，禾穗未熟皆青干。
长吏明知不申破，急敛暴征求考课[2]。
典桑卖地纳官租，明年衣食将如何？
剥我身上帛，夺我口中粟。
虐人害物即豺狼，何必钩爪锯牙食人肉？
不知何人奏皇帝，帝心恻隐知人弊。
白麻纸[3] 上书德音，京畿[4] 尽放今年税。
昨日里胥[5] 方到门，手持尺牒牓[6] 乡村。
十家租税九家毕，虚受吾君蠲免[7] 恩。

（选自上海辞书出版社 2004 年出版的《唐诗鉴赏辞典》第二版）

注释：

1. 秀：指禾类植物开花或结果实。
2. 考课：古时按一定的标准考察官吏功过善恶，分别差等，升降赏罚的制度。
3. 白麻纸：唐代诏书用麻纸书写，有白麻黄麻之分。
4. 京畿：古代京城管辖的地区。
5. 里胥：古代乡官。
6. 牒牓：牒，公文。牓，榜的异体字。
7. 蠲（juān）免：免除（租税、劳役）。

钱塘湖春行

孤山寺北贾亭[1]西，水面初平云脚低。
几处早莺争暖树，谁家新燕啄春泥。
乱花渐欲迷人眼，浅草才能没马蹄。
最爱湖东行不足，绿杨阴里白沙堤[2]。

（选自上海辞书出版社 2004 年出版的《唐诗鉴赏辞典》第二版）

注释：

1. 贾亭：一名贾公亭。《唐语林》卷门：“贞元中，贾全为杭州（刺史），于西湖造亭，为贾公亭；未五六十年废。”白居易作此诗时，贾亭尚在。

2. 白沙堤：即白堤，又称沙堤或断桥堤。西湖三面环山，白堤中贯，在湖东一带，总揽全湖之胜。（白居易在杭州时，曾修堤蓄水，灌溉民田，其堤在钱塘门之北。后人误以为西湖白堤为白氏所筑之堤。）

思考与练习：

1. 分析《钱塘湖春行》的意境。
2. 体会《杜陵叟》的主旨，谈谈此诗的社会意义。
3. 分析两首诗歌的语言特点，兼论白居易诗歌的语言风格。

李贺（诗二首）

[题解]

李贺（790—816），字长吉，河南福昌（今宜阳县）人。只活了27岁，是我国文学史上一位有特殊成就的诗人。唐皇室远支，因避父讳（其父名李晋肃，晋进同音），不得应进士科考，曾做过奉礼郎的小官。诗作善于熔铸词采，驰骋想象，好运用神话传说，创造出新奇瑰丽的诗境，富有浪漫气息。由于处境凄苦和国家衰败，其诗有激越凄厉的特点。

《雁门太守行》系乐府旧题，诗歌创作的背景应该是唐王朝平定藩镇的战争。诗人以浓艳斑驳的色彩准确地描绘了悲壮惨烈的战争场面，可谓既奇诡又妥帖。

《金铜仙人辞汉歌》抒写了汉武帝身后的凄凉景象，借铜人的搬迁，抒写了沉重的历史伤感之思，其中也渗透着诗人对国家衰败、个人身世凄凉的感叹之意。

雁门太守行

黑云压城城欲摧，甲光[1]向日金鳞开。
角声满天秋色里，塞上燕脂[2]凝夜紫[3]。
半卷红旗临易水，霜重鼓寒声不起。
报君黄金台[4]上意，提携玉龙[5]为君死。

（选自上海辞书出版社2004年《唐诗鉴赏辞典》第二版）

注释：

1. 甲光：甲，指将士的盔甲。

2. 燕脂：胭脂。

3. 夜紫：指晚霞照射在鲜血上呈现出一片紫色。

4. 黄金台：战国时燕昭王在易水东南修筑的高台，传说他把大量的黄金放在台上，表示不惜以重金招揽天下贤士。

5. 玉龙：一指剑，另指下雪。

金铜仙人辞汉歌并序[1]

魏明帝青龙元年八月，诏宫官牵车西取汉孝武捧露盘仙人，欲立置前殿。宫官既拆盘，仙人临载，乃潸然泪下。唐储王孙李长吉遂作《金铜仙人辞汉歌》。

茂陵刘郎[2]秋风客，夜闻马嘶晓无迹。
画栏桂树悬秋香，三十六宫土花碧。
魏官[3]牵车指千里，东关酸风[4]射眸子。
空将汉月出宫门，忆君清泪如铅水[5]。
衰兰[6]送客咸阳道，天若有情天亦老。
携盘独出夜荒凉，渭城[7]已远波声小。

（选自上海辞书出版社 2004 年出版的《唐诗鉴赏辞典》第二版）

注释：

1. 金铜仙人：指汉孝武帝宫中捧露盘铜仙人，三国时魏明帝命令把它从长安搬到洛阳。

2. 茂陵刘郎：刘郎，指汉武帝。茂陵，汉武帝陵墓。

3. 魏官：魏明帝所派遣的官吏。

4. 酸风：意思是说霜风凄紧使眼睛酸涩。

5. 铅水：指金人泪。

6. 衰兰：衰老枯谢的兰花。

7. 渭城：渭水，黄河最大支流，横贯陕西渭河平原。

思考与练习：

1. 具体分析《雁门太守行》一诗运用浓艳色彩词语的表达效果。

2. 请分析“报君黄金台上意，提携玉龙为君死。”诗句的含义。

3. 请分析《金铜仙人辞汉歌》一诗的艺术表现方法。

雨霖铃（寒蝉凄切）

柳永

[题解]

柳永，北宋词人（生卒年不详），原名三变，字耆卿，崇安（今福建省内）人。进士出身，做过屯田员外郎。他对于功名本来很热心，但仕途坎坷，于是流连坊曲。北宋词至柳永而一变，他发展了长调的体制，善于用民间俚俗的语言和铺叙的手法，组织丰富复杂的内容。其词铺叙刻画、情景交融、语言通俗、音律谐婉，在民间流传很广。

《雨霖铃》是柳永的代表作，这首词是作者在仕途上失意，不得不离开京师远行之时所作。词的主要内容是以秋景作为衬托来表达和爱人难以割舍的离情。

寒蝉凄切，对长亭晚[1]，骤雨初歇。都门帐饮无绪[2]，留恋处[3]，兰舟催发[4]。执手相看泪眼，竟无语凝噎[5]。念去去，千里烟波，暮霭沉沉楚天阔[6]。

多情自古伤离别，更那堪、冷落清秋节！今宵酒醒何处[7]？杨柳岸，晓风残月。此去经年[8]，应是良辰好景虚设。便纵有千种风情[9]，更与何人说[10]！

（选自上海古籍出版社1978年出版的胡云翼选注《宋词选》新一版）

注释：

1. 长亭：古代驿路上十里一长亭，五里一短亭，给行人休息，也是送别的地方。

2. 都门帐饮：在京城郊外，设置帐幕宴饮送行。

3. 留恋处：一作“方留恋处”。

4. 兰舟：木兰舟，船的美称。

5. 凝噎：喉咙里像是塞住了，说不出话来。一作“凝咽”。

6. 暮霭沉沉楚天阔：傍晚的时候，天气阴沉沉的，南天空阔无边。楚国在南方，故称南天为楚天。

7. 今宵酒醒何处：这句以下都是设想的话。

8. 经年：年复一年。

9. 风情：情意，深情蜜意。

10. 更：一作“待”。

[提示]

这是柳永著名的代表作。词的主要内容是以冷落的秋景作为衬托，来表达和爱人难以割舍的离情。不难看出，这是作者在仕途上失意、不得不离开京师而远行之时所抒写的，他那抑郁的心情和失去爱情慰藉的痛苦交织在一起，便更加感到生活前途的黯淡无光。本诗情调极其伤感、低沉。

这首词的写作技巧相当高明。全篇的组织结构，非常自然，如行云流水，找不出连接的痕迹。运用白描手法，刻画别离的情景也是极其生动的。

思考与练习：

1. 有人认为此词诚然是抒写了作者的真实情感，但情感太伤感、太低沉了。对这种说法你怎么看？

2. 柳永善于通过景物描写营造气氛，请结合此词分析其特点。

3. 结合此词说说柳永词作的艺术成就。

苏轼（词二首）

江城子（十年生死两茫茫）

乙卯正月二十日夜记梦[1]

[题解]

苏轼（1037—1101），字子瞻，号东坡居士，眉州（今属于四川）人，是中国北宋时期（公元 960—1127 年）著名的文学家、书画家。与父亲苏洵、弟弟苏辙，合称“三苏”。苏轼在文学艺术领域成就极高，其文与欧阳修并称“苏黄”；其词与辛弃疾并称“苏辛”，为豪放词的开创者；书法也名列宋代书法“四家”之首。

该词充分表达了作者对亡妻的思念之情，情真意切，构思奇特，为悼亡词中的优秀之作。

十年生死两茫茫[2]，不思量，自难忘。千里孤坟，无处话凄凉[3]。纵使相逢应不识，尘满面，鬓如霜[4]。

夜来幽梦忽还乡。小轩窗，正梳妆。相顾无言，唯有泪千行。料得年年肠断处，明月夜，短松冈[5]。

（选自上海古籍出版社 2002 年出版的刘石注评《苏轼词选》）

注释：

1. 乙卯：熙宁八年（1075 年）。

2. “十年”句：作者于至和元年（1054 年）19 岁时与王弗结婚，治平二年（1065）王弗病卒，年仅 27 岁。距作此词整十年。

3. “千里”二句：王弗病逝于汴京的第二年，迁葬于眉山东北彭山区父母墓旁。作者此时在密州（今山东诸城）做知州，所以说“千里孤坟”。

4. “纵使”三句：悬想对方见了自己会不认识，因为自己已是饱经沧桑，两鬓如霜了。实际上作者作此词不过 40 岁。白居易《东南行一百韵》：“相逢应不识，满颔白髭须。”

5. “料得”三句：唐孟棨《本事诗·征异》载：开元年间有五兄弟遭继母虐待，哭诉于母亲坟前，母亲忽自坟中出，悲恸不已，在白布巾上题诗以赠丈夫，末二句是“欲知肠断处，明月照孤坟”。苏轼似从此化出。短松冈，指墓地。墓地上往往长满松树。

思考与练习：

1. 这首词借“记梦”来抒发思念之情，试分析它的艺术特色。

2. 中国诗词历史上，以悼亡为题材的作品还很多，请再举几例。

江城子（密州出猎）[1]

[题解]

苏轼在熙宁四年（1071）因对王安石变法持不同政见而自请外任。朝廷派他去当杭州通判，三年任满转任密州太守。这首词是熙宁八年十月与同僚出城打猎时所作。这首词上片重叙事，描绘了率众出猎、引人围观的声势；下片重抒情、言志，抒发了作者为国报效的壮志豪情。

该词从题材、情感到艺术形象、语言风格都是粗犷、豪放的，是他词中最具豪放之情的作品，堪称豪放词的代表作。写此词后，苏轼曾写信给朋友说这首词“虽无柳七郎（柳永）风味，亦自是一家”（《与鲜于子骏简》），可见他在词作上有意创新的努力。

老夫聊发少年狂[2]，左牵黄，右擎苍[3]，锦帽貂裘[4]，千骑卷平冈[5]。为报倾城随太守[6]，亲射虎，看孙郎[7]。

酒酣胸胆尚开张[8]，鬓微霜[9]，又何妨。持节云中，何日遣冯唐[10]？会挽雕弓如满月[11]，西北望，射天狼[12]。

（选自上海古籍出版社2002年出版的刘石注评《苏轼词选》）

注释：

1. 密州：今山东诸城，作者于熙宁七年底至九年底（1074—1076）在此做知州。

2. 老夫：作者自指。其实此时不过四十岁。聊：姑且。

3. “左牵”二句：左手牵黄狗，右手托黑鹰。是打猎的行头。《太平广记》卷九二六引《史记》：“李斯临刑，思牵黄犬，臂苍鹰，出上蔡东门，不可得矣。”《南史·张充传》：“充出猎，左手臂鹰，右手牵狗。”

4. 锦帽雕裘：锦缎帽，貂皮衣。作者出猎时的穿戴。一种理解是作者随从的服装，恐不妥。

5. “千骑”二句：形容随从打猎的人之多。骑（jì），一人乘一马叫一骑。

6. “为报”句：为了酬谢全城的人都出来看我围猎。倾城：全城，全城人。

7. “亲射”二句：孙郎，三国吴帝孙权。《三国志·孙权传》记孙权“亲乘马射虎于蒌蒌亭。马为虎所伤，权投以双戟，虎却废，常从张世击以戈，获之。”孙权当时是诸侯，此处也有自喻知州身份的含义。

8. “酒酣”句：酒兴正浓，胸怀开阔，胆气豪壮。尚：有“更加”的意思。

9. 鬓微霜：鬓发略有些斑白。

10.“持节”二句：是“何日遣冯唐持节云中”的意思。《史记·冯唐传》载，云中守魏尚抵御匈奴有功，却因上报灭敌人数时多了六人而削爵获罪，汉文帝时人冯唐年老而官甚低微，认为这是轻罪重罚，汉文帝于是派他持节去云中赦魏尚，恢复魏尚云中守的职务，并任冯唐为车骑都尉。后来汉景帝还一度任冯唐为楚相，但又将他免去。到了武帝时，想任用冯唐，而冯唐已经九十多岁，不堪任用了。作者这里是用魏尚自比，还是用冯唐自比，注家多有不同看法。若是前者，则是希望能得朝廷信用，为国守边立功。若是后者，那是以冯唐虽老而位卑，却终于有机会发挥作用自期。云中：汉时郡名，今内蒙古自治区托克托县东北一带。节：古代使臣带着传达朝廷命令的符节。

11.“会挽”句：将弓拉得像圆月。表示力壮。李白《赠宣城城宇文太守兼呈崔侍御》：“弯弓绿弦开，满月不惮坚。”会：当，将要，表示希望。挽：拉。雕弓：刻饰有图案的弓，形容弓的华贵。

12.“西北”二句：表达抗击西夏、辽的决心。西北：指西北的西夏国。天狼：星名，古代讲天象的人认为贪残而主侵掠。《楚辞·九歌·东君》有“举长矢兮射天狼”之句。这里既比喻位处西北的西夏国，也应包括不久前逼迫宋割让土地的辽国。

思考与练习：

1. 本词是如何将叙事、写景、抒情与表志融合在一起，共同塑造一个豪迈英武、气概凌云的自我形象的？

2. 这首词扩大了传统诗词的表现领域和表现风格，试对其具体分析。

鹊桥仙（纤云弄巧）[1]

秦观

[题解]

《鹊桥仙》原是为咏牛郎、织女的爱情故事而创作的乐曲，本词的内容也正是咏此神话。上片写佳期相会的盛况，下片则是写依依惜别的深情。这首词将抒情、写景、议论融为一体，哀乐交织，意境新颖，设想奇巧，独辟蹊径，写得自然流畅而又婉约蕴藉，余味隽永，尤其是末二句，使词的思想境界升华到一个崭新的高度。无怪乎沈际飞评曰："七夕以双星会少别多为恨，独谓情长不在朝暮，化臭腐为神奇。"

纤云弄巧[2]，飞星传恨[3]，银汉迢迢暗度[4]。金风玉露一相逢[5]，便胜却人间无数。

柔情似水，佳期如梦，忍顾鹊桥归路[6]，两情若是久长时，又岂在朝朝暮暮[7]。

（选自人民文学出版社 1981 年出版的中国社会科学院文学研究所编《唐宋词选》）

注释：

1. 鹊桥仙：此调专咏牛郎织女七夕相会事。始见欧阳修词，中有"鹊迎桥路接天津"句，故名。又名《金风玉露相逢曲》《广寒秋》等。双调，五十六字，仄韵。

2. 纤云弄巧：是说纤薄的云彩，变化多端，呈现出许多细巧的花样。

3. 飞星：流星。一说指牵牛、织女二星。

4. 银汉：银河。迢迢：遥远的样子。暗度：悄悄渡过。

5. 金风玉露：指秋风白露。李商隐《辛未七夕》："由来碧落银河畔，可要金风玉露时"。金风：秋风，秋天在五行中属金。玉露：秋露。这句是说他们七夕相会。

6. 忍顾：怎忍回视。

7. 朝朝暮暮：指朝夕相聚，语出宋玉《高唐赋》。

[提示]

本词熔写景、抒情与议论于一炉，叙写牛郎、织女二星相爱的神话故事，赋予这对仙侣浓郁的人情味，讴歌了真挚、细腻、纯洁、坚贞的爱情。词中明写天上双星，暗写人间情侣，天上人间融为一体；以乐景写哀，以哀景写乐，倍增其哀乐，读来荡气回肠，感人肺腑。

"纤云弄巧，飞星传恨"，两个对句有景有情，情景交融。"纤云""飞星"不仅写出了七夕的澄净明远，点明节令，而且烘托出相会时的特定氛围。“银汉迢迢暗渡”的“暗”字，既点“七夕”题意，同时紧扣一个“恨”字。到此诗人笔锋一转，不落俗套地来一句议论：“金风玉露一相逢，便胜却人间无数。”一对久别的情侣在金风玉露之夜，在碧落银河之畔相会了，这美好的一刻，抵得上人间千遍万遍的相会，词人热情歌颂了一种理想中永恒的爱情。“金风玉露”用李商隐《辛未七夕》诗：“恐是仙家好别离，故教迢递作佳期。由来碧落银河畔，可要金风玉露时。”词人把这次珍贵的相会，映衬于金风玉露、冰清玉洁的背景之下，显示出这种爱情的高尚纯洁和超凡脱俗。

“柔情似水”写两情相会的温柔缠绵。“似水”照应“银汉迢迢”，即景设喻，十分自然。“佳期如梦”，除言相会时间之短之外，还写出爱侣相会时的复杂心情。“水”“梦”，既实又虚，给七夕会蒙上旖旎神秘的色彩。“忍顾鹊桥归路”转写分离，刚刚借以相会的鹊桥，转瞬间又成了和爱人分别的归路。不说不忍离去，却说怎忍看鹊桥归路，婉转语意中，含有无限惜别之情。词笔至此忽又空际转身，爆发出高亢的音响：“两情若是久长时，又岂在朝朝暮暮！”这句画龙点睛之笔，把整阕词的格调拔高到一个新的层次，于婉约情思中现豪迈气骨。正是这句体现了词人的爱情观：爱情要经得起长久分离的考验，只要能彼此真诚相爱，即使终年天各一方，也比朝夕相伴的庸俗情趣可贵得多。这两句感情色彩很浓的议论，与上片的议论遥相呼应，这样上、下片同样结构，叙事和议论相间，从而形成全篇连绵起伏的情致。这种独具风采的构思，别出心裁的意境，给读者以旷达高亢的心灵启迪和回味绵长的情感回荡。

本词独出机杼，立意高远，以全新的角度，独创的意境，别致的情调，使人耳目一新，回味久长，是爱情颂歌中的千古绝唱。

思考与练习：

1. 分析这首词将抒情、写景、议论融为一体的艺术特色。

2. 爱情是诗词作品永恒的主题，试列举一二首爱情诗词，对比分析本词的独到之处。

[平行阅读]

鹊桥仙·七夕

朱淑真

巧云妆晚，西风罢暑，小雨翻空月坠。牵牛织女几经秋，尚多少、离肠恨泪？

微凉入袂，幽欢生座，天上人间满意。何如暮暮与朝朝，更改却、年年岁岁？

（选自浙江古籍出版社 1985 年出版的郑元佐注《朱淑真集注》）

钗头凤[1]（红酥手）

陆游

红酥手，黄縢酒[2]，满城春色宫墙柳[3]。东风恶，欢情薄，一怀愁绪，几年离索[4]。错，错，错！

春如旧，人空瘦，泪痕红浥鲛绡透[5]。桃花落，闲池阁。山盟虽在[6]，锦书难托[7]。莫，莫，莫[8]！

（选自上海古籍出版社 1978 年出版的胡云翼选注《宋词选》新一版）

注释：

1.《钗头凤》：根据周密《齐东野语》、陈鹄《耆旧续闻》等书记载，这首词写的是如下的一个爱情悲剧：陆游初娶表妹唐琬，夫妇的感情浓密。但他的母亲不喜欢这个媳妇，被迫分离。后来陆游另娶，唐琬也改嫁赵士程。有一次陆游春日出游，在绍兴禹跡寺南的沈园与唐琬相遇。唐琬以酒肴殷勤款待。陆游非常伤感，在墙壁上题了一首《钗头凤》，相传唐琬看见之后，也和了一首词。

2.“红酥手”两句：红酥手，红润而又白嫩的手。黄縢酒，《耆旧续闻》说是“黄封酒”，是一种官酒。

3. 宫墙柳：以柳喻唐琬。她这时已嫁人，有如宫禁里的杨柳可望而不可即。一说：绍兴原是古代越国的都城，宋高宗时亦曾一度以此为行都，故有宫墙之称。

4. 离索：离散，分居。

5. 泪痕红浥鲛绡透：浥（yì）：沾湿。鲛绡：丝绸制的手帕。

6. 山盟：盟誓如山不可移易，故称山盟。

7. 锦书难托：书信难寄。唐琬已被弃，而且另有丈夫，就道义说，不能再通书信。

8. 莫莫莫：表示绝望，只好作罢。

[提示]

离婚多年后的重逢，引发了陆游心中压抑已久的情怀，此词以绝望凄楚的语气抒写了眷恋相思、无限追悔的悲愤之情。

陆游与唐琬原本美满的婚姻被拆散，唐琬被逐的原因，历来有两种说法，一是陆游的母亲因为陆唐夫妻感情浓烈，认为会耽误陆游的学业，因此强行拆散二人，二是因为唐琬不孕。

明人毛晋曾评说此词：“放翁咏《钗头凤》一事，孝义兼挚，更有一种啼笑不敢之情于笔墨之外，令人不能竟读。”这种评说实在是故意误读，意在维护封建礼教。“东风恶，欢情薄”两句，道出的思想是明白无误的，那就是，对摧残美满婚姻的封建家长制、封建礼教发出的强烈控诉。“错，错，错！”“莫，莫，莫！”更是激愤之语，与陆游的一贯的慷慨激昂之情一脉相承。

此词在艺术上的一个特点是：着力从形象上对唐琬进行描绘。“红酥手”三字稍一点染，唐琬的青春美貌便跃然纸上，再以“春如旧，人空瘦”的憔悴形象相对照，鲜活地勾画出唐琬美丽凄婉、楚楚动人的形象，这其中也蕴藉着陆游难以言说的情愫。

思考与练习：

1. 陆游之母因为陆唐夫妻感情太好，认为耽误了陆游的学业，因此强行拆散二人，摧毁了纯真的爱情。请从多种角度对此进行评说。

2. 举出词中描写景物的句子，对此词景物描写的特点与表达效果予以分析。

李清照（词二首）

[题解]

李清照（1084—?），号易安居士，济南人。其父李格非是著名学者，其夫赵明诚，金石考据家。李清照早期生活优裕。虽为贵族夫人，但生活在一个学术气息非常浓厚的家庭里，她认真地参加了学术研究工作。早期词作多悠闲情趣。金兵入侵，丈夫病死，境遇孤苦。作品悲叹身世，多凄苦之音。她的词善用白描手法抒写情感，细致婉转，深刻动人。在语言上有所创新，善用浅俗、清新的语句描绘出鲜明动人的形象。

人们常诵读李清照抒写清苦之音的词作，其实她的词也有或清快活泼或慷慨豪迈之作，从本书所选《点绛唇》《渔家傲》二词中，可以见到李词风格的多样性。

点绛唇（蹴罢秋千）

蹴罢秋千[1]，起来慵整纤纤手[2]。露浓花瘦，薄汗轻衣透。

见有人来，袜刬金钗溜[3]。和羞走，倚门回首，却把青梅嗅。

（选自上海古籍出版社1978年出版的胡云翼选注《宋词选》新一版）

注释：

1. 蹴（cù）罢秋千：打过了秋千。蹴：踩，踏。

2. 慵整纤纤手：整，整理。纤纤手：细嫩柔美的手。《古诗》："娥娥红粉妆，纤纤出素手。"

3. 袜刬金钗溜：刬，（chǎn）光着。匆忙中来不及穿鞋，就穿着袜子朝里走；头上的金钗冷不防也滑脱了。李煜《浣溪沙》词："人舞点金钗溜。"又《菩萨蛮》词："刬袜步香阶手提金缕鞋。"

渔家傲（天接云涛连晓雾）

天接云涛连晓雾，星河欲转千帆舞[1]。仿佛梦魂归帝所[2]，闻天语，殷勤问我归何处。

我报路长嗟日暮，学诗谩有惊人句[3]。九万里风鹏正举[4]。风休住，蓬舟吹取三山去[5]。

（选自上海古籍出版社1978年出版的胡云翼选注《宋词选》新一版）

注释：

1. 天接云涛连晓雾两句：夜色将晓的时候，满天云雾里露出一线曙光，天河在流转着，成千的帆船在天河里飞舞。

2. 帝所：天帝住的宫殿。

3. 我报路长嗟日暮两句：谩：空。我告诉天帝：自己虽有才学，写出惊人的诗句，可是现在日暮途远，没有出路。

4. 九万里风鹏正举：表示自己正要像鹏鸟高飞远行。

5. 蓬舟吹取三山去：蓬舟，像蓬草一般的轻舟。三山，传说中的仙山。《史记·封禅书》载，蓬莱、方丈、瀛洲三神山在渤海中。

思考与练习：

1. 请分析《点绛唇》词中形象描写的特点与表达效果。

2. 请分析《渔家傲》一词所表现的思想情趣，并与李清照的《醉花阴·薄雾浓云愁永昼》和《声声慢·寻寻觅觅》相比较，谈谈本词的特点。

水调歌头（舟次扬州和人韵）[1]

辛弃疾

[题解]

辛弃疾（1140—1207年），字幼安，号稼轩，济南人。少年时曾率两千义军参加耿京抗金起义军。南归后历任湖北、湖南、江西安抚使，镇江知府等职。一生积极抗金，始终怀着恢复中原的宏愿。在词坛，继承苏轼，将豪放风格发扬光大。其词充满深厚的爱国情感和广阔的社会内容，词风既意气风发又沉郁悲凉，创作了风格多样的大量作品。

金主完颜亮于1161年发动南侵，占领了扬州作为渡江基地，作者和宋军在扬州以北地区和敌军做过艰苦的战斗。多年后词人"舟次扬州"时感触很深。作《水调歌庆·落日塞尘起》抒写少年时的意气风发的抗金往事与晚年事业无成的倦游思想。

落日塞尘起[2]，胡骑猎清秋[3]。汉家组练十万[4]，列舰耸层楼[5]。谁道投鞭飞渡[6]，忆昔鸣髇血污，风雨佛狸愁[7]。季子正年少，匹马黑貂裘[8]。

今老矣，搔白首，过扬州。倦游欲去江上[9]，手种橘千头[10]。二客东南名胜[11]，万卷诗书事业，尝试与君谋：莫射南山虎，直觅富民侯[12]。

（选自上海古籍出版社1978年出版的胡云翼选注《宋词选》新一版）

注释：

1. 舟次扬州和人韵：一作"舟次扬州和杨济翁、周显先韵"。扬州：今扬州市。杨炎焉：字济翁，宋代词人。周显先：不祥。

2. 塞尘起：边疆发生了战事。

3. 胡骑猎清秋：古代北方游牧民族经常于秋高马肥的时候侵扰南方。猎：借指战争。

4. 组练：指军队。杜预集解："组甲、被练、皆战备也。组甲，漆甲成组文。被练，练袍。"

5. 列舰耸层楼：江中陈列着许多兵舰，如耸立的高楼。

6. 谁道投鞭飞渡：谁说敌人能渡江侵扰？《晋书·苻坚记》载苻坚将侵犯东晋时的豪语说："以吾之众旅，投鞭于江，足断其流。"

7. 忆昔鸣髇（xiāo）血污两句：指1161年金主完颜亮南侵失败为其部下所杀事。鸣髇，即鸣镝，是一种响箭，射时发声。血污，指死于非命。佛（bì）狸，后魏太武帝拓跋焘小字佛狸，曾率师南侵，这里借称金主完颜亮。

8. 季子正年少，匹马黑貂裘：苏秦字季子，战国时的策士，以合纵的政策游说诸侯佩六国相印。这里是说自己正当季子年少时，对于功名事业有一股锐进之气。

9. 倦游欲去江上：倦於官游（懒得再去求官做），想到江湖间过隐居生活。

10. 手种橘千头：郦道元《水经注：沅水》载丹杨太守李衡在龙阳县泛洲种柑橘，临死时对儿子说："吾州里有木奴千头，不责衣食，岁绢千匹。"

11. 二客东南名胜：说杨济翁和周显先是东南一带的名士。

12. 莫射南山虎，直觅富民侯两句：这是感叹朝廷偃武修文，做军事工作没有出路。《史记·李将军列传》载李广，"居蓝田南山中，射猎""所居郡闻有虎，当自射之。"《汉书·食货志》"武帝末年悔征伐之事，乃封丞相为富民侯。"颜师古注："欲百姓之殷实，故取其嘉名也。"

思考与练习：

1. 下阕抒写了"倦游"的情绪，还有"莫射南山虎，直觅富民侯"的思想，请说说这种情绪产生的背景，体会词人的真实思想。

2. 请分析本词的语言特点。

张中丞传后叙（节选）

韩愈

[题解]

韩愈（768—824），字退之，河南河阳（今河南省孟州市）人，祖籍河北昌黎，世称韩昌黎；因官吏部侍郎，又称韩吏部；谥号“文”，又称韩文公。在文学成就上，同柳宗元齐名，并称“韩柳”。他是唐代古文运动的倡导者，提倡先秦两汉的文章，世称其“文起八代之衰”，是唐宋八大家之首；诗歌力求险怪新奇，雄浑重气势。

“后叙”也叫“跋”，又称“书后”，是在书或诗文后面加上的一段文字，可以对所跋的东西作评介、发议论，也可以在内容上做补充。“大抵书后者，意必抽于前文，事必引于原著。”《张中丞传后叙》就是在李翰《张巡传》的基础上，加以阐发和补充，又叙议结合，独立成文。韩愈政治主张的一个重要方面，是反对藩镇割据，维护中央集权，本文即表达了这一思想。文中表彰张巡、许远抗击安史叛军的功绩，驳斥对张、许的诬蔑、中伤，以此来歌颂抗击藩镇作乱的英雄人物。在唐宪宗始制裁藩镇的政治背景之下，韩愈重新阐扬张、许功绩，无疑是有意义的。

元和二年四月十三日夜[1]，愈与吴郡张籍阅家中旧书[2]，得李翰所为《张巡传》[3]。翰以文章自名[4]，为此传颇详密。然尚恨有阙者，不为许远立传[5]，又不载雷万春事首尾[6]。

远虽材若不及巡者，开门纳巡[7]，位本在巡上。授之柄而处其下[8]，无所疑忌，竟与巡俱守死，成功名，城陷而虏，与巡死先后异耳[9]。两家子弟材智下[10]，不能通知二父志[11]，以为巡死而远就虏，疑畏死而辞服于贼。远诚畏死，何苦守尺寸之地，食其所爱之肉[12]，以与贼抗而不降乎？当其围守时，外无蚍蜉蚁子之援[13]，所欲忠者，国与主耳，而贼语以国亡主灭[14]。远见救援不至，而贼来益众，必以其言为信。外无待而犹死守[15]，人相食且尽，虽愚人亦能数日而知死处矣。远之不畏死亦明矣。乌有城坏其徒俱死，独蒙愧耻求活？虽至愚者不忍为。呜呼！而谓远之贤而力之邪？

说者又谓远与巡分城而守，城之陷，自远所分始，以此诟远[16]。此又与儿童之见无异。人之将死，其藏腑必有先受其病者。引绳而绝之，其绝必有处。观者见其然，从而尤之，其亦不达于理矣。小人之好议论，不乐成人之美，如是哉！如巡、远之所成就，如此卓卓，犹不得免，其他则又何说？

当二公之初守也，宁能知人之卒不救，弃城而逆遁？苟此不能守，虽避之他处何益？及其无救而且穷也，将其创残饿羸之余[17]，虽欲去必不达。二公之贤，其讲之精矣[18]。守一城，捍天下，以千百就尽之卒，战百万日滋之师，蔽遮江淮，沮遏其势[19]。天下之不亡，其谁之功也？当是时，弃城而图存者，不可一二数，擅强兵坐而观者相环也。不追议此，而责二公以死守，亦见其自比于逆乱，设淫辞而助之攻也。

愈尝从事于汴、徐二府[20]，屡道于两府间，亲祭于其所谓双庙者[21]。其老人往往说巡、远时事云。南霁云之乞救于贺兰也[22]，贺兰嫉巡、远之声威功绩出己上，不肯出师救。爱霁云之勇且壮，不听其语，强留之。具食与乐，延霁云坐。霁云慷慨语曰："云来时，睢阳之人不食月余日矣。云虽欲独食，义不忍。虽食，且不下咽。"因拔所佩刀，断一指，血淋漓，以示贺兰。一座大惊，皆感激为云泣下。云知贺兰终无为云出师意，即驰去。将出城，抽矢射佛寺浮图，矢著其上砖半箭。曰："吾归破贼，必灭贺兰！此矢所以志也。"愈贞元中过泗州[23]，船上人犹指以相语。城陷，贼以刃胁降巡。巡不屈，即牵去，将斩之。又降霁云，云未应。巡呼云曰："南八[24]，男儿死耳，不可为不义屈！"云笑曰："欲将以有为也。公有言，云敢不死！"即不屈。

张籍曰：有于嵩者，少依于巡；及巡起事，嵩尝在围中[25]。籍大历中，于和州乌江县见嵩[26]，嵩时年六十余矣。以巡初尝得临涣县尉[27]，好学无所不读。籍时尚小，粗问巡、远事，不能细也。云巡长七尺余，须髯若神。尝见嵩读《汉书》，谓嵩曰："何为久读此？"嵩曰："未熟也。"巡曰："吾于书读不过三遍，终身不忘也。"因诵嵩所读书，尽卷不错一字。嵩惊，以为巡偶熟此卷，因乱抽他帙以试[28]。无不尽然。嵩又取架上诸书，试以问巡。巡应口诵无疑。嵩从巡久，亦不见巡常读书也。为文章，操纸笔立书，未尝起草。初守睢阳时，士卒仅万人[29]。城中居人户，亦且数万。巡因一见问姓名，其后无不识者。巡怒，须髯辄张。及城陷，贼缚巡等数十人坐，且将戮。巡起旋，其众见巡起，或起或泣。巡曰："汝勿怖，死，命也。"众泣不能仰视。巡就戮时，颜色不乱，阳阳如平常。远宽厚长者，貌如其心。与巡同年生，月日后于巡，呼巡为兄。死时年四十九。嵩贞元初死于亳、宋间[30]。或传嵩有田在亳、宋间，武人夺而有之。嵩将诣州讼理，为所杀。嵩无子，张籍云。

（选自上海古籍出版社1957年出版的马其昶校注《韩昌黎文集校注》）

注释：

1. 元和二年：公元807年。元和：唐宪宗李纯年号（806—820）。

2. 张籍（约767—约830）：字文昌，吴郡（治所在今江苏省苏州市）人，唐代著名诗人，韩愈学生。

3. 李翰：字子羽，赵州赞皇（今河北省元氏县）人，官至翰林学士。与张巡友善，客居睢阳时，曾亲见张巡战守事迹。张巡死后，有人诬其降贼，因撰《张巡传》上肃宗，并有《进张中丞传表》（见《全唐文》卷四三〇）。

4. 以文章自名：《旧唐书·文苑传》：翰“为文精密，用思苦涩”。自名，自许。

5. 许远（709—757）：字令威，杭州盐官（今浙江省海宁市）人。安史乱时，任睢阳太守，后与张巡合守孤城，城陷被掳往洛阳，至偃师被害。事见两唐书本传。

6. 雷万春：张巡部下勇将。按：此当是“南霁云”之误，如此方与后文相应。

7. 开门纳巡：肃宗至德二载（757）正月，叛军安庆绪部将尹子奇带兵十三万围睢阳，许远向张巡告急，张巡自宁陵率军入睢阳城（见《资治通鉴》卷二一九）。

8. 柄：权柄。

9. 城陷而虏二句：此年十月，睢阳陷落，张巡、许远被虏。张巡与部将被斩，许远被送往洛阳邀功。

10. 两家句：据《新唐书·许远传》载，安史乱平定后，大历年间，张巡之子张去疾轻信小人挑拨，上书代宗，谓城破后张巡等被害，惟许远独存，是屈降叛军，请追夺许远官爵。诏令去疾与许远之子许岘及百官议此事。两家子弟即指张去疾、许岘。

11. 通知：通晓。

12. 食其句：尹子奇围睢阳时，城中粮尽，军民以雀鼠为食，最后只得以妇女与老弱男子充饥。当时，张巡曾杀爱妾、许远曾杀奴仆以充军粮。

13. 蚍（pí）蜉（fú）：黑色大蚁。蚁子：幼蚁。

14. 而贼句：安史乱时，长安、洛阳陷落，玄宗逃往西蜀，唐室岌岌可危。

15. 外无待：睢阳被围后，河南节度使贺兰进明等皆拥兵观望，不来相救。

16. 说者句：张巡和许远分兵守城，张守东北，许守西南。城破时叛军先从西南处攻入，故有此说。

17. 羸：瘦弱。

18. 二公二句：谓二公功绩前人已有精当的评价。此指李翰《进张中丞传表》所云：“巡退军睢阳，扼其咽领，前后拒守，自春徂冬，大战数十，小战数百，以少击众，以弱击强，出奇无穷，制胜如神，杀其凶丑九十余万。贼所以不敢越睢阳而取江淮，江淮所以保全者，巡之力也。”

19. 沮遏：阻止。

20. 愈尝句：韩愈曾先后在汴州（治所在今河南省开封市）、徐州（治所在今江苏省徐州市）任推官之职。唐称幕僚为从事。

21. 双庙：张巡、许远死后，后人在睢阳立庙祭祀，称为双庙。

22. 南霁云（?—757）：魏州顿丘（今河南省清丰县西南）人。安禄山反叛，被遣至睢阳与张巡议事，为张所感，遂留为部将。贺兰：复姓，指贺兰进明。时为御史大夫、河南节度使，驻节于临淮一带。

23. 贞元：唐德宗李适年号（785—805）。泗州：唐属河南道，州治在临淮（今江苏省泗洪县东南），当年贺兰屯兵于此。

24. 南八：南霁云排行第八，故称。

25. 常：通“尝”，曾经。

26. 大历：唐代宗李豫年号（766—779）。和州乌江县：在今安徽省和县东北。

27. 以巡句：张巡死后，朝廷封赏他的亲戚、部下，于嵩因此得官。临涣：故城在今安徽省宿县西南。

28. 帙：书套，也指书本。

29. 仅：几乎。

30. 亳（bó）：亳州，治所在今安徽省亳县。宋：宋州，治所在睢阳。

[提示]

本文是韩愈散文的代表作之一。文章有力地驳斥了对张巡、许远的种种责难和污蔑，高度评价了死守睢阳具有“守一城，捍天下”的战略意义，澄清了历史是非和现实的思想混乱，热情讴歌了张巡、许远、南霁云等人为捍卫国家统一和拯救民族危亡与敌人决战到最后一息的忠勇品质和慷慨悲壮、宁死不屈的英雄气节。

本文在写作技巧上历来评价很高，其特点有三：

(1) 夹叙夹议：前半篇（二三段）以议论为主，重在驳论辩诬，层层驳诘，逻辑严密，说服力强；后半篇（四五段）以叙述为主，重在补叙逸事。二者相得益彰，互为补充。

(2) 善于选择典型细节来刻画人物的典型性格，使人物形象活灵活现，呼之欲出。描写南霁云求援一段最为突出，特别是南霁云的三段对话感情迥异：第一段说得悲壮真切，而又有理有节：“云虽欲独食，义不忍；虽食，且不下咽!”他对贺兰在这种时刻“具食与乐”是有满腔怒火的，但因还要求援，所以强压怒火。说话中既表明了睢阳危机，自己不能独求饱乐，也隐含了对贺兰的谴责，既磊落慷慨，又分寸得体。第二段话是已知贺兰不肯派兵，愤而出城射箭时发的誓言，所以凝聚满腔愤怒，斩钉截铁，凸现了他疾恶如仇，忠勇刚烈的性格。第三段话是刑前回答张巡的，一个“笑”字，使这个性如烈火的勇士在刑场上从容自如的形象跃然纸上，展现了其重义轻生、视死如归的精神。三段话都不多，人物形象却栩栩如生。

(3) 语言精练，生动而有气势。全文无一句废话，无一处重复累赘，如“两家子弟才智下，不能通二父志”“将其创残饿羸之余，虽欲去，必不达”“守一城，捍天下”“汝勿怖！死，命也”等处，均一字不易，类似句子通篇很多。议论中多用比喻，使议论妙趣横生：“外无蚍蜉蚁子之援”“人之将死”和“引绳而绝之”等处，都十分新颖贴切。后半篇补叙逸事，刻画人物，语言都十分生动。全篇以散句单行，毫无骈偶雕琢，使文章气势，一贯直下。句子短至二三字，长至十余字，参差错综，全以表情达意为宜，绝无陈词滥调，充分体现了他提倡古文运动所说的“陈言务去”“文从字顺”“气盛言宣”的风格。

思考与练习：

1. “后叙”是一种怎样的文体？韩愈为什么要写《张中丞传后叙》？

2. 试分析本篇中张巡、许远、南霁云等人物形象。

3.《张中丞传后序》前半部分侧重议论，后半部分侧重记叙，有无分离脱节之感，为什么？

西厢记·长亭送别

王实甫

[题解]

王实甫，名德信，大都（今北京市）人。曾做过官，后退职在家。《崔莺莺待月西厢记》在元代杂剧中是一项辉煌的成就，是以爱情为题材的元杂剧的高峰。它批判了封建礼教和封建婚姻制度，反映了封建社会广大青年要求恋爱自由、婚姻自主的愿望。

《西厢记》的艺术成就很高。表现在以下方面：以多本（五本二十一折）来连演一个故事，是一个创举；结构严谨，场面洗练；塑造了崔莺莺等个性鲜明的人物形象；擅长心理描写，表现了在这场爱情冲突中各色人物强烈的情绪感受和复杂的心理活动；文辞优美，富有诗意，音韵节奏和谐动听。

（夫人，长老上，云）今日送张生赴京，十里长亭安排下筵席。我和长老先行，不见张生、小姐来到。（旦、末、红同上）（旦云）今日送张生上朝取应，早是离人伤感，况值那暮秋天气，好烦恼人也呵！悲欢聚散一杯酒，南北东西万里程。（旦唱）

【正宫】【端正好】碧云天，黄花地[1]，西风紧，北雁南飞。晓来谁染霜林醉？总是离人泪[2]。

【滚绣球】恨相见得迟，怨归去得疾。柳丝长玉骢难系[3]。恨不倩疏林挂住斜晖[4]。马儿迍迍的行[5]，车儿快快的随。却告了相思回避，破题儿又早别离[6]。听得一声“去也”，松了金钏[7]；遥望见十里长亭，减了玉肌[8]。此恨谁知[9]！

（红云）姐姐，今日怎么不打扮？（旦云）你那知我的心里呵！

（旦唱）

【叨叨令】见安排着车儿、马儿，不由人熬熬煎煎的气；有甚么心情花儿、靥儿，打扮的娇娇滴滴的媚[10]；准备着被儿、枕儿，则索昏昏沉沉的睡；从今后衫儿、袖儿，都揾做重重叠叠的泪。兀的不闷杀人也么哥，兀的不闷杀人也么哥！久已后书儿、信儿，索与我恓恓惶惶的寄。

（做到见夫人科）（夫人云）张生和长老坐，小姐这壁坐，红娘将酒来。张生，你向前来，是自家亲眷，不要回避。俺今日将莺莺与你，到京师休辱末了俺孩儿，挣揣一个状元回来者[11]。（末云）小生托夫人馀荫，凭着胸中之才，视官如拾芥耳[12]。（洁云）夫人主见不差，张生不是落后的人。（把酒了，

坐）（旦长吁科）

【脱布衫】下西风黄叶纷飞，染寒烟衰草萋迷。酒席上斜签著坐的[13]，蹙愁眉死临侵地[14]。

【小梁州】我见他阁泪汪汪不敢垂[15]，恐怕人知；猛然见了把头低，长吁气，推整素罗衣[16]。

【幺篇】虽然久后成佳配，奈时间怎不悲啼[17]。意似痴，心如醉[18]，昨宵今日，清减了小腰围。

（夫人云）小姐把盏者。（红递酒，旦把盏长吁科，云）请吃酒。

【上小楼】合欢未已，离愁相继。想着俺前暮私情，昨夜成亲，今日别离。我谂知这几日相思滋味，却元来此别离情更增十倍[19]。

【幺篇】年少呵轻远别，情薄呵易弃掷[20]。全不想腿儿相挨，脸儿相偎[21]，手儿相携。你与俺崔相国做女婿，妻荣夫贵[22]，但得一个并头莲，煞强如状元及第。

（红云）姐姐不曾吃早饭，饮一口儿汤水。（旦云）红娘，甚么汤水咽得下[23]。

【满庭芳】供食太急，须臾对面；顷刻别离。若不是酒席间子母每当回避，有心待与他举案齐眉。

【幺】虽然是厮守得一时半刻，也合着俺夫妻共桌而食。眼底空留意[24]，寻思起就里，险化做望夫石。

（夫人云）红娘把盏者。（红把酒科）（旦唱）[25]

【快活三】将来的酒共食，尝着似土和泥；假若便是土和泥，也有些土气息，泥滋味。

【朝天子】暖溶溶玉醅[26]，白泠泠似水。多半是相思泪。眼面前茶饭怕不待要吃[27]，恨塞满愁肠胃。蜗角虚名[28]，蝇头微利[29]，拆鸳鸯在两下里。一个这壁，一个那壁，一递一声长吁气。

（夫人云）辆起车儿[30]，俺先回去，小姐随后和红娘来。（下）（末辞洁科）（洁云）此一行别无话儿，贫僧准备买登科录看[31]，做亲的茶饭，少不得贫僧的。先生在意，鞍马上保重者。“从今经忏无心礼，专听春雷第一声[32]。”（下）（旦唱）

【四边静】霎时间杯盘狼藉，车儿投东，马儿向西。两意徘徊，落日山横翠。知他今宵宿在那里？有梦也难寻觅。

（旦云）张生，此一行得官不得官，疾早便回来。（末云）小生这一去，白夺一个状元。正是：“青霄有路终须到，金榜无名誓不归[33]”。（旦云）君行别无所赠，口占一绝[34]，为君送行：“弃掷今何在，当时且自亲。还将旧来意，怜取眼前人[35]”。（末云）小姐之意差矣，张珙更敢怜谁？谨赓一绝[36]，以剖寸

心[37]：人生长远别，孰与最关亲？不遇知音者，谁怜长叹人[38]？（旦唱）

【耍孩儿】淋漓襟袖啼红泪，比司马青衫更湿。伯劳东去燕西飞，未登程先问归期。虽然眼底人千里，且尽生前酒一杯。未饮心先醉[39]，眼中流血，心里成灰[40]。

【五煞】到京师服水土[41]，趁程途节饮食[42]，顺时自保揣身体[43]。荒村雨露宜眠早，野店风霜要起迟[44]。鞍马秋风里，最难调护，最要扶持。

【四煞】这忧愁诉与谁？相思只自知，老天不管人憔悴。泪添九曲黄河溢，恨压三峰华岳低[45]。到晚来闷把西楼倚，见了些夕阳古道，衰柳长堤。

【三煞】笑吟吟一处来，哭啼啼独自归。归家若到罗帏里，昨宵个绣衾香暖留春住，今夜个翠被生寒有梦知。留恋你别无意，见据鞍上马[46]，阁不住泪眼愁眉。

（末云）有甚言语，嘱付小生咱？（旦唱）

【二煞】你休忧文齐福不齐[47]，我则怕你停妻再娶妻[48]。休要一春鱼雁无消息[49]，我这里青鸾有信频须寄，你却休金榜无名誓不归。此一节君须记：若见了那异乡花草，再休似此处栖迟[50]。

（末云）再谁似小姐，小生又生此念？（旦唱）

【一煞】青山隔送行，疏林不做美，淡烟暮霭相遮蔽。夕阳古道无人语[51]，禾黍秋风听马嘶[52]。我为甚么懒上车儿内？来时甚急，去后何迟[53]！

（红云）夫人去好一会，姐姐，咱家去。（旦唱）

【收尾】四围山色中，一鞭残照里。遍人间烦恼填胸臆，量这些大小车儿如何载得起[54]？

（旦红下）（末云）仆童，赶早行一程儿，早寻个宿处。泪随流水急，愁逐野云飞[55]。（下）

（选自人民文学出版社 1997 年出版的王实甫著《西厢记》第二版）

注释：

1. 碧云天黄花地：句本范仲淹［苏幕遮］词："碧云天，黄叶地，秋色连波，波上寒烟翠。"黄花：指菊花，此花开于深秋，其性属火，敢与秋霜鏖战，最能耐久。

2. "晓来"二句：意思是离人带血的眼泪，把深秋早晨的枫林染红了。霜林醉，深秋的枫树林经霜变红，就像人喝醉酒脸色红晕一样。意本唐诗"君看陌上梅花红，尽是离人眼中血。"

3. "柳丝长"句：玉骢（cōng），马名，即玉花骢，一种青白色的骏马。此指张生赴试所乘之马。古人有折柳送别之习惯，此句是说柳丝虽长却系不住玉骢，犹言情虽长却留不住张生。

4. 倩（qiàn）：请人代己做事。上曲"晓来"，此曲"斜晖"，诗人造境不问四时。

5. 迍（tún）迍：行动缓慢，流连不进的样子。

6. “却告”二句：却，犹恰，毛西河曰：“回避，谓告退；破题，谓起头。言相思才了，别离又起也。”

7. 钏（chuàn）：古代称臂环为钏，今谓之手镯。松金钏：是说人瘦损使手镯松脱。

8. 玉肌：肌肤光泽如玉。

9. 恨：遗憾，不满意，与今天“仇恨”“怨恨”之恨有别。

10. 花儿、靥（yè）儿：即花钿。又，花儿指头上戴花，亦通。

11. 挣揣：这里是争取、夺得之意。

12. 视官如拾芥（jiè）：把取得官职看得像从地上拾取一根草棍那样容易。

13. 斜签着坐：侧身半坐，封建时代晚辈在长辈面前不能实坐。

14. 死临侵地：呆呆地，没精打采的样子。临侵：语助词无义。

15. 阁泪汪汪不敢垂：强忍泪水而不敢任其流出。阁泪：含泪，噙泪。

16. 推整素罗衣：意谓装作整理衣裳。推：借口，这里有“假装”的意思。

17. 时间：目下，眼前。

18. 意似痴心如醉：《乐府新声》无名氏［骂玉郎带感皇恩采茶歌］：“心似烧，意似痴，情如醉。”

19. “我谂（shěn）知”二句：是说这几天我已经深深知道了相思滋味的苦痛难堪，原来这离别比相思更苦十倍。谂，知悉，知道。

20. 弃掷：本指抛弃，此指撇下莺莺而远离。

21. 脸儿相偎：毛西河引沈璟云：“脸儿相偎，以脸著脸。”

22. 妻荣夫贵：《仪礼·丧服》：“夫尊于朝，妻贵于室。”郑玄注：“妻贵于室，从夫爵也。”本指妻子可以依靠丈夫的爵位而尊贵，从夫之义。这里反其意而用之，意思是说你与俺崔相国家做女婿，本已因妻而贵，大可不必再去求取功名了。

23. “（红云）姐姐不曾吃早饭……”一段科白原在［满庭芳］曲之前，据毛西河本改。

24. 眼底空留意：意谓母亲在座，有所避忌，不得与张生同桌共食以诉衷曲，只能以眉眼传情表达心意。

25. “（夫人云）红娘把盏者……”一段科白原在［满庭芳］曲之后，据毛西河本改。

26. 玉醅（pēi）：美酒。

27. 怕不待要：难道不想、何尝不想之意。

28. 蜗角虚名：《庄子·则阳》：“有国于蜗之左右角者，曰触氏：有国于蜗之右角者，曰蛮氏。时相与争地而战，伏尺数万，逐北旬有五日而后反。”蜗角极细极微，蜗角虚名，喻微小之浮名。

29. 蝇头微利：班固《难庄论》：“众人之逐世利，如青蝇之赴肉汁也。青蝇嗜肉汁而忘溺死，众人贪世利而陷罪祸。”比喻因小利而忘危难。

30. 辆：用为动词，犹驾好、套起。

31. 登科录：登载录取进士姓名的名册。唐人称为进士登科记，宋人称为登科小录。

32. 春雷第一声：进士试于春正、二月举行，故称进士中第消息为春雷第一声。

33. “青宵”二句：青宵，即青云，青宵路即跻身青云之路。

34. 口占一绝：随口吟一首绝句诗。不打草稿，随口成文叫口占。

35. “弃掷”四句：意思是，抛弃我的人儿现在何方？想当初对我是何等相亲。还应当用当时对我的一番情意，去爱怜眼前的新人。

36. 赓（gēng）：续作。

37. 剖：此为表白义。剖心：表白真诚之心。

38. “人生”四句：表明除莺莺之外再无知己之意。长：通“常”；孰与：犹与谁。

39. 未饮心先醉：出自柳永《诉衷情近・雨晴气爽》中“黯然情绪，未饮先如醉”。

40. “眼中”二句：形容极度悲痛。

41. 服：适应，习惯。

42. 趁程途节饮食：意谓路途中要节制饮食。趁：赶，趁程途即赶路。

43. “顺时”句：意谓要估量自己的身体情况，适应季节之变化，自己保重。

44. “荒村”二句：此二句互文见义，谓荒村时店，雨露风霜，应当早歇息晚上路。

45. “泪添”二句：上句以水喻愁之多，下句以山喻愁之重。华岳三峰，即西岳华山，在今陕西省华阴市南。华山的中峰莲花峰、东峰仙人掌峰、南峰落雁峰，世称华岳三峰。一说莲花峰、毛女峰、松桧峰为华岳三峰。

46. 据鞍：跨鞍。

47. 文齐福不齐：意谓有文才而缺少福分，不能考中。齐：备，全而不缺。

48. 停妻再娶妻：指不认前妻而另行娶妻。

49. 一春鱼雁无消息：古代有鱼雁传递书信的传说。

50. 栖迟：即流连、逗留之意。

51. 古道：蒲地曾为舜都，汉初置县，通长安之路久已开辟，故称古道。

52. 禾黍：禾指谷类作物，黍指粘小米，以禾黍代指庄稼。

53. 来时甚急去后何迟：时与后为互文，‘后’犹‘呵’也。

54. “量这些”句：是说烦恼之多，量这些小小车儿怎能装得下？车本不小，愁多便嫌其小。量，审度：估量。

55. “泪随”二句：互文见义，意谓睹秋云、见流水都引起对莺莺的思念而愁生泪落。

思考与练习：

1. 请分析崔莺莺在送张生上京应试时抒写的主要思想情绪。

2. 谈一谈崔莺莺、张生、老夫人的思想性格特点。

3. 说说《西厢记》叙述语言的特点。

红楼梦·抄检大观园

曹雪芹

[题解]

本文节选自《红楼梦》第74回。全书主要通过对“贾、史、王、薛”四大家族荣衰的描写，极其真实、生动地描写了18世纪上半叶中国封建社会末期的生活图景，具有宽广的社会生活视野，可以囊括森罗万象、多姿多彩的世俗人情。

该小说被誉为“中国小说文学难以征服的顶峰”，具有很高的思想价值和艺术成就。全书气势恢宏，结构严谨，语言生动，且塑造了一大批深得人心的艺术典型形象，对后来的小说创作影响极大。此外，《红楼梦》还在诗词、戏曲、绘画、建筑、园林等诸多方面都有很高的美学价值。

曹雪芹（1715—1763），名霑，字梦阮，号雪芹，又号芹圃，祖籍辽阳，隶满洲正白旗。曾祖曹玺任江宁织造。祖父曹寅做过玄烨的伴读和御前侍卫，后任江宁织造，兼任两淮巡盐监察御史，深受宠信。玄烨六下江南，四次都由曹寅负责接驾。曹寅病故，其子曹颙、曹頫先后继任江宁织造。他们祖孙三代四人担任此职达60年之久。曹家因此成为江南赫赫有名的望族。而曹雪芹自幼就在“秦淮风月”之地过着奢侈的生活。雍正初年，由于封建统治阶级内部政治斗争的牵连，曹家遭受一系列打击，被罢官抄家。曹家遂全家迁回北京居住，从此一蹶不振，日渐衰微。曹雪芹为人性情高傲，蔑视权贵，晚年居北京西郊，发奋著书，后在艰难困苦之境中完成了不朽巨著《红楼梦》80回。现今流传的《红楼梦》共120回，一般认为后40回为高鹗（1738—1815）所续。

至晚饭后，待贾母安寝了，宝钗等入园时，王善保家的便请了凤姐一并进园，喝命将角门皆上锁，便从上夜的婆子处来抄检起，不过抄检出些多余攒下蜡烛灯油等物。王善保家的道：“这也是赃，不许动的。等明日回过太太再动。”

于是先就到怡红院中，喝命关门。当下宝玉正因晴雯不自在，忽见这一干人来，不知为何直扑了丫头们的房门去，因迎出凤姐来，问是何故。凤姐道：“丢了一件要紧的东西，因大家混赖，恐怕有丫头们偷了，所以大家都查一查去疑。”一面说，一面坐下吃茶。

王善保家的等搜了一回，又细问这几个箱子是谁的，都叫本人来亲自打开。袭人因见晴雯这样，必有异事；又见这番抄检，只得自己先出来打开了箱子并匣子，任其搜检一番，不过平常通用之物。随放下，又搜别人的。挨次都一一搜过，到了晴雯的箱子，因问："是谁的？怎么不开叫搜？"

袭人方欲替晴雯开时，只见晴雯挽着头发，闯进来，豁啷一声，将箱子掀开，两手提着底子，往地下一倒，将所有之物尽都倒出来。王善保家的也觉没趣儿，便紫胀了脸，说道："姑娘，你别生气。我们并非私自就来的，原是奉太太的命来搜察。你们叫翻呢，我们就翻一翻；不叫翻，我们还许回太太去呢。那用急的这个样子？"

晴雯听了这话，越发火上浇油，便指着他的脸，说道："你说你是太太打发来的，我还是老太太打发来的呢！太太那边的人，我也都见过，就只没看见你这么个有头有脸的大管事奶奶！"

凤姐见晴雯说话锋利尖酸，心中甚喜；却碍着邢夫人的脸，忙喝住晴雯。那王善保家的又羞又气，刚要还言。凤姐道："妈妈，你也不必和他们一般见识。你且细细搜你的。咱们还到各处走走呢。再迟了走了风，我可担不起。"王善保家的只得咬咬牙，且忍了这口气，细细的看了一看，也无甚私弊之物，回了凤姐，要别处去。凤姐道："你们可细细地查。若这一番查不出来，难回话的。"众人都道："尽都细翻了，没有什么差错东西；虽有几样男人物件，都是小孩子的东西，想是宝玉的旧物，没甚关系的。"

凤姐听了，笑道："既如此，咱们就走，再瞧别处去。"说着，一径出来，向王善保家的道："我有一句话，不知是不是。要抄检只抄检咱们家的人。薛大姑娘屋里，断乎检抄不得的。"王善保家的笑道："这个自然。岂有抄起亲戚家来的？"凤姐点头道："我也这样说呢。"

一头说，一头到了潇湘馆内。黛玉已睡了，忽报这些人来，也不知为甚事，才要起来。只见凤姐已走进来，忙按住他不叫起来，只说："睡着罢，我们就走的。"

这边且说些闲话。那王善保家的带了众人，到了丫鬟房中，也一一开箱倒笼，抄检了一番。因从紫鹃房中搜出两副宝玉往常换下来的寄名符儿，一副束带上的帔带，两个荷包并扇套，套内有扇子，打开看时，皆是宝玉往日手内曾拿过的。王善保家的自为得了意，遂忙请凤姐过来验视；又说："这些东西，从那里来的？"凤姐笑道："宝玉和他们从小儿在一处混了几年，这自然是宝玉的旧东西。况且这符儿合扇子都是老太太和太太常见的。妈妈不信，咱们只管拿了去。"王善保家的忙笑道："二奶奶既知道就是了。"凤姐道："这也不是什么稀罕事，撂下再往别处去是正经。"紫鹃笑道："直到如今，我们两下里的账也算不清！要问这一个，连我也忘了是那年月日有的了。"

这里凤姐合王善保家的又到探春院内。谁知早有人报与探春了。探春也就猜着必有缘故，所以引出这等丑态来，遂命丫鬟秉烛开门而待。

一时，众人来了，探春故问何事。凤姐笑道："因丢了一件东西，连日访察不出人来，恐怕旁人赖这些女孩子们，所以大家搜一搜，使人去疑儿，倒是洗净他们的好法子。"探春笑道："我们的丫头，自然都是些贼。我就是头一个窝主。既如此，先来搜我的箱柜。他们所偷了来的，都交给我藏着呢。"说着，便命丫鬟们把箱一齐打开，——将镜奁、妆盒、衾袱、衣包，若大若小之物，一齐打开，——请凤姐去抄阅。凤姐陪笑道："我不过是奉太太的命来，妹妹别错怪了我。"因命丫鬟们："快快给姑娘关上。"

平儿丰儿等先忙着替待书等关的关，收的收。探春道："我的东西，倒许你们搜阅；要想搜我的丫头，这可不能！我原比众人歹毒，凡丫头所有的东西，我都知道，都在我这里间收着。一针一线，他们也没得收藏。要搜，所以只来搜我。你们不依，只管去回太太，只说我违背了太太，该怎么处治，我去自领。你们别忙，自然连你们抄的日子还有呢！你们今日早起不是议论甄家自己盼着好好的抄家，果然今日真抄了？咱们也渐渐的来了！可知这样大族人家，若从外头杀来，一时是杀不死的！这可是古人说的，'百足之虫，死而不僵'！必须先从家里自杀自灭起来，才能一败涂地呢！"说着，不觉流下泪来。

凤姐只看着众媳妇们。周瑞家的便道："既是女孩子的东西全在这里，奶奶且请到别处去罢，也让姑娘好安寝。"凤姐便起身告辞。探春道："可细细的搜明白了。若明日再来，我就不依了。"凤姐笑道："既然丫头们的东西都在这里，就不必搜了。"探春冷笑道："你果然倒乖！连我的包袱都打开了，还说没翻？明日敢说我护着丫头们，不许你们翻了！你趁早说明：若还要翻，不妨再翻一遍！"

凤姐知道探春素日与众不同的，只得陪笑道："已经连你的东西都搜查明白了。"探春又问众人："你们也都搜明白了没有？"周瑞家的等都陪笑说："都翻明白了。"

那王善保家的本是个心内没成算的人，素日虽闻探春的名，他想众人没眼色，没胆量罢了，那里一个姑娘就这样厉害起来？况且又是庶出，他敢怎么着？自己又仗着邢夫人的陪房，连王夫人尚另眼想待，何况别人？只当是探春认真单恼凤姐，与他们无干，他便要趁势作脸，因越众向前，拉起探春衣襟，故意一掀，嘻嘻地笑道："连姑娘身上我都翻了，果然没有什么。"凤姐见他这样，忙说："妈妈走罢，别疯疯癫癫的。"

一语未了，只听啪的一声，王家的脸上早着了探春一巴掌。探春登时大怒，指着王家的问道："你是什么东西，敢来拉扯我的衣裳！我不过看着太太的面上，你又有几岁年纪，叫你一声'妈妈'；你就狗仗人势，天天作耗，在我们跟前逞脸！如今越发了不得了！你索性望我动手动脚的了！你打量我是和你们姑娘那么好性儿，由着你们欺负，你就错了主意了！你来搜检东西，我不恼你，不该拿我取笑儿！”——说着，便亲自要解纽子，拉着凤姐儿细细的翻，——“省得叫你们奴才来翻我！”

凤姐平儿等都忙与探春理裙整袂，口内喝着王善保家的说：“妈妈吃两口酒，就疯疯癫癫起来。前儿把太太也冲撞了。快出去，别再讨脸了！”又忙劝探春：“好，别生气。他算什么，姑娘气着，倒值多了。”探春冷笑道：“我但凡有口气，早一头碰死了！不然，怎么许奴才来我身上搜贼赃呢？明儿一早，先回过老太太、太太，再过去给大娘赔礼。该怎么着，我去领！”

那王善保家的讨了个没脸，赶忙躲出窗外，只说：“罢了，罢了！这也是头一遭挨打！我明儿回了太太，仍回老娘家去罢！这个老命还要他做什么！”探春喝命丫环：“你们听着他说话，还等我和他拌嘴去不成？”侍书听说，便出去说道：“妈妈，你知点道理儿，省一句儿罢。你果然回老娘家去，倒是我们的造化了！只怕你舍不得去！你去了，叫谁讨主子的好儿，调唆着察考姑娘，折磨我们呢？”凤姐笑道：“好丫头！真是有其主必有其仆。”探春冷笑道：“我们做贼的人，嘴里都有三言两语的；就只不会背地里调唆主子！”平儿忙也陪笑解劝，一面又拉了侍书进来。周瑞家的等人劝了一番，凤姐直待服侍探春睡下，方带着人往暖香坞来。

彼时李纨犹病在床上，他与惜春是紧邻，又和探春相近，故顺路先到这两处。因李纨才吃了药睡着，不好惊动，只到丫鬟们房中一一的搜了一遍，也没有什么东西；遂到惜春房中来。因惜春年少尚未识事，吓得不知当有什么事故，凤姐也少不得安慰他。谁知竟在入画箱中寻出一大包金银锞子来，约共三四十个。——为察奸情，反得贼赃。——又有一副玉带板子并一包男人的靴袜等物。凤姐也黄了脸，因问：“是哪里来的？”入画只得跪下哭诉真情，说：“这是珍大爷赏我哥哥的。因我们老子娘都在南方，如今只跟着叔叔过日子，我叔叔婶子，只要喝酒赌钱，我哥哥怕交给他们又花了，所以每常得了，悄悄的烦老妈妈带进来，叫我收着的。”

惜春胆小，见了这个，也害怕，说：“我竟不知道，这还了得！二嫂子要打他，好歹带出他去打罢，我听不惯的。”凤姐笑道：“若果真呢，也倒可恕；只是不该私自传送进来。这个可以传递，怕什么不可传递？这倒是传递人的不是了。若这话不真，倘是偷来的，你可就别想活了。”入画跪哭道：“我不敢撒谎！奶奶只管明日问我们奶奶和大爷去！若说不是赏的，就拿我和我哥哥一同打死无怨！”凤姐道：“这个自然要问的。——只是真赏的，你也有不是。谁许你私自传送东西呢？你且说是谁接的，我便饶你。下次万万不可。”惜春道：“嫂子别饶他，这里人多，要不管了他，那些大的听见了，又不知怎么样呢。嫂子要依他，我也不依！”凤姐道：“素日我看他还使得。谁没一个错？只这一次；二次再犯，两罪俱罚。——但不知传递是谁？”惜春道：“若说传递，再无别个，必是后门上的老张妈。他常肯和这些丫头们鬼鬼祟祟的，这些丫头们也都肯照顾他。”

凤姐听说，便命人记下，将东西且交给周瑞家的暂拿着，等明日对明再议。谁知那老张妈原和王善保家有亲，近因王善保家的在邢夫人跟前作了心腹人，便把亲戚和伴儿们都看不到眼里了。后来张家的气不平，斗了两次口，彼此都不说话了。如今王家的听见是他传递，碰在他心坎儿上，更兼刚才挨了探春的打，受了侍书的气，没处发泄，听见张家的这事，因撺掇凤姐道："这传东西的事，关系更大。想来那些东西自然也是传递进来的。奶奶倒不可不问！”凤姐道：“我知道，不用你说。”

于是别了惜春，方往迎春房内来。迎春已经睡着了，丫环们也才要睡，众人叩门半日才开。凤姐吩咐：“不必惊动姑娘。”遂往丫环们房里来。因司棋是王善保的外孙女儿，凤姐要看王家的可藏私不藏，遂留神看他搜检。先从别人箱子搜起，皆无别物；及到了司棋箱中，随意掏了一回，王善保家的说：“也没有什么东西。”才要关箱时，周瑞家的道：“这是什么话？有没有，总要一样看看才公道。”说着，便伸手掣出一双男子的绵袜并一双缎鞋，又有一个小包袱。打开看时，里面是一个同心如意，并一个字帖儿。一总递给凤姐。

凤姐因理家久了，每每看帖看帐，也颇识得几个字了。那帖是大红双喜笺，便看上面写道：

上月你来家后，父母已觉察了。但姑娘未出阁，尚不能完你我心愿。若园内可以相见，你可托张妈给一信。若得在园内一见，倒比来家好说话。千万！千万！再所赐香珠二串，今已查收。外特寄香袋一个，略表我心。千万收好！表兄潘又安具。

凤姐看了，不由得笑将起来。那王善保家的素日并不知道他姑表兄妹有这一节风流故事，见了这鞋袜，心内已有些毛病；又见有一红帖，凤姐看着笑，他便说道：“必是他们的账不成字，所以奶奶见笑。”凤姐笑道：“正是。这个账竟算不过来！你是司棋的老娘，他表兄也该姓王，怎么又姓潘呢？”王善保家的见问的奇怪，只得勉强告道：“司棋的姑妈给了潘家，所以他姑表兄弟姓潘；上次逃走了的潘又安，就是他。”凤姐笑道：“这就是了。”因说："我念给你听听。”说着，从头念了一遍，大家都吓一跳。

这王家的一心只要拿人的错儿，不想反拿住了他外孙女儿，又气又臊。周瑞家的四人听见凤姐念了，都吐舌头，摇头儿。周瑞家的道：“王大妈听见了？这是明明白白，再没的话说了。这如今怎么样呢？”

王家的只恨无地缝儿可钻。凤姐只瞅着他，抿着嘴儿嘻嘻的笑，向周瑞家的道："这倒也好。不用他老娘操一点心儿，鸦雀不闻，就给他们弄了个女婿来了。"周瑞家的也笑着凑趣儿。

王家的无处煞气，只好打着自己的脸骂道："老不死的娼妇，怎么造下孽了！说嘴打嘴，现世现报。"众人见他这般，要笑又不敢笑，也有趁愿的，也有心中感动报应不爽的。

凤姐见司棋低头不语，也并无畏惧惭愧之意，倒觉可异。料此时夜深，且不必盘问，只怕他夜间自寻短志，遂唤两个婆子监守，且带了人拿了赃证回来歇息，等待明日料理。谁知夜里下面淋血不止，次日便觉身体十分软弱起来，遂撑不住，请医诊视。开方立案，说要保重而去。老嬷嬷们拿了方子，回过王夫人，不免又添一番愁闷，遂将司棋之事暂且搁起。

（选自宝文堂书店1982年出版的曹雪芹原著，茅盾节编《红楼梦》）

思考与练习：

1. "抄检大观园"这一事件反映了贾府中诸多复杂的矛盾斗争，请对其进行解析。

2. 抄检过程中，小说对晴雯、司棋、探春等人的描写十分出彩，试分析这几人的性格特征及小说对其的艺术表现。

中国现当代文学

［精读部分］

萧萧

沈从文

［题解］

沈从文（1902—1988），原名沈岳焕，湖南凤凰县人，汉族，但有部分苗族血统，现代著名作家、历史文物研究家、京派小说代表人物。笔名休芸芸、甲辰、上官碧、璇若等。一生的创作结集约有80多部，是现代作家中成书最多的一个，在中国文坛中被誉为“乡土文学之父”。主要成集的小说有《蜜柑》《雨后及其他》《龙珠》《虎雏》《月下小景》《八骏图》等，中长篇小说有《阿丽思中国游记》《边城》《长河》，散文有《从文自传》《记丁玲》《湘行散记》《湘西》，文论《废邮存底》等。沈从文在遣词造句中都流露出他对乡土的热爱，对生命的热爱。

乡下人吹唢呐接媳妇，到了十二月是成天会有的事情。

唢呐后面一顶花轿，四个伕子平平稳稳的抬着。轿中人被铜锁锁在里面，虽穿了平时不上过身的体面红绿衣裳，也仍然得荷荷大哭。在这些小女人心中，做新娘子，从母亲身边离开，且准备作他人的母亲，从此将有许多新事情等待发生。像做梦一样，将同一个陌生男子汉在一个床上睡觉，作这承宗接祖的事情，这些事想起来，当然有些害怕，所以照例觉得要哭哭，于是就哭了。

也有做媳妇不哭的人。萧萧做媳妇就不哭。这小女子没有母亲，从小寄养到伯父种田的庄子上，终日提着个小竹兜箩，在路旁田坎捡狗屎挑野菜。出嫁只是从这家转到那家。因此到那一天，这小女人还只是笑。她又不害羞，又不怕，她是什么事也不知道，就做了人家的媳妇了。

萧萧做媳妇时年纪十二岁，有一个小丈夫，年纪还不到三岁。丈夫比她年少九岁，断奶还不多久。地方规矩如此，过了门，她喊他做弟弟。她每天应作的事是抱弟弟到村前柳树下去玩，到溪边去玩，饿了，喂东西吃，哭了，就哄他，摘南瓜花或狗尾草戴到小丈夫头上，或者亲嘴，一面说，“弟弟，哪，啵，再来，啵。”在那肮脏的小脸上亲了又亲，孩子于是便笑了。

孩子一欢喜兴奋，行动粗野起来，会用短短的小手乱抓萧萧的头发。那是平时不大能收拾蓬蓬松松在头上的黄发。有时候，垂到脑后那条小辫儿被拉得太久，把红绒线结也弄松了，生气了，就打那弟弟几下，弟弟自然哇的哭出声来，萧萧于是也装成要哭的样子，用手指着弟弟的哭脸，说，“哪，人不讲理，可不行!”

天晴落雨日子混下去，每日抱抱丈夫，也帮家中作点杂事，能动手的就动手。又时常到溪沟里去洗衣，搓尿片，一面还捡拾有花纹的田螺给坐到身边的丈夫玩。到了夜里睡觉，便常常做这种年龄人所做的梦，梦到后门角落或别的什么地方捡得大把大把铜钱，吃好东西，爬树，自己变成鱼到水中各处溜。或一时仿佛身子很小很轻，飞到天上众星中，没有一个人，只是一片白，一片金光，于是大喊“妈!”人就吓醒了。醒来心还只是跳。吵了隔壁的人，不免骂着，“疯子，你想什么！白天疯玩，晚上就做梦!”萧萧听着却不作声，只是咕咕的笑。也有很好很爽快的梦，为丈夫哭醒的事。那丈夫本来晚上在自己母亲身边睡，有时吃多了，或因另外情形，半夜大哭，起来放水拉稀是常有的事。丈夫哭到婆婆无可奈何，于是萧萧轻脚轻手爬起床来，睡眼朦胧走到床边，把人抱起，给他看月亮，看星光。或者互相觑着，孩子气的“嗨嗨，看猫呵!”那样喊着哄着，于是丈夫笑了，玩了一会，慢慢合上眼。人睡了，放上床，站在床边看着，听远处一递一声的鸡叫，知道天快到什么时候了，于是仍然蜷到小床上睡去。天亮了，虽不做梦，却可以无意中闭眼开眼，看一阵在面前空中变幻无端的黄边紫心葵花，那是一种真正的享受。

萧萧嫁过了门，做了拳头大丈夫的小媳妇，一切并不比先前受苦，这只看她半年来身体发育就可明白。风里雨里过日子，象一株长在园角落不为人注意的蓖麻，大叶大枝，日增茂盛。这小女人简直是全不为丈夫设想那么似的，一天比一天长大起来了。

夏夜光景说来如做梦。大家饭后坐到院中心歇凉，挥摇蒲扇，看天上的星同屋角的萤，听南瓜棚上纺织娘子咯咯咯拖长声音纺车，远近声音繁密如落雨。禾花风悠悠吹到脸上，正是让人在各种方便中说笑话的时候。

萧萧好高，一个人常常爬到草料堆上去，抱了已经熟睡的丈夫在怀里，轻轻的轻轻的随意唱着那自编的山歌，唱来唱去却把自己也催眠起来，快要睡去了。

在院坝中，公公婆婆，祖父祖母，另外还有帮工汉子两个，散乱的坐在小板凳上，摆龙门阵学古，轮流下去打发上半夜。

祖父身边有个烟包，在黑暗中放光。这用艾蒿做成的烟包，是驱逐长脚蚊的得力东西，蜷在祖父脚边，就如一条乌梢蛇。间或又拿起来晃那么几下。

想起白天场上的事情，祖父开口说话：

“听三金说，前天又有女学生过身。”

大家就哄然笑了起来。

这笑的意义何在？只因为大家印象中，都知道女学生没有辫子，留下个鹌鹑尾巴，像个尼姑，又不完全像。穿的衣服像洋人，又不是洋人，吃的，用的……总而言之，事事不同，一想起来就觉得怪可笑！

萧萧不大明白，她不笑。所以老祖父又说话了。他说：“萧萧，你长大了，将来也会做女学生！”

大家于是更哄然大笑起来。

萧萧为人并不愚蠢，觉得这一定是不利于己的一件事情，所以接口便说：“爷爷，我不做女学生！”

“你像个女学生，不做可不行。”

“我不做。”

众人有意取笑，异口同声说：“萧萧，爷爷说得对，你非做女学生不行！”

萧萧急得无可如何，“做就做，我不怕。”其实做女学生有什么不好，萧萧全不知道。

女学生这东西，在本乡的确永远是奇闻。每年一到六月天，据说放“水假”日子一到，照例便有三三五五女学生，由一个荒谬不经的热闹地方来，到另一个远地方去，取道从本地过身。从乡下人眼中看来，这些人都近于另一世界中活下的人，装扮奇奇怪怪，行为更不可思议。这种女学生过身时，使一村人都可以说一整天的笑话。

祖父是当地一个人物，因为想起所知道的女学生在大城中的生活情形，所以说笑话要萧萧也去作女学生。一面听到这话，就感觉一种打哈哈趣味，一面还有那被说的萧萧感觉一种惶恐，说这话的不为无意义了。

女学生由祖父方面所知道的是这样一种人：她们穿衣服不管天气冷热，吃东西不问饥饱，晚上交到子时才睡觉，白天正经事全不作，只知唱歌打球，读洋书。她们都会花钱，一年用的钱可以买十六只水牛。她们在省里京里想往什么地方去时，不必走路，只要钻进一个大匣子中，那匣子就可以带她到地。城市中还有各种各样的大小不同匣子，都用机器开动。她们在学校，男女一处上课读书，人熟了，就随意同那男子睡觉，也不要媒人，也不要财礼，名叫“自由”。她们也做州县官，带家眷上任，男子仍喊作“老爷”，小孩子叫“少爷”。

她们自己不喂牛，却吃牛奶羊奶，如小牛小羊：买那奶时是用铁罐子盛的。她们无事时到一个唱戏地方去，那地方完全象个大庙，从衣袋中取出一块洋钱来（那洋钱在乡下可买五只母鸡），买了一小方纸片儿，拿了那纸片到里面去，就可以坐下看洋人扮演影子戏。她们被冤了，不赌咒，不哭。她们年纪有老到二十四岁还不肯嫁人的，有老到三十四十还好意思嫁人的。她们不怕男子，男子不能使她们受委屈，一受委屈就上衙门打官司，要官罚男子的款，这笔钱她有时独占自己花用，有时同官平分。她们不洗衣煮饭，也不养猪喂鸡；有了小孩子也只花五块钱、十块钱一月，雇人专管小孩，自己仍然整天看戏打牌，读那些没有用处的闲书……总而言之，说来事事都希奇古怪，和庄稼人不同，有的简直可以说岂有此理。这时经祖父一为说明，听过这话的萧萧，心中却忽然有了一种模模糊糊的愿望，以为倘若她也是个女学生，她是不是照祖父说的女学生一个样子去做那些事？

不管好歹，做女学生并不可怕，因此一来，却已为这乡下姑娘初次体念到了。

因为听祖父说起女学生是怎样的人物，到后萧萧独自笑得特别久。笑够了时，她说：“祖爹，明天有女学生过路，你喊我，我要看看。”

“你看，她们捉你去作丫头。”

“我不怕她们。”

“她们读洋书念经你也不怕？”

“念观音菩萨消灾经，念紧箍咒，我都不怕。”

“她们咬人，和做官的一样，专吃乡下人，吃人骨头渣渣也不吐，你不怕？”

萧萧肯定的回答说：“也不怕。”

可是这时节萧萧手上所抱的丈夫，不知为什么，在睡梦中哭了，媳妇于是用作母亲的声势，半哄半吓说，“弟弟，弟弟，不许哭，不许哭，女学生咬人来了。”

丈夫仍然哭着，得抱起各处走走。萧萧抱着丈夫离开了祖父，祖父同人说另外一样古话去了。

萧萧从此以后心中有个“女学生”。做梦也便常常梦到女学生，且梦到同这些人并排走路。仿佛也坐过那种自己会走路的匣子，她又觉得这匣子并不比自己跑路更快。在梦中那匣子的形体同谷仓差不多，里面还有小小灰色的老鼠，眼珠子红红的，各处乱跑，有时钻到门缝里去，把个小尾巴露在外边。

因为有这样一段经过，祖父从此喊萧萧不喊“小丫头”，不喊“萧萧”，却唤作“女学生”。在不经意中萧萧答应得很好。

乡下的日子也如世界上一般日子，时时不同。世界上人把日子糟蹋，和萧萧一类人家把日子吝惜是同样的，各有所得，各属分定。许多城市中文明人，把一个夏天全消磨到软绸衣服、精美饮料以及种种好事情上面。萧萧的一家，因为一个夏天的劳作，却得了十多斤细麻，二三十担瓜。

作小媳妇的萧萧，一个夏天中，一面照料丈夫，一面还绩了细麻四斤。到秋八月工人摘瓜，在瓜间玩，看硕大如盆、上面满是灰粉的大南瓜，成排成堆摆到地上，很有趣味。时间到摘瓜，秋天真的已来了，院子中各处有从屋后林子里树上吹来的大红大黄木叶。萧萧在瓜旁站定，手拿木叶一束，为丈夫编小笠帽玩。

工人中有个名叫花狗，年纪二十三岁，抱了萧萧的丈夫到枣树下去打枣子。小小竹竿打在枣树上，落枣满地。

“花狗大，莫打了，太多了吃不完。”

虽这样喊，还不停手。到后，仿佛完全因为丈夫要枣子，花狗才不听话。萧萧于是又喊他那小丈夫：“弟弟，弟弟，来，不许捡了。吃多了生东西肚子痛！”

丈夫听话，兜了一堆枣子向萧萧身边走来，请萧萧吃枣子。

“姐姐吃，这是大的。”

“我不吃。”

“要吃一颗！”

她两手哪里有空！木叶帽正在制边，工夫要紧，还正要个人帮忙！

“弟弟，把枣子喂我口里。”

丈夫照她的命令做事，做完了觉得有趣，哈哈大笑。

她要他放下枣子帮忙捏紧帽边，便于添加新木叶。

丈夫照她吩咐做事，但老是顽皮的摇动，口中唱歌。这孩子原来像一只猫，欢喜时就得捣乱。

“弟弟，你唱的是什么？”

“我唱花狗大告我的山歌。”

“好好的唱一个给我听。”

丈夫于是就唱下去，照所记到的歌唱：

天上起云云起花，
包谷林里种豆荚，
豆荚缠坏包谷树，
娇妹缠坏后生家。
天上起云云重云，

地下埋坟坟重坟，
娇妹洗碗碗重碗，
娇妹床上人重人。

歌中意义丈夫全不明白，唱完了就问萧萧好不好。萧萧说好，并且问跟谁学来的。她知道是花狗教的，却故意盘问他。

“花狗大告我，他说还有好多歌，长大了再教我唱。”

听说花狗会唱歌，萧萧说：

“花狗大，花狗大，你唱一个好听的歌我听听。”

那花狗，面如其心，生长得不很正气，知道萧萧要听歌，人也快到听歌的年龄了，就给她唱“十岁娘子一岁夫”。那故事说的是妻年大，可以随便到外面做一点不规矩的事；丈夫年纪小，只知道吃奶，让他吃奶。这歌丈夫完全不懂，懂到一点儿的是萧萧。把歌听过后，萧萧装成“我全明白”那种神气，她用生气的样子，对花狗说：“花狗大，这个不行，这是骂人的歌!”

花狗分辩说：“不是骂人的歌。”

“我明白，是骂人的歌。”

花狗难得说多话，歌已经唱过了，错了赔礼，只有不再唱。他看她已经有点懂事了，怕她回头告祖父，会挨顿臭骂，就把话支开，扯到“女学生”上头去。他问萧萧，看没看过女学生习体操唱洋歌的事情。

若不是花狗提起，萧萧几乎已忘却了这事情。这时又提到女学生，她问花狗近来有没有女学生过路，她想看看。

花狗一面把南瓜从棚架边抱到墙角去，告她女学生唱歌的事，这些事的来源还是萧萧的那个祖父。他在萧萧面前说了点大话，说他曾经到官路上见到四个女学生，她们都拿得有旗子，走长路流汗喘气中仍然唱歌，同军人所唱的一模一样。不消说，这自然完全是胡诌的笑话。可是那故事把萧萧可乐坏了。因为花狗说这个就叫做“自由”。

花狗是“起眼动眉毛，一打两头翘”会说会笑的一个人。

听萧萧带着歆羡口气说：“花狗大，你膀子真大。”他就说：“我不止膀子大。”

“你身个子也大。”

“我全身无处不大。”

萧萧还不大懂得这个话的意思，只觉得憨而好笑。

到萧萧抱了她的丈夫走去以后，同花狗一起摘瓜，取名字叫哑巴的，开了平时不常开的口，他说：“花狗，你少坏点。人家是十三岁黄花女，还要等十年才圆房!”

花狗不作声，打了那伙计一巴掌，走到枣树下捡落地枣去了。

到摘瓜的秋天，日子计算起来，萧萧过丈夫家有一年半了。

几次降霜落雪，几次清明谷雨，一家人都说萧萧是大人了。天保佑，喝冷水，吃粗砺饭，四季无疾病，倒发育得这样快。婆婆虽生来像一把剪子，把凡是给萧萧暴长的机会都剪去了，但乡下的日头同空气都帮助人长大，却不是折磨可以阻拦得住。

萧萧十五岁时高如成人，心却还是糊糊涂涂的心。

人大了一点，家中做的事也多了一点。绩麻、纺车、洗衣、照料丈夫以外，打猪草推磨一些事情也要作，还有浆纱织布。凡事都学，学学就会了。乡下习惯，凡是行有余力的都可从劳作中攒点本分私房，两三年来仅仅萧萧个人份上所聚集的粗细麻和纺就的棉纱，已够萧萧坐到土机上抛三个月的梭子了。

丈夫早断了奶。婆婆有了新儿子，这五岁儿子就像归萧萧独有了。不论做什么，走到什么地方去，丈夫总跟在身边。

丈夫有些方面很怕她，当她如母亲，不敢多事。他们俩实在“感情不坏”。

地方稍稍进步，祖父的笑话转到“萧萧你也把辫子剪去好自由”那一类事上去了。听着这话的萧萧，某个夏天也看过一次女学生，虽不把祖父笑话认真，可是每一次在祖父说过这笑话以后，她到水边去，必用手捏着辫子梢梢，设想没有辫子的人那种神气，那点趣味。

因为打猪草，带丈夫上螺蛳山的山阴是常有的事。

小孩子不知事，听别人唱歌也唱歌。一开腔唱歌，就把花狗引来了。

花狗对萧萧生了另外一种心，萧萧有点明白了，常常觉得惶恐不安。但花狗是男子，凡是男子的美德恶德都不缺少，劳动力强，手脚勤快，又会玩会说，所以一面使萧萧的丈夫非常欢喜同他玩，一面一有机会即缠在萧萧身边，且总是想方设法把萧萧那点惶恐减去。

山大人小，到处是树林蒙茸，平时不知道萧萧所在，花狗就站在高处唱歌逗萧萧身边的丈夫；丈夫小口一开，花狗穿山越岭就来到萧萧面前了。

见了花狗，小孩子只有欢喜，不知其他。他原要花狗为他编草虫玩，做竹箫哨子玩，花狗想方法支使他到一个远处去找材料，便坐到萧萧身边来，要萧萧听他唱那使人开心脸红的歌。她有时觉得害怕，不许丈夫走开；有时又像有了花狗在身边，打发丈夫走去反倒好一点。终于有一天，萧萧就这样给花狗把心窍子唱开，变成个妇人了。

那时节，丈夫走到山下采刺莓去了，花狗唱了许多歌，到后却向萧萧唱：娇家门前一重坡，别人走少郎走多，铁打草鞋穿烂了，不是为你为哪个？

末了却向萧萧说：“我为你睡不着觉。”他又说他赌咒不把这事情告给人。

听了这些话仍然不懂什么的萧萧，眼睛只注意到他那一对粗粗的手膀子，耳朵只注意到他最后一句话。

末了花狗大便又唱了许多歌给她听。她心里乱了。她要他当真对天赌咒，赌过了咒，一切好像有了保障，她就一切尽了他。到丈夫返身时，手被毛毛虫螫伤，肿了一大片，走到萧萧身边。萧萧捏紧这一只小手，且用口去呵它，吮它，想起刚才的糊涂，才仿佛明白自己做了一点不大好的糊涂事。

花狗诱她做坏事是麦黄四月，到六月，李子熟了，她欢喜吃生李子。她觉得身体有点特别，在山上碰到花狗，就将这事情告给他，问他怎么办。

讨论了多久，花狗全无主意。虽以前自己当天赌得有咒，也仍然无主意。原来这家伙个子大，胆量小。个子大容易做错事，胆量小做了错事就想不出办法。

到后，萧萧捏着自己那条乌梢蛇似的大辫子，想起城里了，她说："花狗大，我们到城里去自由，帮帮人过日子，不好么？"

"那怎么行？到城里去做什么？"

"我肚子大了。"

"我们找药去。场上有郎中卖药。"

"你赶快找药来，我想……"

"你想逃到城里去自由，不成的。人生面不熟，讨饭也有规矩，不能随便！"

"你这没有良心的，你害了我，我想死！"

"我赌咒不辜负你。"

"负不负我有什么用，帮我个忙，赶快拿去肚子里这块肉吧。我害怕！"

花狗不再作声，过了一会，便走开了。不久丈夫从他处拿了大把山里红果子回来，见萧萧一个人坐在草地上眼睛红红的。丈夫心中纳罕，看了一会，问萧萧："姐姐，为什么哭？"

"不为什么，灰尘落到眼睛窝里，痛。"

"我吹吹吧。"

"不要吹。"

"你瞧我，得这些这些。"

他把手中拿的和从溪中捡来放在衣口袋里的小蚌、小石头全部陈列到萧萧面前，萧萧眼泪婆娑看了一会，勉强笑着说，"弟弟，我们要好，我哭你莫告家中。告家中我可要生气。"到后这事情家中当真就无人知道。

过了半个月，花狗不辞而行，把自己所有的衣裤都拿去了。祖父问同住的哑巴知不知道他为什么走路，走哪儿去。是上山落草没，还是作薛仁贵投军？哑巴只是摇头，说花狗还欠了他两百钱，临走时话都不留一句，为人少良心。哑巴说他自己的话，并没有把花狗走的理由说明。因此这一家希奇一整天，谈论一整天。不过这工人既不偷走物件，又不拐带别的，这事过后不久，自然也就把他忘掉了。

萧萧仍然是往日的萧萧。她能够忘记花狗就好了。但是肚子真有些不同了，肚中东西总在动，使她常常一个人干着急，尽做怪梦。

她脾气坏了一点，这坏处只有丈夫知道，因为她对丈夫似乎严厉苛刻了好些。

仍然每天同丈夫在一处，她的心，想到的事自己也不十分明白。她常想，我现在死了，什么都好了。可是为什么要死？她还很高兴活下去，愿意活下去。

家中人不拘谁在无意中提起关于丈夫弟弟的话，提起小孩子，提起花狗，都像使这话如拳头，在萧萧胸口上重重一击。

到九月，她担心人知道更多了，引丈夫庙里去玩，就私自许愿，吃了一大把香灰。吃香灰被她丈夫见到了，丈夫问这是做什么，萧萧就说肚子痛，应当吃这个。虽说求菩萨许愿，菩萨当然没有如她的愿望，肚子中的东西依旧在慢慢的长大。

她又常常往溪里去喝冷水，给丈夫看见时，丈夫问她，她就说口渴。

一切她所想到的方法都没有能够使她与自己不欢喜的东西分开。大肚子只有丈夫一人知道，他却不敢告这件事给父母晓得。因为时间长久，年龄不同，丈夫有些时候对于萧萧的怕同爱，比对父母还深切。

她还记得花狗赌咒那一天里的事情，如同记着其他事情一样。到秋天，屋前屋后的毛毛虫都结茧，成了各种好看蝶蛾。丈夫象故意折磨她一样，常常提起几个月前被毛毛虫螫手的旧话，使萧萧心里难过。她因此极恨毛毛虫，见了那小虫就用脚去踹。

有一天，又听人说有好些女学生过路，听过这话的萧萧，睁了眼做过一阵梦，愣愣的对日头出处痴了半天。

萧萧步花狗后尘，也想逃走，收拾一点东西预备跟了女学生走的那条路上城去。但没有动身，就被家里人发觉了。这种打算照乡下人说来是一件大事，于是把她两手捆了起来，丢在灶屋边，饿了一天。

家中追究这逃走的根源，才明白这个十年后预备给小丈夫生儿子继香火的萧萧肚子，已被另一个人抢先下了种。这在一家人生活中真是了不得的一件大事！一家人的平静生活，为这件新事全弄乱了。生气的生气，流泪的流泪，骂人的骂人，各按本分乱下去。悬梁、投水、吃毒药，被困着的萧萧，诸事漫无边际的全想到了，究竟是年纪太小，舍不得死，却不曾做。于是祖父从现实出发，想出了个聪明主意，把萧萧关在房里，派人好好看守着，请萧萧本族的人来说话，看是“沉潭”还是“发卖”？萧萧家中人要面子，就沉潭淹死了她；舍不得，就发卖。萧萧只有一个伯父，在近处庄子里为人种田，去请他时先还以为是吃酒，到了才知道是这样丢脸的事情，弄得这老实忠厚的家长手足无措。

大肚子作证，说明也没有可说。照习惯，沉潭多是读过“子曰”的族长爱面子才做出的蠢事。伯父不读“子曰”，不忍把萧萧当牺牲，萧萧当然应当嫁人作“二路亲”了。

这也是一种处罚，好象极其自然，照习惯受损失的是丈夫家里，然而却可以在发卖上收回一笔钱，当作损失赔偿。那伯父把这事告给了萧萧，就要走路。萧萧拉着伯父衣角不放，只是幽幽的哭。伯父摇了一会头，一句话不说，仍然走了。

一时没有相当的人家来要萧萧，送到远处去也得有人，因此暂时就仍然在丈夫家中住下。这件事既经说明白，照乡下规矩倒又像不什么要紧，只等待处分，大家反而释然了。先是小丈夫不能再同萧萧在一处，到后又仍然如月前情形，姊弟一般有说有笑的过日子了。

丈夫知道了萧萧肚子中有儿子的事情，又知道因为这样萧萧才应当嫁到远处去。但是丈夫并不愿意萧萧去，萧萧自己也不愿意去。大家全莫名其妙，只是照规矩像逼到要这样做，不得不做。究竟是谁定的规矩，是周公还是周婆，也没有人说得清楚。

在等候主顾来看人，等到十二月，还没有人来，萧萧只好在这家过年。

萧萧次年二月间，十月满足，坐草生了一个儿子，团头大眼，声响洪壮，大家把母子二人照料得好好的，照规矩吃蒸鸡同江米酒补血，烧纸谢神。一家人都欢喜那儿子。

生下的既是儿子，萧萧不嫁别处了。

到萧萧正式同丈夫拜堂圆房时，儿子已经年纪十岁，有半劳动力，能看牛割草，成为家中生产者的一员了。平时喊萧萧丈夫作大叔，大叔也答应，从不生气。

这儿子名叫牛儿。牛儿十二岁时也接了亲，媳妇年长六岁。媳妇年纪大，才能诸事作帮手，对家中有帮助。唢呐吹到门前时，新娘在轿中呜呜的哭着，忙坏了那个祖父、曾祖父。

这一天，萧萧抱了自己新生的毛毛，在屋前榆蜡树篱笆间看热闹，同十年前抱丈夫一个样子。

（选自《沈从文精选集》）

[提示]

“乡下人吹唢呐接媳妇，到了十二月是成天有的事情”，这是全文之首，极其平和的语调，看起来一个太正常的故事，一个关于湘西山水人情的故事。这便是沈从文小说的最大风格——朴质、平淡、抒情并带着浓郁湘西乡土风情，平和叙说着关于生命，关于爱的故事。沈从文在文中执意要追寻的是一种“优美，健康，自然，而有不悖乎人性的人生形式”①，想要构造一个奉养“人性”的“希腊小庙”。

作为小说，《萧萧》和沈从文大部分小说一样，是与众不同的。它们的着重点不在于冲突、矛盾以及应之而生的高潮，而是在描写人性上，态度宽和、笔致从容，情节是舒缓的，细节却丰富而微妙。在《萧萧》中，种田的庄子里闻得到草料的香，听得到山歌在唱，农人们的生活是勤苦而狭隘的，但却又有质朴的生机。沈从文小说里常常出现山歌，因为那是那片土地上最为质朴的表达方式，也是最为热烈的宣泄。他用《萧萧》谱出了一曲山歌，虽然调子中也有沉痛与疑问，但总体却是明朗的、优美的，在湘西那方自然的土地上回响。

“美丽总是令人忧愁的”，无论是《边城》里的翠翠，还是《萧萧》里的萧萧，沈从文笔下的她们都是美丽的，看起来是轻快的、柔美的、恬淡的。只是这份美丽、轻快、柔美、恬淡中，夹杂着些许的忧愁，这些忧愁又更是增添了几分迷人之处，而对于此她们或许并不自知。当萧萧抱着新生儿，看着自己的私生子娶进大龄媳妇，又一个“萧萧”诞生时，她仍懵懂不知。文章末，仍旧是轻描淡写的一句“这一天，萧萧抱了自己新生的毛毛，却在屋前榆蜡树篱笆看热闹，同十年前抱丈夫一个样子”，而这清淡的笔墨，却点出令人心颤的故事，一个说不出滋味的十年春秋，一个周而复始的轮回。

沈从文曾说：“你们能欣赏我故事的清新，照例作品背后蕴藏的热情却忽略了；你们能欣赏我文字的朴实，照例那作品背后隐伏的悲痛也忽略了。”沈先生的文字向来清秀朴实，平淡而爽直，但若真细细品味，又或许是另一番天地。

思考与练习：

1. 结合这篇文章，谈谈沈从文小说的艺术特色。

2. 属于“京派作家”的沈从文小说中总是充满了浓郁的地方文化特色，从这篇文章中你能体会到沈从文故乡湘西的文化特色吗?

3. 现代文学史上有很多作家都书写了中国乡土社会，鲁迅、沈从文、赵树理笔下的乡土世界各不相同，联系他们的文章谈谈你的看法。

① 钱理群，温儒敏，吴福辉. 中国现代文学三十年［M］. 北京：北京大学出版社，2004.

荒芜英雄路

张承志

[题解]

张承志（1948— ），回族，原籍山东济南，生于北京，著名的作家、民族史研究者。1978年开始发表文学作品，曾多次获全国中、短篇小说奖。代表作品有小说《黑骏马》《北方的河》《黄泥小屋》《金牧场》《心灵史》；散文集有《荒芜英雄路》《清洁的精神》等。他以一种独立不羁、庄严深邃、冷峻激烈的审美品格表达着他的精神哲学，显示出一种独特的文学魅力。

传奇的阿勒泰山脉终于摆在我两眼之前了。比起天山也许确实多少有些舒缓，但依然是雨坡松林黑郁，阳坡绿草明媚。

对于新疆来说，这是偏僻的死角，然而我却清楚它应当是通路。幸亏蛀书的研究所生涯没能泯尽我的想象，我一直在心中揣摸那路在哪里。

看了阿勒泰郊外的白桦林，没有想象的雪白。小城中心也有一座树林，清澈的白浪翻卷的河上，有一座圆木桥。背后是闭塞的丘陵大山，积雪还斑驳可辨，但已经画不出雪线了。然而从蒙古高原到中亚细亚，我偏执地相信该有一条路线。你不该闭塞着遮住小城，只显给我一些白桦林清河水。我说的是路，是具体的“路”，而不仅是路线——那时我顽固地想。

路应当就埋在阿尔泰的这重重山间。

石堆墓如链在左面隐现。草地荒漠化后，五月的芨芨草已经快啃光了。广阔的视野中有褐色的和铁色的秃山，使人难以想象这里居然就是阿勒泰的著名领土。

过北屯时，有一蠢肥的女人上车，活像西陲蝴蝶迷。粗俗无耻至极，对司机怒吼“坐你大腿上”。小屯、小聚落，中国人才造得出来的呆若木鸡的红砖平房不时推出，刺人眼目的红色长条中走出几个流氓相的小伙，楞楞地盯着汽车看。这种戈壁荒地的住民居然活得健壮，在干旱得连岩石都龟裂的荒裸山脚迎送无聊人生，每天最大的事情是——看几辆过往的汽车。

然而那条道路应该在此。

我怀着的，是非常不合历史学者习惯的一种偏执。为什么呢？

就应当在这里。既然英雄时代的蒙古人以这里为通道，走向了广阔的中西亚，那么路就一定应当埋藏在这里。而且，我还判定这里应当有大量蒙古后裔。尽管我初次走向阿勒泰边缘，但我相信主观的感觉。我相信我只要见到蒙古人就能挖掘出那条道路。

到了青河县。如我判断，“青河”二字是蒙语“青格勒”的音译和意译。我兴奋地打断介绍，要求找几个当地蒙古人座谈。第一个见到的是县武装部长 Dika，土尔扈特部蒙族军人，我开门见山动员他说：咱们要找到成吉思汗走过的那条路，不能让那条路埋在这里！

Dika 激动了。

他取出万分之一的军用地图，用一根粗手指头指着上面的等高线：“这里，在 hara—balaqik—tu，有路。”他说的是蒙语。

接连几天我同本地全部老辈蒙古人谈着，唱着，喝着。青河县境的蒙古后裔是乌梁海人，讲一种远不如伊犁的厄鲁特方言，那么和谐有致的难懂方言。但我们坚持不用汉语。那时用汉语会出现泄密和玷污的语感。有一个老太婆反复问道：能唱么？能唱阿睦尔撒纳么？真的唱了阿睦尔撒纳也没关系么？

于是，反叛的英雄颂就唱起来了。

阿睦尔撒纳是北京的蒙古史界再三表态与之划清界限的叛乱首领。

正在忙着蒙古史硕士生论文的我，当时听着瘦骨嶙峋的老太婆醉酒高歌，倾诉着对阿睦尔撒纳的崇拜时，浑身每个毛孔都流动着“入伙”的快感。不知为什么快活得鼻子呛酸，觉得自己体内的邪恶在古怪地排泄。而那歌声比内蒙撕扯得更凶急，我心中学来不久的史学诸原则在醺醉中哗哗响着崩垮塌落。听着阿睦尔撒纳的赞歌，手舞足蹈在一伙陌生的乌梁海人中间，有一刹我觉得昏昏然放松了。算了，为什么非要考古寻觅，那条古代通路比起这首叛歌又有多大意义呢？

但是，蒙古人对成吉思汗的感情可不像汉族人对他们领袖那样实用主义。蒙古人对成吉思汗的爱是绝对的。所以，既然我断言这里应该有一条让成吉思汗 40 匹挽马拖着的宫帐大车（ordoteregen）走过的古路，那么乌梁海部就一定要把它找出来。事情一定要成功；我是否有斗志已经无关紧要。

方向是青河县东风公社，中蒙边界。但是没有车。枯坐在招待所里，干等。

我们住一个套间。后来来了一些当今最有权势的财政局或物资局的人，背信弃义的招待所就把他们安排进了我们里间，使我们当夜就变成了他们的值夜护兵。气愤得我每天往他们屋里吐痰，扔脏纸（当然趁他们外出时）。一直到 Bata 来的那个下午才结束儿童抗议战争，继续正业。

Bata 是博州出身的察哈尔蒙古人，武装部干事，天天盼调到博州温泉县去。他扬言若到了温泉，就是“他妈的一等干事”；若不让他调，他就怠工。

Bata 闯进屋子，吓得我停住了对里屋的骚扰战。他大吼道：出发！有车了！出发！

走向大名鼎鼎的东风公社边界，途中依然满目疮痍。走向哈尔嘎特山沟的两岸，处处是一种青红色的灼烫砂块。不见畜群，不知夏营地在哪里。沿途星点不均地看见一些乌孙时代的链式墓，还有一处突厥石人墓——这也暗示着古代蒙古高原与中亚的交流。边境线静悄悄，连风都压低嗓音似吹似听。古怪地突然想到北京的长安大街，若是那条路也变成这般荒凉，该是多有意思呢。

在乱石丛生的山坡上颠簸着，吉普车像坦克在斗勇争狠。石头在枯柴篷中倔强地挡着，地势在蛮荒之中升高了。

车猛地刹住了。

Bata 回头对我说："喏，就是这儿。"

我揉揉眼睛，茫然不知所措。我在死寂的石头堆里走了几步，疲懒得想躺下睡一会儿。青白的烫人阳光高高充斥，那些石堆上的苔藓都是焦枯的。

我揉着酸痛的眼睛，费劲地踩着怪石走了几步。地势升高，右手出现了蒙古人民共和国的领土。我突然看见了一条痕迹，有一个形状突然出现了：峥嵘的怪石整齐地排成十米宽的一条宽带，朝着哈尔嘎特左手的山顶伸去。青草枯干地刺出石缝，荆棘刺网般缠绕着这条尖石带。路，清清楚楚地静悄悄停在山坡上。

我不能理解。我惊慌地环顾四野，天地之间一片死寂。

静得像是一切都被抽空了。没有气流，没有地热，荆棘般的芨芨草像插在石缝里的锈箭。顶着凝住的阳光登高一些，巨石垒筑的大道像一条死去万年的死蛇，白白地反射着一种青绿的白光。我的脑子在一瞬间便计算了、归纳了、整理了、判断了，我在寂静中只用了一瞬就判断完毕。只是我古怪地被施了妖术，我觉得死亡般的荒芜正疾疾地蔓延上我的心，我觉得恐怖的白昼缄默正悄悄地封死着我的喉咙。

"Bata，tele jam muna"，我艰难地对那个察哈尔军人说。说出口我就觉得嗓子被重重地堵塞了，心头也猛然沉沉地坠下来。

Bata 向其他人转译说：是那条路。他还亢奋地补充：是成吉思汗本人的路，已经肯定了！已经决定了！成吉思汗本人的路！嘿，干得好哇兄弟！

独自一条，嗓子在空旷里倏然逝去了。

其实我没有多少依据。唯一依据是路宽 10 余米，以石方垫起了凹陷。在青河迤逦的草原上，这种道路无疑是为了车。而恰巧成吉思汗的宫帐大车又见于史料，所以——我解释着。愈讲朋友们越兴奋，而我自己却愈讲愈茫然。

全部洞悉一切的是阿勒泰。它沉默不给我一言相助。但我知道它支持我的感觉。

是这样。完全是因为感觉，使我嗅到了这条湮灭的英雄路。

哈萨克司机 Toral 把吉普开成了坦克。车在尖牙怪石上蹦着，我们吵嚷着追着，把石头搬着填给车轮。吉普车奇迹般在陡坡上蠕动了，离开荒凉的哈尔嘎特，向对面的夏牧场攀登。

我告诉 Toral，从成吉思汗以后，这是第一辆上了这条路的车。大家哄笑着，马上叫他 Toral 汗。

黄昏时分，降到了美丽的夏牧场，地名也是蒙语：Hara-Barqiktu，黑泥巴。肥美的绿草无声地涌着，五畜归牧，毡房上的炊烟浓浓。远方有些骑手的影子在疾忽地闪着，像在捕一匹马子。浴着最后一抹金晖的山坡上，两条狗终于舒服得禁不住伸伸懒腰，然后打着滚滑下坡来。女人们悄然游来游去，孩子们默默地盯着凝视。沉甸甸的蓝黑降下来，溶进苍茫的夕照。一位哈萨克老者恭敬地把手抚住胸，好像朝我们问了好。他背后有一道蓝醉的溪水，静静地碎成斑斓的紫缎色。

同样的宁寂啊，我想。

就这么静静地，我仿佛眼睁睁看见一切都在沉入暮色。无论是 7 个世纪以前那壮举般的行军，无论是大名鼎鼎的成吉思汗或阿睦尔撒纳，无论是石砌的草原大道还是几千年星星点点遗下的各式古墓：一切在这片黑泥巴上都黯淡地沉灭了。山影灰了，树林淡了，毡包模糊了，炊烟终于和天地融成一色，轻轻拥推着这异界般的夏牧场吐出一个久久的喘息。

野望消沉了，堕入仿佛情欲般的夏夜草原的游魂般的呼吸之中。

Bata 从毡帐里出来，唤我快些进去。哈萨克人迎宾的礼性，还有煮熟的羊肉已经准备就绪了。

那条古道应当备忘如下：

经蒙古人民共和国境内一座叫做乌兰大坂（Ulan Daban）的山口，自 34 号界碑进入阿勒泰。于克勒干敖包东侧南下，绕边、中、花 3 个海子；与自 35 号界碑入境的另一条古路于卡增大坂（Kazen Daban）以东汇合。汇合后的大道遇滩消失，遇山修起，陡谷石筑，通向山外的哈尔嘎特大通道。

然后，再汇合（或并行）自中蒙国界 67 号界碑处 Baka-ebi 至盐湖、再至 Ike-ebi 的大道，南下准噶尔将军戈壁，直指木垒或吉木萨尔一线的古路。

《长春真人西游记》载："二红山当路。又三十里成卤地。前至白骨甸地皆黑石。"问了牧人们，Baka 和 Ike（小、大）两座山都是红色。中有 Dabsu，蒙语盐池。醉酒高歌的老妇人念念不绝地叨叨着乌兰大坂，显然那是自蒙古高原进入中亚的最大咽喉，可惜我不可能越境去查人家的领土。

写上这几行文牍是为了备忘么？也许只有我知道它的"史学"价值。在日本时谈到这次调查，见到过许多羡慕和怂恿的眼光。好像我也曾经打算过再深钻一下，搞一篇海内外扬名的论文。从青河武装部 Dika 部长那儿我已经抄了万分之一图的图号，难道我不曾准备让这条死路在学术上再活跃一番么？

黑泥巴（用蒙语写成“哈拉·巴勒其嘎特”就优雅了）草原皓月当空。脚旁蒙古的山和境内这边的山都苍茫无依。说不清为什么草地漾动般悄悄在动，山影林影都在忍受着高海拔的清冷。我披衣出外，肩肘间涌着清白的雾。心中被冻了一怔，接着就充满了冰冽的凉意。

老主人也披衣出来了，我猜他是担心狗会咬我。我在月光下望着他，只觉得他漆黑得像一个阴界的魂。我想问候或搭讪几句，但是我没有几句哈语。我沉默着，他也默默等着我。我想出了一句：

“Jakse Jaylaw，”好夏牧场；我听见自己的嗓音像一声塑料人的响声。

“Jaylaw Jakse，”他赞同地答。夏牧场好，接着他突然深深地叹了一口气。

我们都陷入了无言。

不，我永远也不会去搞那篇什么论文了。仅仅在这篇散文中留一条线索，让哪位偶然翻翻文学作品的学者去青河考察吧。或者去巴音乌里盖——蒙古人民共和国拥有着那座乌兰大坂的省份去考察吧，他们会发现整整一条成吉思汗的石筑大道。

英雄的时代结束了。

我只独自一人默默悼念英雄。我不干那种事情——当年英雄帐下几十万战士没有一个人屑于那种事情。

英雄的道路如今荒芜了。无论是在散发着恶臭的蝴蝶迷们的路边小聚落点，还是在满目灼伤铁黑千里的青格勒河，哪怕在忧伤而美丽的黑泥巴草原的夏夜里，如今你不可能仿效，如今你找不到大时代的那些骄子的踪迹了。

老人探询地望着我，欠着身躯。

我抱歉地道着谢，迈回了毡房木门。

真的，从那以后，我再也没有重访阿勒泰。我也没有搞那个“科学研究”；因为我一翻开资料就觉得有一种嚼英雄粪便的感觉。我只是永远地怀念着阿勒泰大山，我清晰地看见有一条雄壮的大河般的道路，山间谷底奔腾蜿蜒。没有人知道它，只有我和那些牧人想着它。

（选自散文集《荒芜英雄路》）

[提示]

张承志因独特的创作主题，被称作一个理想主义精神漫游者。他早期作品以草原生活为题材，之后崇尚追求个人理想与宗教信仰。张承志的作品常常表现出精神上的痛苦。痛苦又源于其思想的内在紧张；宗教信仰、民族立场和文化背景的紧张；对中国的现实和文化的批判及捍卫之间的紧张。张承志的写作痛苦是一种时代精神失落的文本显现。

这篇访古凭吊的游记依据两条线索展开，一条是现实的寻访踪迹；另一条则是寻访过程中作者的心灵轨迹。明暗两条线索相互交织，构成了文章的叙述逻辑。文章充满了一种豪迈的民族气概，文字蕴蓄了深厚的情感，也在多重矛盾冲突中凸现出作品的情感张力。这些都构成了张承志散文真实自然，充满生命力的特点。

欣赏张承志的散文，最好是阅读他的一系列文章。在他的系列文章中，广袤的边疆，少数民族的生活、风情和他们的民族英雄，历史遗迹以及作者以历史学、民族学专家身份所做的直觉判断等，无不是文章的艺术魅力所在。

思考和练习：

1. 这篇散文是如何展开其访古凭吊的叙述的？
2. 联系作者的文化身份，谈谈这篇散文中体现了怎样的情感冲突？
3. 联系张承志的系列散文小说创作，谈谈你对其创作态度的看法。

秦腔

贾平凹

[题解]

贾平凹（1952— ），当代著名作家，原名贾平娃，陕西丹凤人。1975 年毕业于西北大学中文系，后任陕西人民出版社文艺编辑、《长安》文学月刊编辑。1982 年后从事专业创作。任中国作家协会理事、陕西省作家协会副主席等。著有小说《腊月正月》《天狗》《浮躁》《废都》等，散文集有《爱的踪迹》等。作品获多项国内外大奖，并被翻译成多种外文。

山川不同，便风俗区别，风俗区别，便戏剧存异；普天下人不同貌，剧不同腔，京，豫，晋，越，黄梅，二簧，四川高腔，几十种品类；或问：历史最悠久者，文武最正经者，是非最汹汹者？曰：秦腔也。正如长处和短处一样突出便见其风格，对待秦腔，爱者便爱得要死，恶者便恶得要命。外地人——尤其是自夸于长江流域的纤秀之士——最害怕秦腔的震撼；评论说得婉转的是：唱得有劲；说得直率的是：大喊大叫。于是，便有柔弱女子，常在戏台下以绒堵耳，又或在平日教训某人：你要不怎么怎么样，今晚让你去看秦腔！秦腔成了惩罚的代名词。所以，别的剧种可以各省走动，唯秦腔则如秦人一样，死不离窝。严重的乡土观念，也使其离不了窝：可能还在西北几个地方变腔走调地有些市场，却绝对冲不出往东南而去的潼关呢。

但是，几百年来，秦腔却没有被淘汰，被沉沦，这使多少人大惑而不得其解。其解是有的，就在陕西这块土地上。如果是一个南方人，坐车轰轰隆隆往北走，渡过黄河，进入西岸，八百里秦川大地，原来竟是：一抹黄褐的平原；辽阔的地平线上，一处一处用木椽夹打成一尺多宽墙的土屋，粗笨而庄重；冲天而起的白杨，苦楝，紫槐，枝干粗壮如桶，叶却小似铜钱，迎风正反翻覆……你立即就会明白了：这里的地理构造竟与秦腔的旋律惟妙惟肖的一统！再去接触一下秦人吧，活脱脱的一群秦始皇兵马俑的复出：高个，浓眉，眼和眼间隔略远，手和脚一样粗大，上身又稍稍见长于下身。当他们背着沉重的三角形状的犁铧，赶着山包一样团块组合式的秦川公牛，端着脑袋般大小的耀州瓷碗，蹲在立的卧的石碌子碌碡上吃着牛肉泡馍，你不禁又要改变起世界观了：啊，这是块多么空旷而实在的土地，在这块土地摸爬滚打的人群是多么“二愣”的民众！那晚霞烧起的黄昏里，落日在地平线上欲去不去的痛苦的妊娠，五里一村，十里一镇，高音喇叭里传播的秦腔互相交织，冲撞，这秦腔原来是秦川的天籁，地籁，人籁的共鸣啊！于此，你不渐渐感觉到了南方戏剧的秀而无骨吗？不深深地懂得秦腔为什么形成和存在而占据时间、空间的位置吗？

八百里秦川，以西安为界，咸阳，兴平，武功，周至，凤翔，长武，岐山，宝鸡，两个专区几十个县为西府；三原，泾阳，高陵，户县，合阳，大荔，韩城，白水，一个专区十几个县为东府。秦腔，就源于西府。在西府，民性敦厚，说话多用去声，一律咬字沉重，对话如吵架一样，哭丧又一呼三叹。呼喊远人更是特殊：前声拖十二分的长，末了方极快地道出内容。声韵的发展，使会远道喊人的人都从此有了唱秦腔的天才。老一辈的能唱，小一辈的能唱，男的能唱，女的能唱；唱秦腔成了做人最体面的事，任何一个乡下男女，只有唱秦腔，才有出人头地的可能，大凡有出息的，是个人才的，哪一个何曾未登过台，起码也能吼一阵乱弹呢！

农民是世上最劳苦的人，尤其是在这块平原上，生时落草在黄土炕上，死了被埋在黄土堆下。秦腔是他们大苦中的大乐，当老牛木犁疙瘩绳，在田野已经累得筋疲力尽，立在犁沟里大喊大叫来一段秦腔，那心胸肺腑，关关节节的困乏便一尽儿涤荡净了。秦腔与他们，要和“西凤”白酒，长线辣子，大叶卷烟，牛肉泡馍一样成为生命的五大要素。若与那些年长的农民聊起来，他们想象的伟大的共产主义生活，首先便是这五大要素。他们有的是吃不完的粮食，他们缺的是高超的艺术享受，他们教育自己的子女，不会是那些文豪们讲的，幼年不是祖母讲着动人的迷丽的童话，而是一字一板传授着秦腔。他们大都不识字，但却出奇地能一本一本整套背诵出剧本，虽然那常常是之乎者也的字眼从那一圈胡子的嘴里吐出来十分别扭。有了秦腔，生活便有了乐趣，高兴了，唱“快板”，高兴得像被烈性炸药爆炸了一样，要把整个身心粉碎在天空！痛苦了，唱“慢板”，揪心裂肠的唱腔却表现了多么有情有味的美来，美给了别人的享受，美也熨平了自己心中愁苦的皱纹。当他们在收获时节的土场上，在月在中天的庄院里大吼大叫唱起来的时候，那种难以想象的狂喜，激动，雄壮，与那些献身于诗歌的文人，与那些有吃有穿却总感空虚的都市人相比，常说的什么伟大的永恒的爱情是多么渺小、有限和虚弱啊！

我曾经在西府走动了两个秋冬，所到之处，村村都有戏班，人人都会清唱。在黎明或者黄昏的时分，一个人独独地到田野里去，远远看着天幕下一个一个山包一样隆起的十三个朝代帝王的陵墓，细细辨认着田埂上，荒草中那一截一截汉唐时期石碑上的残字，高高的土屋上的窗口里就飘出一阵冗长的二胡声，几声雄壮的秦腔叫板，我就痴呆了，感觉到那村口的尘土里，一头叫驴的打滚是那么有力，猛然发现了自己心胸中一股强硬的气魄随同着胳膊上的肌肉疙瘩一起产生了。

每到农闲的夜里，村里就常听到几声锣响：戏班排演开始了。演员们都集合起来，到那古寺庙里去。吹，拉，弹，奏，翻，打，念，唱，提袍甩袖，吹胡瞪眼，古寺庙成了古今真乐府，天地大梨园。导演是老一辈演员，享有绝对权威，演员是一家几口，夫妻同台，父子同台，公公儿媳也同台。按秦川的风俗：父和子不能不有其序，爷和孙却可以无道，弟与哥嫂可以嬉闹无常，兄与弟媳则无正事不能多言。但是，一到台上，秦腔面前人人平等，兄可以拜弟媳为帅为将，子可以将老父绳绑索捆。寺庙里有窗无扇，屋梁上蛛丝结网，夏天蚊虫飞来，成团成团在头上旋转，薰蚊草就墙角燃起，一声唱腔一声咳嗽。冬天里四面透风，柳木疙瘩火当中架起，一出场一脸正经，一下场凑近火堆，热了前怀，凉了后背。排演到什么时候，什么时候都有观众，有抱着二尺长的烟袋的老者，有凳子高、桌子高趴满窗台的孩子。庙里一个跟头未翻起，窗外就哇地一声叫倒好，演员出来骂一声：谁说不好的滚蛋！他们抓住窗台死不滚去，倒要连声讨好：翻得好！翻得好！更有殷勤的，跑回来偷拿了红薯、土豆，在火堆里煨熟给演员作夜餐，赚得进屋里有一个安全位置。排演到三更鸡叫，月儿偏西，演员们散了，孩子们还围了火堆弯腰踢腿，学那一招一式。

一出戏排成了，一人传出，全村振奋，扳着指头盼那上演日期。一年十二个月，正月元宵日，二月龙抬头，三月三，四月四，五月五日过端午，六月六日晒丝绸，七月过半，八月中秋，九月初九，十月一日，再是那腊月五豆，腊八，二十三……月月有节，三月一会，那戏必是上演的。戏台是全村人的共同的事业，宁肯少吃少穿也要筹资集款，买上好的木石，请高强的工匠来修筑。村子富不富，就比这戏台阔不阔。一演出，半下午人就找凳子去占地位了，未等戏开，台下坐的、站的人头攒拥，台两边阶上立的卧的是一群顽童。那锣鼓就叮叮咣咣地闹台，似乎整个世界要天翻地覆了。各类小吃趁机摆开，一个食摊上一盏马灯，花生，瓜子，糖果，烟卷，油茶，麻花，烧鸡，煎饼，长一声短一声叫卖不绝。锣鼓还在一声儿敲打，大幕只是不拉，演员偶尔从幕边往下望望，下边就喊：开演呀，场子都满了！幕布放下，只说就要出场了，却又叮叮咣咣不停。台下就乱了，后边的喊前边的坐下，前边的喊后边的为什么不说最前边的立着；场外的大声叫着亲朋子女名字，问有坐处没有，场内的锐声回应快进来；有要吃煎饼的喊熟人去买一个，熟人买了站在在场外一扬手，“日”地一声隔人头甩去，不偏不倚目标正好；左边的喊右边的踩了他的脚，右边的叫左边的挤了他的腰，一个说：“狗年快完了，你还叫啥哩？”一个说：“猪年还没到，你便拱开了！”言语伤人，动了手脚；外边的趁机而入，一时四边向里挤，里边向外扛，人的旋涡涌起，如四月的麦田起风，根儿不动，头身一会儿倒西，一会儿倒东，喊声，骂声，哭声一片；有拼命挤将出来的，一出来方觉世界偌大，身体胖肿，但差不多却光了脚，乱了头发。大幕又一挑，站出戏班头儿，大声叫喊要维持秩序；立即就跳出一个两个所谓“二干子”人物来。这类人物多是头脑简单，四肢发达，却十二分忠诚于秦腔，此时便拿了枝条儿，哪里人挤，哪里打去，如凶神恶煞一般。人人恨骂这些人，人人又都盼有这些人，叫他们是秦腔宪兵，宪兵者越发忠于职责，虽然彻夜不得看戏，但大家一夜满足了，他们也就满足了一夜。

终于台上锣鼓停了，大幕拉开，角色出场。但不管男的女的，出来偏不面对观众，一律背身掩面，女的就碎步后移，水上漂一样，台下就叫：瞧那腰身，那肩头，一身的戏哟！是男的就摇那帽翎，一会双摇，一会单摇，一边上下飞闪，一边纹丝不动，台下便叫：绝了，绝了！等到那角色儿猛一转身，头一高扬，一声高叫，声如炸雷豁啷啷直从人们头顶碾过，全场一个冷颤，从头到脚，每一个手指尖儿，每一根头发梢儿都麻酥酥的了。如果是演《救裴生》，那慧娘站在台中往下蹲，慢慢地，慢慢地，慧娘蹲下去了，全场人头也矮下去了半尺，等那慧娘往起站，慢慢地，慢慢地，慧娘站起来了，全场人的脖子也全拉长了起来。他们不喜欢看生戏，最欢迎看熟戏，那一腔一调都晓得，哪个演员唱得好，就摇头晃脑跟着唱，哪个演员走了调，台下就有人要纠正。说穿了，看秦腔不为求新鲜，他们只图过过瘾。

在这样的地方，这样的环境，这样的气氛，面对着这样的观众，秦腔是最逞能的，它的艺术的享受，是和拥挤而存在，是有力气而获得的。如果是冬天，那风在刮着，像刀子一样，如果是夏天，人窝里热得如蒸笼一般，但只要不是大雪、冰雹、暴雨，台下的人是不肯撤场的。最可贵的是那些老一辈的秦腔迷，他们没有力气挤在台下，也没有好眼力看清演员，却一溜一排地蹲在戏台两侧的墙根，吸着草烟，慢慢将唱腔品赏。一声叫板，便可以使他们坠入艺术之宫，“听了秦腔，肉酒不香”，他们是体会得最深。那些大一点的，脾性野一点的孩子，却占领了戏场周围所有的高空，杨树上，柳树上，槐树上，一个枝杈一个人。他们常常乐而忘了险境，双手鼓掌时竟从树杈上掉下来，掉下来自不会损伤，因为树下是无数的人头，只是招致一顿臭骂罢了。更有一些爬在了场边的麦秸积上，夏天四面来风，好不凉快，冬日就趴个草洞，将身子缩进去，露一个脑袋，也正是有闲阶级享受不了秦腔吧，他们常就瞌睡了，一觉醒来，月在西天，戏毕人散，只好苦笑一声悄然没声儿地溜下来回家敲门去了。

当然，一次秦腔演出，是一次演员亮相，也是一次演员受村人评论的考场。每每角色一出场，台下就一片嘁嘁喳喳：这是谁的儿子，谁的女子，谁家的媳妇，娘家何处？于是乎，谁有出息，谁没能耐，一下子就有了定论。

有好多外村的人来提亲说媒，总是就在这个时候进行。据说有一媒人将一女子引到台下，相亲台上一个男演员，事先夸口这男的如何俊样，如何能干，但戏演了过半，那男的还未出场，后来终于出来，是个国民党的伪兵，还持枪未走到中台，扮游击队长的演员挥枪一指，“叭”的一声，那伪兵就倒地而死，爬着钻进了后幕。那女子当下哼一声，闭了嘴，一场亲事自然了了。这是喜中之悲一例。据说还有一例，一个老头在脖子上架了孙孙去看戏，孙孙吵着要回家，老头好说好劝只是不忍半场而去，便破费买了半斤花生，他眼盯着台上，手在下边剥花生，然后一颗一颗扬手喂到孙孙嘴里，但喂着喂着，竟将一颗塞进孙孙鼻孔，吐不出，咽不下，口鼻出血，连夜送到医院动手术，花去了七十元钱。

但是，以秦腔引喜的事却不计其数。每个村里，总会有那么个老汉，夜里看戏，第二天必是头一个起床往戏台下跑。戏台下一片石头、砖头，一堆堆瓜子皮，糖果纸，烟屁股，他掀掀这块石头，踢踢那堆尘土，少不了要捡到一角两角甚至三元四元钱币来，或者一只鞋，或者一条手帕。这是村里钻刁人干的营生，而馋嘴的孩子们有的则夜里趁各家锁门之机，却地里摘那香瓜来吃，去谁家院里将桃杏装在背心兜里回来分红。自然少不了有那些青春妙龄的少男少女，则往往在台下混乱之中眼送秋波，或者就悄悄退出，相依相偎到黑黑的渠畔树林子里去了……

秦腔在这块土地上，有着神圣的不可动摇的基础。凡是到这些村庄去下乡，到这些人家去做客，他们最高级的接待是陪着看一场秦腔，实在不逢年过节，他们就会要合家唱一会乱弹，你只能点头称好，不能耻笑，甚至不能有一点不入神的表示。他们一生最崇敬的只有两种人：一是国家领导人，一是当地的秦腔名角。即是在任何地方，这些名角没有在场，只要发现了名角的父母，去商店买油是不必排队的，进饭馆吃饭是会有座位的，就是在半路上挡车，只要喊一声：我是某某的什么，司机也便要嘎地停车。但是，谁要侮辱一下秦腔，他们要争死争活地和你论理，以至大打出手，永远使你记住教训。每每村里过红白丧喜之事，那必是要包一台秦腔的，生儿以秦腔迎接，送葬以秦腔致哀，似乎这人生的世界，就是秦腔的舞台。人只要在舞台上，生，旦，净，丑，才各显了真性，恶的夸张其丑，善的凸现其美，善的使他们获得美的教育，恶的也使丑化作了美的艺术。

广漠旷远的八百里秦川，只有这秦腔，也只能有这秦腔，八百里秦川的劳作农民只有，也只能有这秦腔使他们喜怒哀乐。秦人自古是大苦大乐之民众，他们的家乡交响乐除了大喊大叫的秦腔还能有别的吗？

1983 年 5 月 2 日草于五味村

（选自 1993 年漓江出版社出版的《贾平凹散文自选集》）

[提示]

贾平凹的散文风格多变。贾平凹借本篇文字，体现了鲜明地域性，彻底关中化的文字风格与秦腔高亢火爆、粗犷猛烈的质感的完全统一，纯粹用吼秦腔的方式写散文秦腔，极其质朴感人。

开篇解说自然界与风俗戏曲的必然关系，环境、关中人、劳作和娱乐，使秦腔成为秦川的共鸣（天籁、地籁、人籁）。接着，表述生命的五大要素——“西凤”白酒、长线辣子、大叶卷烟、牛肉泡馍，兼之秦腔——关中农人大苦中的大乐。秦腔的重要性已经凸显无疑。

再下写排戏。戏前乡村的舞台氛围，尤其是人们那火爆爆的情绪和粗糙朴实的言行，非常传神。借此强调秦腔极旺盛的生命力，源于它深深扎根于这份独特生活方式。作者很少正面写秦腔艺术，笔墨用来写山川地理、社会环境、戏台演出时观众们看秦腔的态度和演出效果等。但却能连带出秦腔的真切感染力，让读者对秦腔有极其深刻的认知。作者全心全意地写秦地秦人，秦人生存空间和秦人独有的精神生活。

贾平凹把古文、方言、口语、白话文熔为一炉，语言看似平淡，其实极其生动精妙，风格也在通俗里扬撒着幽默夸张。本篇涵盖了作者对地域历史和社会人生的洞悉。其思想之平和，其心境之宁静，其态度之自然，其智慧之顺势——这样的艺术境界，他人难以复制。

思考与练习：

1. 作者在本篇散文中倾注了浓烈的情感，请细致体会并加以说明。

2. 作者在语言应用上，追求朴实生动的效果，试举例说明。

3. 本文以“秦腔”为题，但却把笔墨放到当地民性、方言、农民生活以及排练、观众等方面，你认为这样安排的效果怎样？

[平行阅读]

贾平凹有同名长篇小说——《秦腔》，值得一看。他以其家乡陕西丹凤棣花镇为原型，生动展现二十年来世情演变和街邻众生的悲欢离合，揭示出中国历史转型给乡村带来的震荡剧变。小说叙述角度特别，以疯子引生的视角去写清风街两个大户白家和夏家。白家衰败，夏家变迁，演绎成为陕西和中国农村的象征，表现了改革背景下农村价值观的转变，同时也表现了社会关系由传统到现代的深刻变化，既有对故乡的一腔深情，也有对农村转型的思考。贾平凹语：“我要以它为故乡竖一块碑。”

[泛读部分]

地球，我的母亲（节选）

郭沫若

[题解]

郭沫若（1892—1978），原名郭开贞，生于四川乐山。1919 年五四运动爆发，他在日本福冈发起组织救国团体夏社，投身于新文化运动，写出了《凤凰涅槃》《地球，我的母亲》《炉中煤》等诗篇。1921 年 6 月，他和成仿吾、郁达夫等人组织创造社，编辑《创造季刊》。1924 年到 1927 年间，他创作了历史剧《王昭君》《聂莹》《卓文君》。1930 年加入中国左翼作家联盟，参加“左联”东京支部活动。除却文学创作之外，郭沫若还在古代社会文化研究方面颇有建树。

据诗人回忆，此诗的创作背景是：1919 年 12 月末的一天，当时留学日本的郭沫若趁着放假去图书馆看书。突然，一阵诗意袭来，他急忙跑到图书馆后面僻静的石子路上，脱下鞋子，赤着双脚踱来踱去，一会儿又倒在路上与“地球母亲”亲昵。在这种迷狂状态中，《地球，我的母亲》诞生了。联系时代背景来看，诗歌体现了当时普遍提倡的“劳工神圣”的思想。诗歌感情奔放、气势磅礴，体现了五四时期强烈的反封建束缚、要求个性解放的时代精神。本诗最初发表于 1920 年 1 月 6 日上海《时事新报·学灯》，后收入诗集《女神》。

地球，我的母亲！
天已黎明了，
你把你怀中的儿来摇醒，
我现在正在你背上匍行。

地球，我的母亲！
你背负着我在这乐园中逍遥。
你还在那海洋里面，
奏出些音乐来，安慰我的灵魂。

地球，我的母亲！
我过去，现在，未来，
食的是你，衣的是你，住的是你，
我要怎么样才能够报答你的深恩？

地球，我的母亲！
从今后我不愿常在家中居处，
我要常在这开旷的空气里面，
对于你，表示我的孝心。

地球，我的母亲！
我羡慕的是你的孝子，那田地里的农人，
他们是全人类的保母，
你是时常地爱顾他们。

地球，我的母亲！
我羡慕的是你的宠子，那炭坑里的工人，
他们是全人类的普罗美修士，
你是时常地怀抱着他们。
…… ……
地球，我的母亲！
我羡慕那一切的草木，我的同胞，你的儿孙，
他们自由地，自主地，随分地，健康地，
享受着他们的赋生。

地球，我的母亲！
我羡慕那一切的动物，尤其是蚯蚓——
我只不羡慕那空中的飞鸟：
他们离了你要在空中飞行。

地球，我的母亲！
我不愿在空中飞行！
我也不愿坐车，乘马，著袜，穿鞋，
我只愿赤裸着我的双脚，永远和你相亲。

地球，我的母亲！
你是我实有性的证人，
我不相信你只是个梦幻泡影，
我不相信我只是个妄执无明。

地球，我的母亲！
我们都是空桑中生出的伊尹，
我不相信那缥缈的天上，
还有位什么父亲。

地球，我的母亲！
我想宇宙中的一切的现象，都是你的化身：
雷霆是你呼吸的声威，
雪雨是你血液的飞腾。

地球，我的母亲！
我想那缥缈的天球，只不过是你化妆的明镜，
那昼间的太阳，夜间的太阴，
只不过是那明镜中的你自己的虚影。

地球，我的母亲！
我想那天空中一切的星球，
只不过是我们生物的眼球的虚影，
我只相信你是实有性的证明。

地球，我的母亲！
已往的我，只是个知识未开的婴孩，
我只知道贪受着你的深恩，
我不知道你的深恩，不知道报答你的深恩。

地球，我的母亲！
从今后我知道你的深恩，
我饮一杯水，
我知道那是你的乳，我的生命羹。

地球，我的母亲！
我听着一切的声音言笑，
我知道那是你的歌，
特为安慰我的灵魂。

地球，我的母亲！
我眼前一切的浮游生动，
我知道那是你的舞，
特为安慰我的灵魂。

地球，我的母亲！
我感觉着一切的芬芳彩色，
我知道那是你给我的赠品，
特为安慰我的灵魂。

地球，我的母亲！
我的灵魂便是你的灵魂，
我要强健我的灵魂来，
报答你的深恩。

地球，我的母亲！
从今后我要报答你的深恩，
我知道你爱我你还要劳我，
我要学着你劳动，永久不停！
…… ……

（选自北京人民文学出版社出版的《郭沫若全集》）

[提示]

这首诗歌以赤子之心、浓烈的深情、豪迈的笔触抒写了对于地球母亲的深挚爱恋，是郭沫若早期充满青春激情的白话诗创作中的代表作品。

诗歌以抒情主人公“我”来代表全人类吟唱对于地球母亲养育深恩的赞美；同时也歌颂辛勤劳作的广大劳工阶层，呼唤对于劳动的尊重；表达要尽全力报答养育恩情的感怀。整首诗歌中抒情主人公“我”与抒情对象地球母亲达到了精神统一，是充满生命力的人与充满活力的自然的统一，因此，诗人的主观情绪得以在宇宙万象中自然随性地流动淌泻，形成了诗歌自然而顺畅的抒情写意风格。

全诗集中笔力塑造了一个抒情意象，把地球描绘成一位伟大的母亲，她用宏大的力量来抚育全人类，这使得地球母亲的形象更加丰满，既自然真切地传达出诗人的情绪，也拉近了写作者与写作对象之间的距离。再如“我羡慕那一切的动物，尤其是蚯蚓——我只不羡慕那空中的飞鸟，它们离了你要在空中飞行”，用“蚯蚓”和“飞鸟”的意象对比，表达了渴望亲近地球母亲的依恋之情。在艺术手法上诗歌主要运用了反复、回环、比拟等，以相同的句式开启每一个抒情段落，文意语气连贯。除此之外，本文也运用意象来抒情。

思考与练习：

1. 这首诗歌的抒情主题是什么？

2. 作者运用了哪些艺术手法来完成诗歌的情感抒写，以表达对于地球母亲的深情厚爱？

3. 这首诗歌中也充满了作者对于地球母亲的感恩之心。你是怎么理解这样的“感恩”情怀的？

[平行阅读]

炉中煤

——眷念祖国的情绪

郭沫若

一

啊，我年青的女郎！
我不辜负你的殷勤，
你也不要辜负了我的思量。
我为我心爱的人儿燃到了这般模样！

二

啊，我年青的女郎！
你该知道了我的前身？你该不嫌我黑奴卤莽？
要我这黑奴底胸中，才有火一样的心肠。

三

啊，我年青的女郎！
我想我的前身原本是有用的栋梁，
我活埋在地底多年，到今朝才得重见天光。

四

啊，我年青的女郎！
我自从重见天光，我常常思念我的故乡，
我为我心爱的人儿燃到了这般模样！

艾青（诗二首）

北方

[题解]

艾青（1910—1996），中国现代诗人。原名蒋海澄，笔名林壁、克阿等。浙江金华人。1933年第一次用艾青的笔名发表长诗《大堰河——我的保姆》，轰动诗坛。以后陆续出版诗集《北风》《大堰河》（1939）、《火把》（1941）、《向太阳》（1947）、《黎明的通知》等，诗风沉雄，感情强烈，倾诉了对祖国和人民的深情厚爱。1948年以后发表了《在浪尖上》《光的赞歌》《古罗马的大斗技场》等二百余首诗作，出版了《艾青选集》等。另有论文集《诗论》《论诗》《新诗论》等著作。他是一位对中国新诗创作产生过重要影响的诗人，被聂鲁达誉为“中国诗坛泰斗”。

这首诗写于1938年初，是诗人了解到北方广大农村的现实情况之后的创作。抗日战争爆发以后，艾青目睹了这块土地上所发生的一切，这给诗人的心灵蒙上了一层忧郁的色彩。他通过一系列的诗歌创作表达了对祖国灾难深重的忧虑和对劳动人民的同情，对这块神圣土地的深沉而执着的爱。

一天
那个科尔沁草原上的诗人
对我说：
“北方是悲哀的。”

不错，
北方是悲哀的。
从塞外吹来的
沙漠风，已卷去
北方的生命的绿色
与时日的光辉，
——一片暗淡的灰黄，
蒙上一层揭不开的沙雾；
那天边疾奔而至的呼啸，
带来了恐怖，

疯狂地
扫荡过大地
荒漠的原野
冻结在十二的寒风里；
村庄呀，
山坡呀，
河岸呀，
颓垣与荒冢呀，
都披上了土色的忧郁……
孤单的行人，
上身俯前
用手遮住了脸颊，
在风沙里
困苦地呼吸，
一步一步地
挣扎着前进……
几只驴子
——那有悲哀的眼
和疲乏的耳朵的畜生，
载负了土地的
痛苦的重压，
它们厌倦的脚步，
徐缓地踏过
北国的
修长而又寂寞的道路……

那些小河早已枯干了
河底已画满了车辙，
北方的土地和人民
在渴求着
那滋润生命的流泉啊！
枯死的林木
与低矮的住房，
稀疏地
阴郁地

散布在
灰暗的天幕下；
天上，
看不见太阳，
只有那结成大队的雁群
惶乱的雁群，
击着黑色的翅膀，
叫出它们的不安与悲苦，
从这荒凉的地域逃亡，
逃亡到
绿荫蔽天的南方去了……

北方是悲哀的；
而万里的黄河
汹涌着浑浊的波涛，
给广大的北方
倾泻着灾难与不幸；
而年代的风霜，
刻画着
广大的北方的
贫穷与饥饿啊。

而我
——这来自南方的旅客，
却爱这悲哀的北国啊。
扑面的风沙
与入骨的冷气，
决不曾使我咒诅；
我爱这悲哀的国土，
一片无垠的荒漠，
也引起了我的崇敬：
——我看见
我们的祖先
带领了羊群，
吹着笳笛，

沉浸在这大漠的黄昏里
我们踏着的
古老的
松软的黄土层里，
埋有我们祖先的骸骨啊，
——这土地是他们所开垦，
几千年了
他们曾在这里
和带给他们以打击的自然相搏斗，
他们为保卫土地
从不曾屈辱过一次，
他们死了
把土地遗留给我们——
我爱这悲哀的国土，
它的广大而瘦瘠的土地，
带给我们以淳朴的言语
与宽阔的姿态，
我相信：这言语与姿态
坚强地生活在大地上，
永远不会灭亡；
我爱这悲哀的国土
古老的国土，
这国土
养育了
为我所爱的
世界上最艰苦
与最古老的种族。

（选自时代文艺出版社出版的《艾青诗文名篇》）

[提示]

随着对战争现实体验的加深，诗人的情绪逐渐由激越昂扬转向了深沉细致的思索，透过这场深重的民族灾难，以诗人的良知和敏感沉痛深切地审视着民族的过去、现在和未来。因此，一个生长在北方的诗人的一句话就引出了作者这篇情真意挚的抒情文字。

“北方是悲哀的”，这是诗人最直接的情绪感受，也给全诗定下了抒情基调——忧郁、悲哀、沉重。紧接着诗人通过塑造一系列意象来展现北方的悲哀，荒漠、原野、村庄、房屋、牲口、大雁等意象的出现都在描画战争时期北方人民所蒙受的灾难和不幸。然而，坚毅的人民在这古老而又多难的土地上一次次与自然界、与入侵的异族相搏斗，不曾屈辱含羞、不曾低头示弱过一次，他们坚守的“言语”与“姿态”也“永远不会灭亡”。诗人于此汲取了斗争的精神力量，坚定了必胜的信念，表达了诗人强烈的爱国热情和无私的奉献精神。

全诗意象明确，节奏清晰，体现了诗人诗艺的创造性，他把自由诗的创作推到了一个新的高度，为新诗的发展拓宽了道路。

思考与练习：

1. 诗歌中主要运用了哪些抒情意象的构筑来完成对于北方的总体形象塑造？

2. 这首诗歌同《雪落在中国的土地上》有哪些相同和不同的创作风格？你能否据此概括出艾青诗歌创作的特点？

3. 你感觉艾青和郭沫若的新诗创作有什么相同和不同之处吗？他们的创作反映出现代新诗创作的哪些特征？

[平行阅读]

我爱这土地

假如我是一只鸟，
我也应该用嘶哑的喉咙歌唱：
这被暴风雨所打击着的土地，
这永远汹涌着我们的悲愤的河流，
这无止息地吹刮着的激怒的风，
和那来自林间的无比温柔的黎明……
——然后我死了，
连羽毛也腐烂在土地里面。

为什么我的眼里常含泪水？
因为我对这土地爱得深沉……

1938 年 11 月 17 日

雪落在中国的土地上

[题解]

1937年“七七事变”发生后，在一个寒冷的冬夜，艾青“以悲哀浸融在那些冰凉的碎片一起”的心情写作了这首诗。写这首诗的夜晚，艾青预感到将要下雪，于是他在诗中展开了有关的想象——雪的草原、雪夜的河流、冒雪走出林间的马车夫等等。此诗发表于1938年1月出版的《七月》第一集第二期。

雪落在中国的土地上，
寒冷在封锁着中国呀……
风，
像一个太悲哀了的老妇。
紧紧地跟随着
伸出寒冷的指爪
拉扯着行人的衣襟。
用着像土地一样古老的话
一刻也不停地絮聒着……
那从林间出现的，
赶着马车的
你中国的农夫，
戴着皮帽，
冒着大雪
你要到哪儿去呢？
告诉你
我也是农人的后裔——
由于你们的
刻满了痛苦的皱纹的脸，
我能如此深深地
知道了
生活在草原上的人们的
岁月的艰辛。
而我
也并不比你们快乐啊
——躺在时间的河流上

苦难的浪涛
曾经几次把我吞没而又卷起——
流浪与监禁
已失去了我的青春的最可贵的日子，
我的生命
也像你们的生命
一样的憔悴呀。

雪落在中国的土地上，
寒冷在封锁着中国呀……
沿着雪夜的河流，
一盏小油灯在徐缓地移行，
那破烂的乌篷船里
映着灯光，垂着头
坐着的是谁呀？
——啊，你
蓬发垢面的小妇，
是不是
你的家
——那幸福与温暖的巢穴——
已被暴戾的敌人
烧毁了么？
是不是
也像这样的夜间，
失去了男人的保护，
在死亡的恐怖里
你已经受尽敌人刺刀的戏弄？
咳，就在如此寒冷的今夜，
无数的
我们的年老的母亲，
都蜷伏在不是自己的家里，
就像异邦人
不知明天的车轮
要滚上怎样的路程？
——而且

中国的路
是如此的崎岖，
是如此的泥泞呀。

雪落在中国的土地上。
寒冷在封锁着中国呀……
透过雪夜的草原
那些被烽火所啮啃着的地域，
无数的，土地的垦殖者
失去了他们所饲养的家畜
失去了他们肥沃的田地
拥挤在
生活的绝望的污巷里；
饥馑的大地
朝向阴暗的天
伸出乞援的
颤抖着的两臂。
中国的痛苦与灾难
像这雪夜一样广阔而又漫长呀！

雪落在中国的土地上
寒冷在封锁着中国呀……
中国，
我的在没有灯光的晚上
所写的无力的诗句
能给你些许的温暖么？

（选自时代文艺出版社出版的《艾青诗文名篇》）

[提示]

在日本发动侵华战争，国土刚刚沦陷时，诗人抱着急切投入战斗的决心，从浙江家乡来到了武汉。但在这座当时被称作抗战中心的大城市里，诗人并没有看到民族危机存亡关头所应有的昂奋和紧迫的气氛，权贵们仍在作威作福，人民穷困饥饿，他感到异常失望，一颗火热的心仿佛被冰冻了一般。他深切地感悟到：古老民族在解救自身的这场战争中所承受的深重苦难，广袤国土上的亿万生灵的命运也将无比艰辛。诗人清楚地意识到这场民族解放战争的胜利之路是泥泞而曲折的。这样的感受既是诗人对严酷现实的真实反映，也是震荡诗人灵魂、激发起创作的动力，于是诗人写下了这首比雪还要寒冷的诗，并在诗中反复地呼号：

“雪落在中国的土地上，寒冷在封锁着中国呀……”

诗作铺展开了一幅苍茫旷远、悲凉凄楚的意境：北方戴着皮帽，冒着大雪，赶着马车走在林间的农夫“刻满痛苦的皱纹的脸”；南方的乌篷船里被暴戾的敌人夺去丈夫和家庭的“蓬发垢面的少妇”忧心忡忡；雪夜的草原上失去了田地和家畜的垦殖者们在“饥馑的大地上”朝向阴暗的天“伸出乞援的、颤抖着的两臂”……诗人通过这一组组悲凉的意象，一幅幅真切的画面，一次次传神的表情，生动真切地传达出主题：“中国的痛苦与灾难，像这雪夜一样广阔而又漫长呀！”透过充满具象的描写，不仅传达出诗人浸透着忧患的情感，同时也在沉重中埋下了激发民族觉醒、呼唤抗战动员的火种。因此这首诗一发表，不仅在当时的文艺界引起了强烈的反响，同时也极大地鼓舞了民众的战斗意志。

作者在诗中，运用描写、比喻和反复咏叹等艺术手法使全诗笼罩在悲哀的氛围中。诗人不仅塑造了一系列丰满生动的形象，如农人、少妇、垦殖者；而且特别注重意象的营造：把雪夜的“风”比喻成一个“太悲哀的老妇”，对行人无休止的纠缠喻作中国人民难以摆脱的深重灾难；把敌人强占的土地描写成“被烽火所啮啃着的地域”，再现了沦陷区的血雨腥风，“意象是具体化了的感觉”，这些意象忠实地传达出了诗人的情绪。尽管诗歌形式上是自由体，但是一饮三叹的反复，“雪落在中国的土地上，寒冷封锁着中国呀……”，悲惋而凝重的诗句仍然形成诗歌内在的节奏和旋律，显示出诗歌“散文化”的韵味。

思考与练习：

1. 这首诗歌是如何传达出作者的时代感觉和历史情怀的？

2. 这首诗歌中集中塑造了哪几个意象，这些意象塑造中分别运用了怎样的修辞手法？

3. 在诗歌悲凉的情境描画中孕育着诗人一颗火热的报国心。意象描绘与心理情绪的相反却并没有减少诗歌的抒情力量，相反却增加了诗歌的表现张力。你能理解诗人这样写作的缘由吗？试着谈谈你的理解。

桨声灯影里的秦淮河

朱自清

[题解]

朱自清（1898—1948 年），原名自华，号秋实，字佩弦。现代著名作家、学者、诗人、民主战士。原籍浙江绍兴，生于江苏海州（今连云港市），后随祖父、父亲定居扬州。幼年在私塾读书，受中国传统文化的熏陶。1912 年入高等小学。朱自清在扬州生活了 13 年，在这里度过了他的童年时期和少年时期。朱自清被认为是极少数能用白话写出脍炙人口名篇的散文家，其作品一向是以“平凡，朴素”而出名，多为精致迷人的抒情散文，用敏锐而执着的态度表达人生。作家赵景深说：朱自清的文章，“不大谈哲理，只是谈一点家常琐事，虽是像淡香疏影似的不过几笔，却常能把那真诚的灵魂捧出来给读者看”。代表作《桨声灯影里的秦淮河》，记叙夏夜泛舟秦淮河的见闻感受，笔触细致，用词清秀，借助历史影像的点点滴滴，将秦淮河写得朦朦胧胧，亦真亦幻，令人神往。

一九二三年八月的一晚，我和平伯同游秦淮河；平伯是初泛，我是重来了。我们雇了一只“七板子”，在夕阳已去，皎月方来的时候，便下了船。于是桨声汩—汩，我们开始领略那晃荡着蔷薇色的历史的秦淮河的滋味了。

秦淮河里的船，比北京万生园，颐和园的船好，比西湖的船好，比扬州瘦西湖的船也好。这几处的船不是觉着笨，就是觉着简陋，局促；都不能引起乘客们的情韵，如秦淮河的船一样。秦淮河的船约略可分为两种：一是大船；一是小船，就是所谓“七板子”。大船舱口阔大，可容二三十人。里面陈设着字画和光洁的红木家具，桌上一律嵌着冰凉的大理石面。窗格雕镂颇细，使人起柔腻之感。窗格里映着红色蓝色的玻璃；玻璃上有精致的花纹，也颇悦人目。“七板子”规模虽不及大船，但那淡蓝色的栏杆，空敞的舱，也足系人情思。而最出色处却在它的舱前。舱前是甲板上的一部。上面有弧形的顶，两边用疏疏的栏杆支着。里面通常放着两张藤的躺椅。躺下，可以谈天，可以望远，可以顾盼两岸的河房。大船上也有这个，便在小船上更觉清隽罢了。舱前的顶下，一律悬着灯彩；灯的多少，明暗，彩苏的精粗，艳晦，是不一的。但好歹总还你一个灯彩。这灯彩实在是最能勾人的东西。夜幕垂垂地下来时，大小船上都点起灯火。从两重玻璃里映出那辐射着的黄黄的散光，反晕出一片朦胧的烟霭；透过这烟霭，在黯黯的水波里，又逗起缕缕的明漪。

在这薄霭和微漪里，听着那悠然的间歇的桨声，谁能不被引入他的美梦去呢？只愁梦太多了，这些大小船儿如何载得起呀？我们这时模模糊糊的谈着明末的秦淮河的艳迹，如《桃花扇》及《板桥杂记》里所载的。我们真神往了。我们仿佛亲见那时华灯映水，画舫凌波的光景了。于是我们的船便成了历史的重载了。我们终于恍然秦淮河的船所以雅丽过于他处，而又有奇异的吸引力的，实在是许多历史的影像使然了。

秦淮河的水是碧阴阴的；看起来厚而不腻，或者是六朝金粉所凝么？我们初上船的时候，天色还未断黑，那漾漾的柔波是这样的恬静，委婉，使我们一面有水阔天空之想，一面又憧憬着纸醉金迷之境了。等到灯火明时，阴阴的变为沉沉了：黯淡的水光，像梦一般；那偶然闪烁着的光芒，就是梦的眼睛了。我们坐在舱前，因了那隆起的顶棚，仿佛总是昂着首向前走着似的；于是飘飘然如御风而行的我们，看着那些自在的湾泊着的船，船里走马灯般的人物，便像是下界一般，迢迢的远了，又像在雾里看花，尽朦朦胧胧的。这时我们已过了利涉桥，望见东关头了。沿路听见断续的歌声：有从沿河的妓楼飘来的，有从河上船里度来的。我们明知那些歌声，只是些因袭的言词，从生涩的歌喉里机械的发出来的；但它们经了夏夜的微风的吹漾和水波的摇拂，袅娜着到我们耳边的时候，已经不单是她们的歌声，而混着微风和河水的密语了。于是我们不得不被牵惹着，震撼着，相与浮沉于这歌声里了。从东关头转弯，不久就到大中桥。大中桥共有三个桥拱，都很阔大，俨然是三座门儿；使我们觉得我们的船和船里的我们，在桥下过去时，真是太无颜色了。桥砖是深褐色，表明它的历史的长久；但都完好无缺，令人太息于古昔工程的坚美。桥上两旁都是木壁的房子，中间应该有街路？这些房子都破旧了，多年烟熏的迹，遮没了当年的美丽。我想象秦淮河的极盛时，在这样宏阔的桥上，特地盖了房子，必然是髹漆得富富丽丽的；晚间必然是灯火通明的。现在却只剩下一片黑沉沉！但是桥上造着房子，毕竟使我们多少可以想见往日的繁华；这也慰情聊胜无了。过了大中桥，便到了灯月交辉，笙歌彻夜的秦淮河，这才是秦淮河的真面目哩。

大中桥外，顿然空阔，和桥内两岸排着密密的人家的景象大异了。一眼望去，疏疏的林，淡淡的月，衬着蓝蔚的天，颇像荒江野渡光景；那边呢，郁丛丛的，阴森森的，又似乎藏着无边的黑暗：令人几乎不信那是繁华的秦淮河了。但是河中眩晕着的灯光，纵横着的画舫，悠扬着的笛韵，夹着那吱吱的胡琴声，终于使我们认识绿如茵陈酒的秦淮水了。此地天裸露着的多些，故觉夜来的独迟些；从清清的水影里，我们感到的只是薄薄的夜——这正是秦淮河的夜。大中桥外，本来还有一座复成桥，是船夫口中的我们的游踪尽处，或也是秦淮河繁华的尽处了。我的脚曾踏过复成桥的脊，在十三四岁的时候。但是两次游秦淮河，却都不曾见着复成桥的面；明知总在前途的，却常觉得有些虚无缥缈似的。我想，不见倒也好。这时正是盛夏。我们下船后，藉着新生的晚凉和河上的微风，暑气已渐渐销散；到了此地，豁然开朗，身子顿然轻了——习习的清风荏苒在面上，手上，衣上，这便又感到了一缕新凉了。南京的日光，大概没有杭州猛烈；西湖的夏夜老是热蓬蓬的，水像沸着一般，秦淮河的水却尽是这样冷冷的绿着。任你人影的憧憧，歌声的扰扰，总像隔着一层薄薄的绿纱面幂似的；它尽是这样静静的，冷冷的绿着。我们出了大中桥，走不上半里路，船夫便将船划到一旁，停了桨由它宕着。他以为那里正是繁华的极点，再过去就是荒凉了；所以让我们多多赏鉴一会儿。他自己却静静的蹲着。他是看惯这光景的了，大约只是一个无可无不可。这无可无不可，无论是升的沉的，总之，都比我们高了。

那时河里闹热极了；船大半泊着，小半在水上穿梭似的来往。停泊着的都在近市的那一边，我们的船自然也夹在其中。因为这边略略的挤，便觉得那边十分的疏了。在每一只船从那边过去时，我们能画出它的轻轻的影和曲曲的波，在我们的心上；这显着是空，且显着是静了。那时处处都是歌声和凄厉的胡琴声，圆润的喉咙，确乎是很少的。但那生涩的，尖脆的调子能使人有少年的，粗率不拘的感觉，也正可快我们的意。况且多少隔开些儿听着，因为想象与渴慕的做美，总觉更有滋味；而竞发的喧嚣，抑扬的不齐，远近的杂沓和乐器的嘈嘈切切，合成另一意味的谐音，也使我们无所适从，如随着大风而走。这实在因为我们的心枯涩久了，变为脆弱；故偶然润泽一下，便疯狂似的不能自主了。但秦淮河确也腻人。即如船里的人面，无论是和我们一堆儿泊着的，无论是从我们眼前过去的，总是模模糊糊的，甚至渺渺茫茫的；任你张圆了眼睛，揩净了眦垢，也是枉然。这真够人想呢。在我们停泊的地方，灯光原是纷然的；不过这些灯光都是黄而有晕的。黄已经不能明了，再加上了晕，便更不成了。灯愈多，晕就愈甚；在繁星般的黄的交错里，秦淮河仿佛笼上了一团光雾。光芒与雾气腾腾的晕着，什么都只剩了轮廓了；所以人面的详细的曲线，便消失于我们的眼底了。但灯光究竟夺不了那边的月色；灯光是浑的，月色是清的。在混沌的灯光里，渗入一派清辉，却真是奇迹！那晚月儿已瘦削了两三分。她晚妆才罢，盈盈地上了柳梢头。天是蓝得可爱，仿佛一汪水似的；月儿便更出落得精神了。岸上原有三株两株的垂杨树，淡淡的影子，在水里摇曳着。它们那柔细的枝条浴着月光，就像一支支美人的臂膊，交互的缠着，挽着；又像是月儿披着的发。而月儿偶尔也从它们的交叉处偷偷窥看我们，大有小姑娘怕羞的样子。岸上另有几株不知名的老树，光光的立着；在月光里照起来。却又俨然是精神矍铄的老人。远处——快到天际线了，才有一两片白云，亮得现出异彩，像美丽的贝壳一般。白云下便是黑黑的一带轮廓；是一条随意画的不规则的曲线。这一段光景，和河中的风味大异了。但灯与月竟能并存着，交融着，使月成了缠绵的月，灯射着渺渺的灵辉；这正是天之所以厚秦淮河，也正是天之所以厚我们了。

这时却遇着了难解的纠纷。秦淮河上原有一种歌妓，是以歌为业的。从前都在茶舫上，唱些大曲之类。每日午后一时起；什么时候止，却忘记了。晚上照样也有一回。也在黄晕的灯光里。我从前过南京时，曾随着朋友去听过两次。因为茶舫里的人脸太多了，觉得不大适意，终于听不出所以然。前年听说歌妓被取缔了，不知怎的，颇涉想了几次——却想不出什么。这次到南京，先到茶舫上去看看，觉得颇是寂寥，令我无端的怅怅了。不料她们却仍在秦淮河里挣扎着，不料她们竟会纠缠到我们，我于是很张皇了。她们也乘着“七板子”，她们总是坐在舱前的。舱前点着石油汽灯，光亮眩人眼目：坐在下面的，自然是纤毫毕见了——引诱客人们的力量，也便在此了。舱里躲着乐工等人，映着汽灯的余晖蠕动着；他们是永远不被注意的。每船的歌妓大约都是二人；天色一黑。她们的船就在大中桥外往来不息的兜生意。无论行着的船，泊着的船，都要来兜揽的。这都是我后来推想出来的。那晚不知怎样，忽然轮着我们的船了。我们的船好好的停着，一只歌舫划向我们来了；渐渐和我们的船并着了。烁烁的灯光逼得我们皱起了眉头；我们的风尘色全给它托出来了，这使我踧踖不安了。那时一个伙计跨过船来，拿着摊开的歌折，就近塞向我的手里，说，“点几出吧！”他跨过来的时候，我们船上似乎有许多眼光跟着。同时相近的别的船上也似乎有许多眼睛炯炯地向我们船上看着。我真窘了！我也装出大方的样子，向歌妓们瞥了一眼，但究竟是不成的！我勉强将那歌折翻了一翻，却不曾看清了几个字；便赶紧递还那伙计，一面不好意思地说，“不要。我们……不要。”他便塞给平伯。平伯掉转头去，摇手说，“不要！”那人还腻着不走。平伯又回过脸来，摇着头道，“不要！”于是那人重到我处。我窘着再拒绝了他。他这才有所不屑似的走了。我的心立刻放下，如释了重负一般。我们就开始自白了。

我说我受了道德律的压迫，拒绝了她们；心里似乎很抱歉的。这所谓抱歉，一面对于她们，一面对于我自己。她们于我们虽然没有很奢的希望；但总有些希望的。我们拒绝了她们，无论理由如何充足，却使她们的希望受了伤；这总有几分不作美了。这是我觉得很怅怅地。至于我自己，更有一种不足之感。我这时被四面的歌声诱惑了，降服了；但是远远的，远远的歌声总仿佛隔着重衣搔痒似的，越搔越搔不着痒处。我于是憧憬着贴耳的妙音了。在歌舫划来时，我的憧憬，变为盼望；我固执的盼望着，有如饥渴。虽然从浅薄的经验里，也能够推知，那贴耳的歌声，将剥去了一切的美妙；但一个平常的人像我的，谁愿凭了理性之力去丑化未来呢？我宁愿自己骗着了。不过我的社会感性是很敏锐的；我的思力能拆穿道德律的西洋镜，而我的感情却终于被它压服着。我于是有所顾忌了，尤其是在众目昭彰的时候。道德律的力，本来是民众赋予的；在民众的面前，自然更显出它的威严了。我这时一面盼望，一面却感到了两重的禁制：一，在通俗的意义上，接近妓者总算一种不正当的行为；二，妓是一种不健全的职业，我们对于她们，应有哀矜勿喜之心，不应赏玩地去听她们的歌。在众目睽睽之下，这两种思想在我心里最为旺盛。她们暂时压倒了我的听歌的盼望，这便成就了我的灰色的拒绝。那时的心实在异常状态中，觉得颇是昏乱。歌舫去了，暂时宁静之后，我的思绪又如潮涌了。两个相反的意思在我心头往复：卖歌和卖淫不同，听歌和狎妓不同，又干道德甚事？——但是，但是，她们既被逼的以歌为业，她们的歌必无艺术味的；况她们的身世，我们究竟该同情的。所以拒绝倒也是正办。但这些意思终于不曾撇开我的听歌的盼望。它力量异常坚强；它总想将别的思绪踏在脚下。从这重重的争斗里，我感到了浓厚的不足之感。这不足之感使我的心盘旋不安，起坐都不安宁了。唉！我承认我是一个自私的人！平伯呢，却与我不同。他引周启明先生的诗，“因为我有妻子，所以我爱一切的女人；因为我有子女，所以我爱一切的孩子。”他的意思可以见了。他因为推及的同情，爱着那些歌妓，并且尊重着她们，所以拒绝了她们。在这种情形下，他自然以为听是对于她们的一种侮辱。但他也是想听歌的，虽然不和我一样。所以在他的心中，当然也有一番小小的争斗；争斗的结果，是同情胜了。至于道德律，在他是没有什么的；因为他很有蔑视一切的倾向，民众的力量在他是不大觉着的。这时他的心意的活动比较简单，又比较松弱，故事后还怡然自若；我却不能了。这里平伯又比我高了。

在我们谈话中间，又来了两只歌舫。伙计照前一样的请我们点戏，我们照前一样的拒绝了。我受了三次窘，心里的不安更甚了。清艳的夜景也为之减色。船夫大约因为要赶第二趟生意，催着我们回去；我们无可无不可的答应了。我们渐渐和那些晕黄的灯光远了，只有些月色冷清清的随着我们的归舟。我们的船竟没个伴儿，秦淮河的夜正长哩！到大中桥近处，才遇着一只来船。这是一只载妓的板船，黑漆漆的没有一点光。船头上坐着一个妓女；暗里看出，白地小花的衫子，黑的下衣。她手里拉着胡琴，口里唱着青衫的调子。她唱得响亮而圆转；当她的船箭一般驶过去时，余音还袅袅地在我们耳际，使我们倾听而向往。想不到在弩末的游踪里，还能领略到这样的清歌！这时船过大中桥了，森森的水影，如黑暗张着巨口，要将我们的船吞了下去，我们回顾那渺渺的黄光，不胜依恋之情；我们感到了寂寞了！这一段地方夜色甚浓，又有两头的灯火招邀着；桥外的灯火不用说了，过了桥另有东关头疏疏的灯火。我们忽然仰头看见依人的素月，不觉深悔归来之早了！走过东关头，有一两只大船湾泊着，又有几只船向我们来着。嚣嚣的一阵歌声人语，仿佛笑我们无伴的孤舟哩。东关头转弯，河上的夜色更浓了；临水的妓楼上，时时从帘缝里射出一线一线的灯光；仿佛黑暗从酣睡里眨了一眨眼。我们默然的对着，静听那汩——汩的桨声，几乎要入睡了；朦胧里却温寻着适才的繁华的余味。我那不安的心在静里愈显活跃了！这时我们都有了不足之感，而我的更其浓厚。我们却又不愿回去，于是只能由懊悔而怅惘了。船里便满载着怅惘了。直到利涉桥下，微微嘈杂的人声，才使我豁然一惊；那光景却又不同。右岸的河房里，都大开了窗户，里面亮着晃晃的电灯，电灯的光射到水上，蜿蜒曲折，闪闪不息，正如跳舞着的仙女的臂膊。我们的船已在她的臂膊里了；如睡在摇篮里一样，倦了的我们便又入梦了。那电灯下的人物，只觉得像蚂蚁一般，更不去萦念。这是最后的梦；可惜的是最短的梦！黑暗重复落在我们面前，我们看见傍岸的空船上一星两星的，枯燥无力又摇摇不定的灯光。我们的梦醒了，我们知道就要上岸了；我们心里充满了幻灭的情思。

1923 年 10 月 11 日作完，于温州。

（选自人民文学出版社出版的《中华散文百年精华典藏》）

[提示]

朱自清的美文犹如一首小令，三言两语清谈，便胜过万千阔论。随手拿来阅读都是格外清新，分外真挚，他的文字就像他所形容的秦淮河里的船一般：柔腻、精致。

生长于古城扬州的朱自清，笔下的文字也透出几番历史沉淀后的灵韵，即便后来他常说，儿时的记忆只剩下“薄薄的影”“像被大水洗了一般，寂寞到可惊程度！”但是，扬州这座拥有绮丽风光和浓郁文化风气的古城，于无形中陶冶着朱自清的性情，养成他平和中正的品性和向往自然美的情趣，影响潜移默化，并且深远。在他后来的散文中便可略见一二，如《荷塘月色》的明净淡雅，又如《背影》般朴质感人，或如《春》那样的清晰明快，朱自清的散文多是温柔敦厚，朴素却不失神采。

《桨声灯影里的秦淮河》是一篇记游性写景抒情散文。以“桨声灯影”为行文线索，贯穿着作者的情感线索。在开始的游程中，作者的心境平和，从容品味，赏心悦目，陶醉于秦淮河入夜的景色。在描绘灯光、水色和月光时，将自己深沉的感情灌注了进去。即便是几十年后再次阅读，我们仿佛也亲见“那时华灯映水，画舫凌波的光景了”。而后秦淮河中的妓船，使朱自清“遇着了难解的纠纷”，文章就此出现了一个大转折。泛舟者的心绪起了变化，由对美景的沉醉转为落入现实的怅惘。而文章之后半部分，就在表现自己“幻灭的情思”中，为读者造成了一个回味想象的空间。整篇散文结构紧扣秦淮河夏夜的特点，将月光、灯火、水色等景致作为描写对象，其中又以灯光为重点，细致地描写了不同时间、不同水域的灯光、河水、月亮三者的变化，又给予华灯映水，灯月交辉的独特意境一个完美而舒适的展示。当六朝金粉的秦淮河，在历史长河的洗涤下渐而失去了昔日风韵时，朱自清宛如信手拈来的一笔又再次展现了浓妆艳丽秦淮河的风采。

再翻读俞平伯先生的《桨声灯影里的秦淮河》，因是初游，故篇章显得清爽些，而辞藻便更为轻快和意蕴十足。阅读起来依然很畅快，值得虔心赏读。

思考与练习：

1. 这篇文章是怎样展开作者的游览路线的？

2. 比较俞平伯的同名散文，看看两篇散文有什么不同之处？

论快乐

钱钟书

[题解]

钱钟书（1910—1998），江苏无锡人。原名仰先，字哲良。后改名钟书，字默存，号槐聚。著名作家、文学研究家。其父钱基博是著名的国学大师，做派敦厚庄重、不苟言笑，学风严谨平实，长于说理论事。钱钟书在继承了父亲的治学精神和国学造诣的同时，更向恣肆、通脱的风格发展。著有长篇小说《围城》，文论集《谈艺录》《管锥编》等。本文选自其散文随笔集《写在人生边上》。

在旧书铺里买回来维尼(Vigny)的《诗人日记》(Journald' unpoete) 信手翻开，就看见有趣的一条。他说，在法语里，喜乐（bonheur）一个名词是“好”和“钟点”两字拼成，可见好事多磨，只是个把钟头的玩意儿（Silebon heurn' taitqu' unebonnedenie!）我们联想到我们本国话的说法，也同样的意味深永，譬如快活或快乐的“快”字，就把人生一切乐事的飘瞥难留，极清楚地指示出来。所以我们又慨叹说：“欢娱嫌夜短!”因为人在高兴的时候，活得太快，一到困苦无聊，愈觉得日脚像跛了似的，走得特别慢。德语的沉闷(langweile) 一词，据字面上直译，就是“长时间”的意思，《西游记》里小猴子对孙行者说：“天上一日，下界一年。”这种神话，的确反映着人类的心理。天上比人间舒服欢乐，所以神仙活得快，人间一年在天上只当一日过。以此类推，地狱里比人间更痛苦，日子一定愈加难度；段成式《酉阳杂俎》就说：“鬼言三年，人间三日。”嫌人生短促的人，真是最“快活”的人；反过来说，真快活的人，不管活到多少岁死，只能算是短命夭折。所以，做神仙也并不值得，在凡间已经30年做了一世的人，在天上还是个初满月的小孩。但是这种“天算”，也有占便宜的地方：譬如戴君孚《广异记》载崔参军捉狐妖，“以桃枝决五下”长孙无忌说罚得太轻，崔答：“五下是人间五百下，殊非小刑。”可见卖老祝寿等等，在地上最为相宜，而刑罚呢，应该到天上去受。

“永远快乐”这句话，不但渺茫得不能实现，并且荒谬得不能成立。快乐的决不会永久；我们说永远快乐，正好像说四方的圆形，静止的动作同样的自相矛盾。在高兴的时候，我们的生命加添了迅速，增进了油滑，像浮士德那样。我们空对瞬息即逝的时间喊着说：“逗留一会儿吧！你太美了!”那有什么用！你要永久，你该向痛苦里去找。不讲别的，只要一个失眠的晚上，或者有约不来的下午，或者一课沉闷的听讲——这许多，比一切宗教信仰更有效力，能使你尝到什么叫做“永生”的滋味。人生的刺，就在这里，留恋着不肯快走，偏是你所不留恋的东西。

快乐在人生里，好比引诱小孩子吃药的方糖，更像跑狗场里引诱狗赛跑的电兔子。几分钟或者几天的快乐赚我们活了一世，忍受着许多痛苦。我们希望它来，希望它留，希望它再来——这三句话概括了整个人类努力的历史。在我们追求和等候的时候，生命又不知不觉地偷度过去。也许我们只是时间消费的筹码，活了一世不过是为那一世的岁月充当殉葬品，根本不会享到快乐。但是我们到死也不明白是上了当，我们还理想死后有个天堂，在那里——谢上帝，也有这一天！我们终于享受到永远的快乐。你看，快乐的引诱，不仅像兔子和方糖，使我们忍受了人生，而且仿佛钓钩上的鱼饵，竟使我们甘心去死。这样说来，人生虽痛苦，却不悲观，因为它终抱着快乐的希望；现在的账，我们预支了将来去付。为了快活，我们甚至于愿意慢死。

穆勒曾把“痛苦的苏格拉底”和“快乐的猪”比较。假使猪真知道快活，那末猪和苏格拉底也相去无几了。猪是否能快乐得像人，我们不知道；但是人会容易满足得像猪，我们是常看见的。把快乐分肉体的和精神的两种，这是最糊涂的分析。一切快乐的享受都属于精神的，尽管快乐的原因是肉体上的物质刺激。小孩子初生下来，吃饱了奶就乖乖地睡，并不知道什么是快活，虽然它身体感觉舒服。缘故是小孩子时的精神和肉体还没有分化，只是混沌的星云状态。洗一个澡，看一朵花，吃一顿饭，假使你觉得快活，并非全因为澡洗得干净，花开得好，或者菜合你的口味，主要因为你心上没有挂碍，轻松的灵魂可以专注肉体的感觉，来欣赏，来审定。要是你精神不痛快，像将离别时的筵席，随它怎样烹调得好，吃来只是土气息、泥滋味。那时刻的灵魂，仿佛害病的眼怕见阳光，撕去皮的伤口接触空气，虽然空气和阳光都是好东西。快乐时的你，一定心无愧怍。假如你犯罪而真觉快乐，你那时候一定和有道德、有修养的人同样心安理得。有最洁白的良心，跟全没有良心或有最漆黑的良心，效果是相等的。

发现了快乐由精神来决定，人类文化又进一步。发现这个道理，和发现是非善恶取决于公理而不取决于暴力，一样重要。公理发现以后，从此世界上没有可被武力完全屈服的人。发现了精神是一切快乐的根据，从此痛苦失掉它们的可怕，肉体减少了专制。精神的炼金术能使肉体痛苦都变成快乐的资料。于是，烧了房子，有庆贺的人；一箪食，一瓢饮，有不改其乐的人；千灾百毒，有谈笑自若的人。所以我们前面说，人生虽不快乐，而仍能乐观。譬如从写《先知书》的所罗门直到做《海风》诗的马拉梅（Mallarmé），都觉得文明人的痛苦，是身体困倦。但是偏有人能苦中作乐，从病痛里滤出快活来，使健康的消失有种赔偿。苏东坡诗就说“因病得闲殊不恶，安心是药更无方”。王凡麓《今世说》也记毛稚黄善病，人以为忧，毛曰：“病味亦佳，第不堪为燥热人道耳!”在着重体育的西洋，我们也可以找着同样达观的人，多愁善病的诺凡利斯（Novalis）在《碎金集》里建立一种病的哲学，说病是“教人学会休息的女教师”。巴登巴煦（Rodenbach）的诗集《禁锢的生活》（les Vies Encloses）里有专咏病味的一卷，说病是“灵魂的洗涤（puration）”。身体结实、喜欢活动的人采用了这个观点，就对病痛也感到另有风味。顽健粗壮的18世纪德国诗人白洛柯斯（B. H. Brockes）第一次害病，觉得是一个“可惊异的大发现（Eine bewunderungswürdige Erfindung）”。对于这种人，人生还有什么威胁？这种快乐，把忍受变为享受，是精神对于物质的最大胜利。灵魂可以自主——同时也许是自欺。能一贯抱这种态度的人，当然是大哲学家，但是谁知道他不也是个大傻子？

是的，这有点矛盾。矛盾是智慧的代价。这是人生对于人生观开的玩笑。

（选自中国社会科学出版社出版的《写在人生边上》）

[提示]

“快乐”这样司空见惯的人们的情感方式，在钱钟书的笔下却能得到博古通今、左右逢源的论证。文章旁征博引、纵横比照，对古今中外的“快乐”文化进行了一次深入的论述，既有神仙之乐，又有鬼魅之痛，既有暂得之快，又有永逝之苦。作者在直面生活本质的同时，却表达了一种达观的生活智慧和洒脱的生活态度：“人生虽不快乐，而仍能乐观”，如果“有人能苦中作乐，从病痛里滤出快活来，使健康的消失有种补偿”，那么“这种快乐把忍受变为享受，是精神对于物质的大胜利”。学识的渊博和做人的睿智是钱钟书的两大精神支柱，二者互相渗透，浑然一体的熔铸在其生活态度之中。

同时，一篇“快乐”体悟也传达出了中国知识分子的文化特征：坚守自己的精神园地，保持自己的个性尊严，即使“人生在世不称意”，但也要乐天知命，坚忍不拔。

生活态度反映在文字上，就是文中层出不穷的警句，丰富新颖的譬喻，机智幽默的讽刺，鞭辟入里的剖析，微妙风趣的心理描述。总之，钱钟书先生以其思想的深邃、见解的高超、语言的精妙、学识的渊博为文章论题构筑了一个开阔而不失深厚的境界。

通过此文，我们可以一窥现代文学史上“钱学”大厦“高山仰止，景行行止”的学术风貌。

思考与练习：

1. 文章是怎样围绕“快乐”论题展开论述的，结论又是什么？
2. 你怎么理解“快乐由精神来决定”这一观点。
3. 仿照钱钟书先生的“论快乐”，可以说说你对“痛苦”的理解吗？

致橡树

舒婷

[题解]

舒婷，原名龚佩瑜，1952年出生于福建石码镇。1969年下乡插队，1972年返城当工人。1979年开始发表诗歌作品。1980年到福建省文联工作，从事专业写作。主要著作有诗集《双桅船》《会唱歌的鸢尾花》《始祖鸟》，散文集《心烟》等，是朦胧诗派的代表作家之一，与北岛、顾城齐名。舒婷的诗有种自然而然的优美，使人阅读起来毫无负担。其诗构思新颖，富有深厚的抒情色彩，有明丽隽美的意象，言辞精美，个人风格鲜明。多数诗的手法采用隐喻、局部或整体象征，很少以直抒告白的方式，表达的意象有一定的多义性。

《致橡树》是一首浓郁、优美的抒情诗，所表达出的是一种纯真而炽热的爱，在一定程度上不仅仅是单纯的自我感情的倾诉，而更像是一种爱情的理想和信念。诗中所采用的以独立的姿态深情相对的橡树和木棉，也成为国内爱情诗中一组崭新的象征形象。

我如果爱你——
绝不像攀援的凌霄花，
借你的高枝炫耀自己：
我如果爱你——
绝不学痴情的鸟儿，
为绿荫重复单调的歌曲；
也不止像泉源，
常年送来清凉的慰籍；
也不止像险峰，增加你的高度，衬托你的威仪。
甚至日光。
甚至春雨。
不，这些都还不够！
我必须是你近旁的一株木棉，
做为树的形象和你站在一起。
根，紧握在地下，
叶，相触在云里。

每一阵风过，
我们都互相致意，
但没有人
听懂我们的言语。
你有你的铜枝铁干
像刀，像剑，
也像戟，
我有我红硕的花朵，
像沉重的叹息，
又像英勇的火炬。
我们分担寒潮、风雷、霹雳；
我们共享雾霭流岚、虹霓，
仿佛永远分离，
却又终身相依。
这才是伟大的爱情，
坚贞就在这里：
爱——
不仅爱你伟岸的身躯，
也爱你坚持的位置，脚下的土地。

（选自人民文学出版社出版的《舒婷》诗）

[提示]

在众多以爱情为名的诗歌中，舒婷的《致橡树》总是值得一提的。作为朦胧诗人的代表，舒婷有着缜密流畅的思维逻辑，单这样看来，她的诗不算“朦胧”和“飘逸”，但她采用的隐喻和象征手法，多义的表达方式又为她的诗章平添了朦胧的色彩：看似明了，闭卷后又可沉思良久。本诗采用了内心独白的抒情方式，坦诚、开朗地直抒诗人的心灵世界；用整体象征的手法来构造意象（全诗以橡树、木棉的整体形象对应地象征爱情双方的独立人格和真挚爱情），将本是深刻的哲理转为亲切的对话，把意念用诗化的形式表达出来，使人不自觉地被其动人的形象、深沉的情感所打动。

《致橡树》热情而坦诚地歌唱了诗人的爱情理想。“橡树”象征着刚硬的男性之美，而有着“红硕的花朵”的木棉体现着脱弃了旧式女性纤柔、妩媚秉性，而充溢着丰盈、刚健的生命气息的，具有新的审美气质的女性。而这样一组比肩而立，各自以独立的姿态深情相对的橡树和木棉形象，无疑成为新的讴歌爱情的象征形象。本诗中所向往的平等、独立、相互依靠、相互支撑的爱情关系也成为无数人的向往。这首诗写于 1977 年 3 月，是“文革”之后最早的一批爱情诗。

诗歌本是一种灵性的物质，是诗人将累积的情感以诗化形式释放出来的产物。所有的诗都不宜做太多的解读，或许诠释一个诗人、一段诗章最好的莫过于另一首诗："不怕天涯海角，岂在朝朝夕夕，你在我的航程上，我在你的视线里"（舒婷《双桅船》）。

思考与练习：

1. 这首诗歌表现了诗人怎样的爱情观？

2. 诗歌中橡树的意象代表了什么？作者是怎样通过对话式的文笔展开其理想宣言的？

3. 你能通过阅读，谈谈对朦胧诗的阅读感受吗？

外国文学

麦田里的守望者（节选）

［美］杰罗姆·大卫·塞林格

[题解]

杰罗姆·大卫·塞林格（1919—?），美国小说家，出生于纽约城一个富裕的犹太商人家庭。15岁时进宾夕法尼亚州一所军事学校，1942年应征入伍，后被派赴欧洲做反间谍工作。第二次世界大战诺曼底登陆时，他正在盟军进攻部队中。1946年复员回纽约，专门从事写作。在军校时塞林格开始写作。1940年发表处女作，到出版长篇小说《麦田里的守望者》（1951年）止，十多年发表短篇小说20多篇。《麦田里的守望者》出版后，塞林格一举成名，被称为“当代风格独特的文学天才”，后来隐居新罕布什尔州乡间，成为著名遁世作家。《麦田里的守望者》被誉为20世纪美国文学经典作品之一。塞林格擅长塑造早熟、出众的青少年形象。后期作品有《弗兰尼与卓埃》《木匠们，把屋梁升高》《西摩：一个介绍》和短篇《九故事》，但都不及《麦田里的守望者》成功。

……接着她开始用一种异样的目光瞅着我。“霍尔顿，”她说，“你怎么不等到星期三就回家了？”

“什么？”

嘿，你得时刻留心她。你要是不把她看成机灵鬼，那你准是个疯子。

“你怎么不等到星期三就回家了？”她问我。“你不要是给开除了吧，是不是呢？”

“我刚才已经跟你说啦。学校提前放假。他们让全体——”

“你真的给开除了！真的！”老菲苾说着，还在我的腿上打了一拳。她只要一时高兴，就会拿拳头打人。“你真的给开除了！哦，霍尔顿！”她用一只手捂住了嘴。她的感情非常容易冲动，我可以对天发誓。

“谁说我给开除了？谁也没说我——”

“你真的给开除了。真的，”她说。接着又打了我一拳。你要是认为这一拳打着不疼，那你准是疯子。“爸爸会要你的命！”她说着，就啪的一下子合扑着躺在床上，还把那个混帐枕头盖在头上。她常常爱这样做。有时候，她确确实实是个疯子。

“别闹啦，喂，”我说。“谁也不会要我的命。谁也不会——好啦，菲苾，把那混帐玩艺儿打你头上拿掉。谁也不会要我的命。”

可她不肯把枕头拿掉。你没法让她做一件她自己不愿做的事。她只是口口声声说：“爸爸会要你的命。”她头上盖了那么个混帐枕头，你简直听不出她说的什么。

“谁也不会要我的命。你好好想想吧。尤其是，我就要走了。我也许先在农场之类的地方找个工作。我认识个家伙，他爷爷在科罗拉多有一个农场。我也许就在那儿找个工作，”我说。“我要是真的走，那我走了以后会跟你们联系的。好啦。把那玩艺儿打你头上拿掉。好啦，嗨，菲苾。劳驾啦。劳驾啦，成不成?”

可她怎么也不肯拿掉。我想把枕头拉掉，可她的劲儿大得要命。你简直没法跟她打架。嘿，她要是想把一个枕头盖在头上，那她死也不肯松手。“菲苾，劳驾啦。好啦，松手吧，”我不住地说。“好啦，嗨……嗨，威塞菲尔。松手吧。”

她怎么也不肯松手。有时候她简直不可理喻。最后，我起身出去到客厅里；从桌上的烟盒里拿了些香烟放进我的衣袋。我的烟一支也不剩了。

22

我回来的时候，她倒是把枕头从头上拿掉了——我知道她会的——可她尽管仰卧着，却依旧不肯拿眼看我。等我走到床边坐下的时候，她竟把她的混帐脸儿转到另一边去了。……就像潘西击剑队那样对待我，在我把所有那些混帐圆头剑丢在地铁上以后。

……“爸爸会要你的命。”

嘿，她有了什么念头，真是念念不忘。

“不，他不会的。他至多再痛骂我一顿，然后把我送到那个混帐的军事学校里去。他至多这样对付我。可是首先，我甚至都不会在家。我早就到外地去了。我会到——我大概到科罗拉多的农场上去了。”

“别让我笑你了。你连马都不会骑。”

“谁不会？我当然会骑。我确实会骑。他们在约摸两分钟之内就可以把你教会，”我说。“别去揭它了。”她还在揭她胳膊上的胶布。“谁给你理的发?”我问她。我刚注意到她理的头发式样混帐极了。短得要命。

“不要你管，”她说。她有时候很能怄人。她的确很能怄人。“我揣摩你又是哪门功课都不及格，”她说——非常怄人。说起来还真有点儿好笑。她有时候说起话来很像个混帐教师，而她还只是个很小的孩子哩。

“不，不是的，”我说。“我的英文及格了。”……

接着她突然说：“哦，你干吗要这样呢?”她是说我怎么又给开除了。她这么一说，又让我心里难过起来。

“哦，天哪，菲苾，别问我了。人人都问我这问题，真让我烦死啦，”我说。“有一百万个原因。这是个最最糟糕的学校，里面全是伪君子。还有卑鄙的家伙。你这一辈子再也没见过那么多卑鄙的家伙。……那真是个糟糕透顶的学校。你相信我的话好了。”

老菲苾一声不响，可她在仔细听。我一看她的后脑勺就知道她是在仔细听。只要你跟她说些什么，她总是仔细听着。好笑的是，有一半时间她都懂得你……在说些什么。她的确懂得。

我继续谈老潘西里的事。我不知怎的兴致上来了。

“教职员里虽有那么一两个好教师，可连他们也都是假模假式的伪君子，”我说。“就拿那个老家伙斯宾塞先生说吧。他太太老请你喝热巧克力什么的，他们为人的确挺不错。可他上历史课的时候，只要校长老绥摩进来在教室后面一坐下，你再瞧瞧他的那副模样儿……老斯宾塞简直连命都不要了，马上露出满面笑容……”

“别老是咒骂啦。”

“你见了准会呕出来，我发誓你一定会，”我说。“还有，在‘返校日’那天。他们有那么个日子，叫‘返校日’，那天所有在一七七六年左右打潘西毕业出去的傻瓜蛋全都回到学校来了，在学校里到处走，还带着自己的老婆孩子什么的。可惜你没看见那个约摸五十岁的老家伙……我们不得不站在那儿陪着他。在整个时间里他还滔滔不绝地跟我们讲着话，告诉我们说在潘西念书的那段时间怎样是他一辈子中最快乐的日子，他还给我们许许多多有关未来的忠告。嘿，他真让我心里烦极了！我倒不是说他是个坏人——他不是坏人。可是不一定是坏人才能让人心烦——你可以是个好人，却同时让人心烦。要人心烦很容易，……给人许许多多假模假式的忠告——你只要这样做就成。我不知道……天哪，菲苾！我解释不清楚。我就是不喜欢在潘西发生的一切。我解释不清楚。”

老菲苾这时说了句什么话，可我听不清。她把一个嘴角整个儿压在枕头上，所以我听不清她说的话。

“什么?”我说，“把你的嘴拿开。你这样把嘴压在枕头上，我听不清你说的话。”

“你不喜欢正在发生的任何事情。”

她这么一说，我心里不由得更烦了。

“我喜欢。我喜欢。我当然喜欢。别说这种话。你干吗要说这种话呢?”

“因为你不喜欢。你不喜欢任何学校。你不喜欢千百万样东西。你不喜欢。”

“我喜欢!你错就错在这里——你完完全全错在这里!你他妈的为什么非要说这种话不可?”我说。嘿,她真让我心里烦极了。

“因为你不喜欢,”她说。“说一样东西让我听听。”

“说一样东西?一样我喜欢的东西?”我说。“好吧。”

问题是,我没法集中思想。有时候简直很难集中思想。

“一样我非常喜欢的东西,你是说?”我问她。

可她没回答我。她躺在床的另一边,乜斜着眼看我。她离开我总有那么一千英里。“喂,回答我,”我说。“是一样我非常喜欢的东西呢,还光是我喜欢的东西?”

“你非常喜欢的。”

“好吧,”我说。不过问题是,我没法集中思想。我能想起的只是那两个拿着破篮子到处募捐的修女。尤其是戴着铁边眼镜的那个。还有我在爱尔克敦·希尔斯念书时认识的那个学生。爱尔克敦·希尔斯的那个学生名叫詹姆士·凯瑟尔,他说了另外一个十分自高自大的、名叫菲尔·斯戴比尔的学生一句不好听的话,却不肯收回他的话。詹姆士·凯瑟尔说他这人太自高自大,给斯戴比尔的一个混帐朋友听见了,就到斯戴比尔跟前去搬弄是非。于是斯戴比尔带了另外六个下流的杂种,走进詹姆士·凯瑟尔的房间,锁上那扇混帐房门,想叫他收回他自己所说的话,可他不肯收回。因此他们跟他动起手来。我甚至都不愿告诉你他们怎么对待他的——说出来实在太恶心了——可他依旧不肯收回他的话,那个老詹姆士·凯瑟尔……最后,他不但不肯收回他的话,反而打窗口跳出去了。我正在洗淋浴什么的,连我也听见他摔在外面地上的声音。可我还以为是什么东西掉在窗外了,一架收音机或者一张书桌什么的,没想到是人。接着我听见大伙儿全都涌进走廊奔下楼梯,因此我穿好浴衣也奔下楼去……他身上还穿着我借给他的那件窄领运动衫。那些到他房间里迫害他的家伙只是给开除出学校。他们甚至没进监牢。

我当时能想到的就是这一些。那两个跟我一块儿吃早饭的修女,还有那个我在爱尔克敦·希尔斯念书时认识的学生詹姆士·凯瑟尔。好笑的是,我跟詹姆士·凯瑟尔甚至都不熟,我老实告诉你说。他是那种极沉默的人。他跟我一起上数学课,可他坐在教室的另一头,平时从来不站起来背书,或者到黑板上去做习题。学校里有些人简直从来不站起来背书或者到黑板上去做习题。我想我跟他唯一的一次谈话,就是他来向我借那件窄领运动衫。他向我开口的时候,我吃惊得差点儿倒在地板上死了。我记得我当时正在盥洗室里刷牙，他过来向我开口了。他说他的堂兄要来找他，开汽车带他出去。我甚至都不知道他知道我有一件窄领运动衫。我只知道点名时他的名字就在我前面……凯瑟尔；考尔菲德——我还记得很清楚。我老实跟你说，我当时差点儿没肯把我的运动衫借给他。原因是我跟他不太熟。

“什么?”我跟老菲苾说。她跟我说了些什么，可我没听清楚。

“你连一样东西都想不出来。”

“嗯，我想得出来。嗯，我想得出来。”

“呃，那你说出来。”

…… ……

“不管怎样，我喜欢现在这样，”我说。“我是说就像现在这样。跟你坐在一块儿，聊聊天，逗着——”

“这不是什么真正的东西!”

“这是真正的东西！当然是的！……为什么不是？人们就是不把真正的东西当东西看待。我……对这都腻烦透啦。”

“别咒骂啦。好吧，再说些别的。说说你将来喜欢当个什么。喜欢当一个科学家呢，还是一个律师什么的。”

“我当不了科学家。我不懂科学。”

“呃，当个律师——跟爸爸一样。”

“律师倒是不错，我揣摩——可是不合我的胃口，”我说。“我是说他们要是老出去搭救受冤枉的人的性命，那倒是不错，可你一当了律师，就不干那样的事了。你只是挣许许多多钱，打高尔夫球，打桥牌，买汽车，喝马提尼酒，摆臭架子。再说，即便你真的出去救人性命了，你怎么知道这样做到底是因为你真的要救人性命呢，还是因为你真正的动机是想当一个红律师，只等审判一结束，那些记者什么的就会全向你涌来，人人在法庭上拍你的背，向你道贺，就像那些下流电影里演出的那样？你怎么知道自己不是个伪君子？问题是，你不知道。”

我说的那些话老菲苾到底听懂了没有，我不敢十分肯定。我是说她毕竟还是个小孩子。不过她至少在好好听着。只要对方至少在好好听着，那就不错了。

“爸爸会要你的命。他会要你的命，”她说。

可我没在听她说话。我在想一些别的事——一些异想天开的事。“你知道我将来喜欢当什么吗?”我说。“你知道我将来喜欢当什么吗？我是说将来要是能……让我自由选择的话?”

“什么？别咒骂啦。”

“你可知道‘你要是在麦田里捉到了我’那首歌吗？我将来喜欢——”

“是‘你要是在麦田里遇到了我’!”老菲苾说。“是一首诗。罗伯特·彭斯写的。”

“我知道那是罗伯特·彭斯写的一首诗。”

她说得对。那的确是“你要是在麦田里遇到了我”。可我当时并不知道。

“我还以为是‘你要是在麦田里捉到了我’呢,”我说。“不管怎样,我老是在想象,有那么一群小孩子在一大块麦田里做游戏。几千几万个小孩子,附近没有一个人——没有一个大人,我是说——除了我。我呢,就站在那混帐的悬崖边。我的职务是在那儿守望,要是有哪个孩子往悬崖边奔来,我就把他捉住——我是说孩子们都在狂奔,也不知道自己是在往哪儿跑,我得从什么地方出来,把他们捉住。我整天就干这样的事。我只想当个麦田里的守望者。我知道这有点异想天开,可我真正喜欢干的就是这个。我知道这不像话。”

老菲苾有好一会儿没吭声。后来她开口了,可她只说了句:“爸爸会要你的命。”

“他要我的命就让他要好了,我才……不在乎呢,”我说着,就从床上起来,因为我想打个电话给我的老师安多里尼先生,他是我在爱尔克敦·希尔斯时的英文教师,现在已经离开了爱尔克敦·希尔斯,住在纽约,在纽约大学教英文。“我要去打个电话,”我对菲苾说,“马上就回来。你可别睡着。”我不愿意她在我去客厅的时候睡着。我知道她不会,可我还是叮嘱了一番,好更放心些。

…… ……

23

我三言两语就把电话打完,因为我很怕电话刚打到一半,我父母就撞了进来。不过他们并没有撞进来。安多里尼先生非常和气。他说我要是高兴,可以马上就去。我揣摩我大概把他和他妻子都吵醒了,因为他们过了好半天才来接电话。他第一句话就问我出了什么事没有,我回答说没有。我说我倒是给潘西开除了。我觉得还是告诉他好。我说后,他只说了声“我的天”。他这人很有幽默感。他跟我说我要是愿意,可以马上就去。

安多里尼先生可以说是我这辈子有过的最好老师。他很年轻,比我哥哥D. B. 大不了多少,你可以跟他一起开玩笑,却不至于失去对他的尊敬。我前面说过的那个叫詹姆士·凯瑟尔的孩子从窗口跳出来以后,最后就是他把孩子抱起来的。老安多里尼先生摸了摸他的脉搏,随后脱掉自己的大衣盖在詹姆士·凯瑟尔身上,把他一直抱到校医室。他甚至都不在乎自己的大衣上染满了血。

我回到D. B. 房里的时候，发现老菲苾已经把收音机开了，正播送舞曲。她把声音开得很低，免得被女佣人听见。你真该看见她当时的样子。她直挺挺地坐在床中央，在被褥外面，像印度的修行僧那样盘着双腿。她正在欣赏音乐。我见了真把她爱煞。

“喂，”我说。“你想跳舞吗？”她还是个很小很小的毛孩子的时候，我就教会了她跳舞什么的。她是个了不起的舞蹈家。我是说我只教了她一些基本动作。她主要靠自学。舞要真正跳得好，光靠人教可不成。……

她简直是从床上跳下来的，然后她等着我把鞋子脱掉，我们就一起跳了会儿舞。她的舞跳得真是好极了。我不喜欢人们跟小孩子一块儿跳舞，因为十有九次那样子总是十分难看。我是说，在外面的餐厅里你总看见那么个老家伙带着自己的小孩子在舞池里跳舞。他们总是牛头不对马嘴，老攥住孩子背上的衣服一个劲儿往上拉，那孩子呢，简直……不会跳舞，所以那样子真是难看极了，可我从来不带菲苾或别的孩子在公共场所跳舞。我们只是在家里跳着玩儿。不过话说回来，她毕竟与别的孩子不同，因为她会跳舞。不管你怎么跳她都跟得上。我是说你只要把她搂得紧紧的，那样一来不管你的腿比她长多少，也就不碍事了。她会紧跟着你。你可以转身，可以跳些粗俗的花步，甚至还可以跳会儿摇摆舞，她始终紧跟着你。你甚至还可以跳探戈呢，老天爷。

我们跳了约摸四个曲子。在每个曲子的间歇时间，她的样子好笑得要命。她摆好了跳舞的姿势。她甚至连话都不说。你得跟她一起摆好姿势等乐队再一次开始演奏。我见了差点儿笑死。可你还不准笑哩。

嗯，我们跳了约摸四个曲子，随后我把收音机关了。老菲苾一下跳回床上，钻进了被窝。“我进步了些，是不是？”她问我。

“怎么进步的？”我说。我又挨着她在床上坐下了。我有点儿喘不过气来。我抽烟抽得……太凶了，呼吸短得要命。她却连气都没喘一下。

“你摸摸我的额角看，”她突然说。……“是不是烧得厉害？”她说。

“不，你觉得烧吗？”

“是的——是我有意搞出来的。再摸摸看。”

我又摸了一下，仍没感觉到什么，可我说：“这回好了，我觉得有点儿烧了。”我可不愿意她产生……自卑感。

她点点头。“我可以搞得烧到比体温表还高。”……“是爱丽丝·霍姆伯格教我的……”

我差点儿笑死。我立刻把我的手从她脑门上缩回，像是遇到什么可怕的危险似的。“谢谢你警告了我，”我说。

“哦，我不会把你的手烧掉的。我不等它热得太厉害，就会止住——嘘！”

说着，她闪电似的一下子从床上坐了起来。

她这么一来，可吓得我命都没了。“怎么啦?”我说。

“前门!”她用清晰的耳语说。“他们回来啦!”

我一下子跳起来，奔过去把台灯关了。随后我把香烟在鞋底上擦灭，放到衣袋里藏好。随后我一个劲儿扇动空气，想让烟散开——我真不应该抽烟，我的天。随后我抓起自己的鞋子，躲进了壁橱，把门关上。嘿，我的心都快从我嘴里跳出来了。

我听见我母亲走进房来。

“菲苾!”她说。“哟，别来这一套啦。我早看见灯光了，好小姐。”

“哈罗!”我听见菲苾说。“我睡不着。你们玩得痛快吗?”

“痛快极了，”我母亲说，可你听得出她这话是言不由衷。她每次出去，总不能尽兴。“我问你，你怎么还不睡觉？房间里暖和不暖和?”

“暖和倒暖和，我就是睡不着。”

“菲苾，你是不是在房里抽烟了？老实告诉我，劳您驾，好小姐。”

“什么?”老菲苾说。

“要我再说一遍?”

“我只点了一秒钟。我只抽了一支烟。随后把烟从窗口扔出去了。”

“为什么，请问?”

“我睡不着。”

“我不喜欢你这样，菲苾。我一点儿也不喜欢，”我母亲说。“你不再要条毯子吗?”

“不要了，谢谢。祝您晚上好!”老菲苏说。她是想尽快把她打发走，你听得出来。

“那电影好看吗?”我母亲说。……“呃，快睡吧。晚饭怎么样?”

“糟糕透啦。”

“什么糟糕不糟糕的，你没听见你爸爸怎么教你用文雅的字眼儿吗？有什么地方糟糕？你吃的是极好的羊排。我都把莱克辛登路走遍啦，就是为了——”

“羊排倒挺不错，可查丽娜不管往桌上放什么东西，总是冲着我呼气。她也冲着所有的食物呼气。她冲着一切的一切呼气。”

“呃，快睡吧。吻妈妈一下。你祷告了没有?”

“我是在卫生间里祷告的。晚安!”

“晚安。现在快给我睡吧。我的头疼得都快裂开来啦。”我母亲说。她常常头疼。一点不假。

“吃几颗阿司匹林吧，”老菲苾说。“霍尔顿是在星期三回家，对不对?”

"据我所知是这样。快躺下去。再下去一点儿。"

我听见我母亲走出房间，带上了门。我等了一两分钟。跟着我就出了壁橱。我刚一出来，就跟老菲苾撞了个满怀，因为房里漆黑一团，她已从床上起来，想过来告诉我。"我碰疼你了没有?"我说。现在得悄没声儿说话了，因为他们两个都在家。"我得马上就走，"我说。我摸着黑找到床沿，一屁股坐了下去，开始穿起鞋子来。我心里很紧张。我承认这一点。

"这会儿别走，"菲苾小声说。"等他们睡着了再说!"

"不。这会儿就走。现在是最好的时刻，"我说。"她正在卫生间里，爸爸在收听新闻什么的。现在是最好的时刻。"我连鞋带都系不上了，我真是……紧张得要命。倒不是万一他们发现我在家，就会把我杀了什么的，不过反正是件很不愉快的事。"你……在哪儿呢?"我跟老菲苾说。房间里那么黑，我一点也看不见她。

"在这儿。"她就站在我身边。我却一点也看不见她。

"我的两只混帐手提箱还在车站上呢，"我说。"听着。你身边有钱没有，菲苾?我简直成了个穷光蛋啦。"

"只有过圣诞节的钱。买礼物什么的，我可什么也不曾买哩。"

"哦。"我不愿拿她过圣诞节的钱。

"你要用吗?"她问。

"我不想用你过圣诞节的钱。"

"我可以借你一点儿，"她说。接着我听见她向D. B. 的书桌那儿走去，打开了千百万只抽屉，在里面摸索着。房间里黑得要命，真是伸手不见五指。"你要是离家出走，就看不见我演那场戏了，"她说，说的时候，声音有点儿异样。

"不，我看得见。我不会在你演戏之前走的。你以为我会不看你演的戏?"我说。"我大概在安多里尼先生家里住到星期二晚上。随后我就回家。我要是有机会，就打电话给你。"

"钱在这儿，"老菲苾说。她想把钱给我，可是找不到我的手。

"在哪儿?"

她把钱放在我手里了。

"嗨，我不要那么多，"我说。"只要给我两块钱就够了。不跟你开玩笑——拿去。"我想把钱还给她，可她不肯收。

"你全都拿去好了。你以后可以还我。看戏的时候给我带来好了。"

"有多少，老天爷?"

"八块八毛五。六毛五。我花掉了一些。"

一霎时，我哭了起来。我实在是情不自禁。我尽量不哭出声，可我的确哭了。我一哭，可把老菲苾吓坏了，她走过来想劝住我，可你只要一哭开，就没法看在区区一毛钱份上止住。我哭的时候仍坐在床沿上，她伸过一只胳膊来搂住我的脖子，我也伸出一只胳膊搂住她，可我依旧哭了好久，没法止住。我觉得自己哽咽得都快憋死了。嗯，我把可怜的老菲芯吓坏了。那扇混帐窗子正开着，我感觉得出她正在哆嗦，因为她身上只穿着一套睡衣裤。我想叫她回到床上去，可她不肯。最后我终于止住了。不过的的确确费了我很大很大工夫。接着我扣好大衣上的纽扣。我告诉她说我会跟她保持联系的。她对我说，要是我愿意的话，可以跟她一起睡，可我说不啦，我还是走的好，安多里尼先生正等着我哩。随后我从大衣袋里掏出我那顶猎人帽送给她。她喜爱这一类混帐帽子。她不肯接受，可我让她收下了。我敢打赌她准是戴着这顶帽子睡觉的。她的确喜爱这一类帽子。随后我又告诉她说，我一有机会就打电话给她，说完我就走了出来。

不知什么原因，从屋里出来要比进去……容易多了。主要是，我已经不怕他们发现我了。我真的不怕了。我心想，他们要是发现，就发现吧。说起来，我还真有点儿希望他们发现呢。

我一直走下楼去，没乘电梯。我走的是后楼梯，一路上绊着了总有一千万只垃圾桶，差点儿把我的脖子都摔断了，可我终于走了出来。那个开电梯的连看都没看见我。他也许仍旧以为我在楼上狄克斯坦家里呢。

24

安多里尼夫妇住在苏敦广场一个十分阔气的公寓里，进客厅得下两个梯级，还有个酒吧间。我到那儿去过好几次，因为我离开爱尔克敦·希尔斯以后，安多里尼先生常常到我们家里来吃晚饭，打听我的情况。那时候他还没结婚。等他结婚以后，我常常在长岛森林山的西区网球俱乐部里跟他和安多里尼太太一起打网球。安多里尼太太是俱乐部的会员。她有的是钱。她比安多里尼先生约摸大六十岁，可他们在一起似乎过得挺不错。主要是，他们两个都很有学问，尤其是安多里尼先生，只是你跟他在一起的时候，他的小聪明往往胜过他的学问……安多里尼太太一般很严肃。她患着很严重的哮喘病。……

我本来想步行到他们家去，因为我想尽可能不花菲芯过圣诞节的钱，可我到了外边，觉得头晕目眩，很不好过，就叫了辆出租车。我实在不想叫汽车，可我终于叫了。我费了不知……多少工夫才找到了一辆出租车。

开电梯的好容易最后才放我上去，那个杂种。我按门铃后，安多里尼先生出来开门。他穿着浴衣，趿着拖鞋，手里拿着一杯掺苏打水的冰威士忌。他是个很懂人情世故的人，也是个酒瘾很大的人。“霍尔顿，我的孩子!”他说，“天哪，你又长高了二十英寸。见到你很高兴。”

“您好，安多里尼先生？安多里尼太太好？”

“我们两个都挺好。把大衣给我。”他从我手里接过大衣挂好。“我还以为你怀里会抱着个刚出生的娃娃哩。没地方可去。眼睫毛上还沾着雪花。”他有时候说话非常俏皮。他转身朝着厨房嚷道：“莉莉！咖啡煮好没有？”莉莉是安多里尼太太的小名。

“马上好啦，”她嚷着回答。“是霍尔顿吗？哈罗，霍尔顿！”

“哈罗，安多里尼太太！”

你到了他们家里，就得大声嚷嚷。原因是他们两个从来不同时在一间房里。说出来真有点儿好笑。

“请坐，霍尔顿，”安多里尼先生说。你看得出他有点儿醉了。房间里的情景好像刚举行过晚会似的。只见杯盘狼藉，碟子里还有吃剩的花生。“请原谅房间乱得不像样，”他说，“我们在招待安多里尼太太的几个打水牛港来的朋友……事实上，也真是几只水牛。”

我笑了出来，安多里尼太太在厨房里嚷着不知跟我说了句什么话，可我没听清楚。“她说的什么？”我问安多里尼先生。

“她说她进来的时候你别看她，她刚从床上起来。抽支烟吧。你现在抽烟了吗？”

“谢谢，”我说。我在他递给我的烟匣里取了支烟。“只是偶尔抽一支。抽得不凶。”

“我相信你抽得不凶，”他说着，从桌上拿起大打火机给我点火。“那么说来，你跟潘西不再是一体啦，”他说。他老用这方式说话。我有时候听了很感兴趣，有时候并不。他说的次数未免太多了点儿。我并不是说他的话不够俏皮——那倒不——可是遇到一个人老说着“你跟潘西不再是一体啦”这类话，有时候你会觉得神经上受不了……

“问题出在哪儿？”安多里尼先生问我。“你的英文考得怎样？要是你这个作文好手连英文都考不及格，那我可要马上开门请你出去了。”

“哦，我英文倒及格了，虽说考的主要是文学。整个学期我只写过两篇作文。”我说。“不过‘口头表达’我没及格。他们开了一门叫做‘口头表达’的课程。这我没及格。”……

（选自浙江文艺出版社1992年出版的施咸荣译《麦田里的守望者》）

[提示]

主人公霍尔顿是当代美国文学中最早出现的反英雄形象，这一形象尤其得到了青少年的普遍认同。小说独特之处在于切入现代西方人身陷生存困境的重要主题——危机与救赎，具有强烈现实性。

本书是美国最受欢迎的畅销书之一。然而对主人公霍尔顿，人们褒贬不一。这本美国战后初期风靡全球的小说，经历时间考验，据统计约被美国275所学校列为教材，还作为心理学、社会学必读书，或其他学科教辅书。

这部小说带有作者自传成分。讲述16岁少年霍尔顿·考尔菲德，暑假前因四门功课不及格被学校开除，在极度压抑颓废矛盾中度过的几天经历。霍尔顿在成长中对社会化中人性变形和扭曲的焦虑恐惧、苦闷彷徨，形成其人生一段心路历程——从反抗到妥协。小说深刻、客观地指出了青少年成长过程所面临的种种问题，却只能消极表达对虚假社会的愤怒，并且向往做麦田里的守望者，以挽救童年纯真世界。

本选段中，霍尔顿经历了被除名、离校、回纽约的火车、旅馆、溜冰场、看电影、中央公园的一系列事件后，决定回趟家，见一见自己的妹妹菲苾。他溜回家中，妹妹的真诚令他感动，但对他不守社会规则的指责，又叫他心烦。他们得到父母的爱只是生活必需品，此外没有更多关心交流，亲人的隔阂冷漠如此严重。

小说艺术特色鲜明。心理描写细腻入微，开当代美国心理现实主义的先河。语言富于个性色彩，构成“霍尔顿式”风格。平易直述中，又穿插大量俚语口语，成为继马克·吐温《哈克贝历·芬恩历险记》之后，又一部口语叙事的佳作，极大地影响了20世纪下半期西方后现代文学的创作，标志着文学从传统到现代的转变，成为后现代叙事文本的经典之作。

思考与练习：

1. 怎样理解该书是一部典型的“成长小说”？

2. 小说中象征手法对主题和人物起到什么作用？请尝试就其中部分场景象征、事物象征做一分析。

[平行阅读]

窗前的清晨

［英］艾略特（1888—1965）

她们在地下室的厨房里叮当洗着
早餐的盘子，而沿着踏破的人行道边
我看到了女仆的阴湿的灵魂
从地下室的门口忧郁地抽出幼苗。

从街的尽头，棕色的雾的浮波
把形形色色扭曲的脸扬给了我，
并且从一个穿着泥污裙的过路人
扯来一个茫然的微笑，它在半空
漂浮了一会，便沿着屋顶消失了。

（选自三联书店2006年出版的查良镛译《现代诗100首》）

哈姆莱特（节选）

［英］莎士比亚

[题解]

威廉·莎士比亚（1564—1616）是欧洲文艺复兴时期英国伟大的剧作家和卓越的人文主义思想家。他出生于英国沃里克郡斯特拉福镇富裕的市民家庭，少年时代曾在“文学学校”掌握写作技巧和丰富知识，因父亲破产走上独自谋生之路。各种职业使他增长了许多社会阅历。22岁时他离开家乡来到伦敦，照料看戏人的马匹，演一些小配角。后来从改编剧本到从事独立创作。尽管受到主流才子们的嘲讽打击，但莎士比亚的剧作却赢得了广大观众的爱戴。后来莎士比亚走进了贵族的文化沙龙，对上流社会有了直接观察和了解，视野扩大，为其日后创作提供了更加丰富的源泉。他以雄健奇丽的笔墨，刻画了英国封建制度衰落和资本主义原始积累转折时期的社会，他的剧集的确成为“时代的灵魂”。莎士比亚创作的剧本博采众长，加上其对社会的敏锐解读，形成独特风格，进而在英国文化界声誉日渐高涨，其作品获得了世界人民的认同和喜爱。

第三幕

第一场　城堡中一室

（国王、王后、波洛涅斯、奥菲利娅、罗森格兰兹及吉尔登斯吞上。）

国王　你们不能用迂回婉转的方法，探出他为什么这样神魂颠倒，让紊乱而危险的疯狂困扰他的安静的生活吗？

罗森格兰兹　他承认他自己有些神经迷惘，可是绝口不肯说为了什么缘故。

吉尔登斯吞　他也不肯虚心接受我们的探问；当我们想要引导他吐露他自己的一些真相的时候，他总是用假作痴呆的神气故意回避。

王后　他对待你们还客气吗？

罗森格兰兹　很有礼貌。

吉尔登斯吞　可是不大自然。

罗森格兰兹　他很吝惜自己的话，可是我们问他话的时候，他回答起来却是毫无拘束。

王后　你们有没有劝诱他找些什么消遣？

罗森格兰兹　娘娘，我们来的时候，刚巧有一班戏子也要到这儿来，给我们赶过了；我们把这消息告诉了他，他听了好像很高兴。现在他们已经到了宫里，我想他已经吩咐他们今晚为他演出了。

波洛涅斯 一点不错，他还叫我来请两位陛下同去看看他们演得怎样哩。

国王 那好极了，我非常高兴听见他在这方面感兴趣。请你们两位还要更进一步鼓起他的兴味，把他的心思转移到这种娱乐上面。

罗森格兰兹 是，陛下。（罗森格兰兹、吉尔登斯吞同下。）

国王 亲爱的乔特鲁德，你也暂时离开我们；因为我们已经暗中差人去唤哈姆莱特到这儿来，让他和奥菲利娅见见面，就像他们偶然相遇一般。她的父亲跟我两人将要权充一下密探，躲在可以看见他们，却不能被他们看见的地方，注意他们会面的情形，从他的行为上判断他的疯病究竟是不是因为恋爱上的苦闷。

王后 我愿意服从您的意旨。奥菲利娅，但愿你的美貌果然是哈姆莱特疯狂的原因；更愿你的美德能够帮助他恢复原状，使你们两人都能安享尊荣。

奥菲利娅娘娘，但愿如此。（王后下。）

波洛涅斯 奥菲利娅，你在这儿走走。陛下，我们就去躲起来吧。（向奥菲利娅）你拿这本书去读，他看见你这样用功，就不会疑心你为什么一个人在这儿了。人们往往用至诚的外表和虔敬的行动，掩饰一颗魔鬼般的内心，这样的例子是太多了。

国王（旁白） 啊，这句话是太真实了！它在我的良心上抽了多么重的一鞭！涂脂抹粉的娼妇的脸，还不及掩藏在虚伪的言辞后面的我的行为更丑恶。难堪的重负啊！

波洛涅斯 我听见他来了；我们退下去吧，陛下。（国王及波洛涅斯下。）

（哈姆莱特上。）

哈姆莱特 生存还是毁灭，这是一个值得考虑的问题；默然忍受命运的暴虐的毒箭，或是挺身反抗人世的无涯的苦难，通过斗争把它们扫清，这两种行为，哪一种更高尚？死了；睡着了；什么都完了；要是在这一种睡眠之中，我们心头的创痛，以及其他无数血肉之躯所不能避免的打击，都可以从此消失，那正是我们求之不得的结局。死了；睡着了；睡着了也许还会做梦；嗯，阻碍就在这儿：因为当我们摆脱了这一具朽腐的皮囊以后，在那死的睡眠里，究竟将要做些什么梦，那不能不使我们踌躇顾虑。人们甘心久困于患难之中，也就是为了这缘故；谁愿意忍受人世的鞭挞和讥嘲、压迫者的凌辱、傲慢者的冷眼、被轻蔑的爱情的惨痛、法律的迁延、官吏的横暴和费尽辛勤所换来的小人的鄙视，要是他只要用一柄小小的刀子，就可以清算他自己的一生？谁愿意负着这样的重担，在烦劳的生命的压迫下呻吟流汗，倘不是因为惧怕不可知的死后，惧怕那从来不曾有一个旅人回来过的神秘之国，是它迷惑了我们的意志，使我们宁愿忍受目前的折磨，不敢向我们所不知道的痛苦飞去？这样，重重的顾虑使我们全变成了懦夫，决心的赤热的光彩，被审慎的思维盖上了一层灰色，伟大的事业在这一种考虑之下，也会逆流而退，失去了行动的意义。且慢！美丽的奥菲利娅！——女神，在你的祈祷之中，不要忘记替我忏悔我的罪孽。

奥菲利娅 我的好殿下，您这许多天来贵体安好吗？

哈姆莱特 谢谢你，很好，很好，很好。

奥菲利娅 殿下，我有几件您送给我的纪念品，我早就想把它们还给您；请您现在收回去吧。

哈姆莱特 不，我不要；我从来没有给你什么东西。

奥菲利娅 殿下，我记得很清楚您把它们送给了我，那时候您还向我说了许多甜言蜜语，使这些东西格外显得贵重；现在它们的芳香已经消散，请您拿回去吧，因为在有骨气的人看来，送礼的人要是变了心，礼物虽贵，也会失去了价值。拿去吧，殿下。

哈姆莱特 哈哈！你贞洁吗？

奥菲利娅 殿下！

哈姆莱特 你美丽吗？

奥菲利娅 殿下是什么意思？

哈姆莱特 要是你既贞洁又美丽，那么你的贞洁应该断绝跟你的美丽来往。

奥菲利娅 殿下，难道美丽除了贞洁以外，还有什么更好的伴侣吗？

哈姆莱特 嗯，真的；因为美丽可以使贞洁变成淫荡，贞洁却未必能使美丽受它自己的感化；这句话从前像是怪诞之谈，可是现在时间已经把它证实了。我的确曾经爱过你。

奥菲利娅 真的，殿下，您曾经使我相信您爱我。

哈姆莱特 你当初就不应该相信我，因为美德不能熏陶我们罪恶的本性；我没有爱过你。

奥菲利娅 那么我真是受了骗了。

哈姆莱特 进尼姑庵去吧；为什么你要生一群罪人出来呢？我自己还不算是一个顶坏的人；可是我可以指出我的许多过失，一个人有了那些过失，他的母亲亲还是不要生下他来得好。我很骄傲，有仇必报，富于野心，我的罪恶是那么多，连我的思想也容纳不下，我的想象也不能给它们形象，甚至于我都没有充分的时间可以把它们实行出来。像我这样的家伙，匍匐于天地之间，有什么用处呢？我们都是些十足的坏人；一个也不要相信我们。进尼姑庵去吧。你的父亲呢？

奥菲利娅 在家里，殿下。

哈姆莱特 把他关起来，让他只好在家里发发傻劲。再会！

奥菲利娅 哎哟，天哪！救救他！

哈姆莱特 要是你一定要嫁人，我就把这一个诅咒送给你做嫁妆：尽管你像冰一样坚贞，像雪一样纯洁，你还是逃不过谗人的诽谤。进尼姑庵去吧，去；再会！或者要是你必须嫁人的话，就嫁给一个傻瓜吧；因为聪明人都明白你们会叫他们变成怎样的怪物。进尼姑庵去吧，去；越快越好。再会！

奥菲利娅 天上的神明啊，让他清醒过来吧！

哈姆莱特 我也知道你们会怎样涂脂抹粉；上帝给了你们一张脸，你们又替自己另外造了一张。你们烟视媚行，淫声浪气，替上帝造下的生物乱取名字，卖弄你们不懂事的风骚。算了吧，我再也不敢领教了；它已经使我发了狂。我说，我们以后再不要结什么婚了；已经结过婚的，除了一个人以外，都可以让他们活下去；没有结婚的不准再结婚，进尼姑庵去吧，去。（哈姆莱特下。）

奥菲利娅 啊，一颗多么高贵的心是这样陨落了！朝臣的眼睛、学者的辩舌、军人的利剑、国家所瞩望的一朵娇花；时流的明镜、人伦的雅范、举世瞩目的中心，这样无可挽回地陨落了！我是一切妇女中间最伤心而不幸的，我曾经从他音乐一般的盟誓中吮吸芬芳的甘蜜，现在却眼看着他的高贵无上的理智，像一串美妙的银铃失去了谐和的音调，无比的青春美貌，在疯狂中凋谢！啊！我好苦，谁料过去的繁华，变作今朝的泥土！

（国王及波洛涅斯重上。）

国王 恋爱！他的精神错乱不像是为了恋爱；他说的话虽然有些颠倒，也不像是疯狂。他有些什么心事盘踞在他的灵魂里，我怕它也许会产生危险的结果。为了防止万一，我已经当机立断，决定了一个办法：他必须立刻到英国去，向他们追索延宕未纳的贡物；也许他到海外各国游历一趟以后，时时变换的环境，可以替他排解去这一桩使他神思恍惚的心事。你看怎么样？

波洛涅斯 那很好；可是我相信他的烦闷的根本原因，还是为了恋爱上的失意。啊，奥菲利娅！你不用告诉我们哈姆莱特殿下说些什么话；我们全都听见了。陛下，照您的意思办吧；可是您要是认为可以的话，不妨在戏剧终场以后，让他的母后独自一人跟他在一起，恳求他向她吐露他的心事；她必须很坦白地跟他谈谈，我就找一个所在听他们说些什么。要是她也探听不出他的秘密来，您就叫他到英国去，或者凭着您的高见，把他关禁在一个适当的地方。

国王 就这样吧；大人物的疯狂是不能听其自然的。（国王、波洛涅斯同下。）

（选自人民文学出版社1978年出版的朱生豪等人译《莎士比亚全集》）

[提示]

《哈姆雷特》是莎士比亚的代表作，集中体现了莎士比亚的思想精髓与艺术成就。《哈姆雷特》取材自《丹麦史》一个古老故事。剧情发生在中世纪丹麦宫廷，哈姆雷特是个有理想、好思索的王子，也是文艺复兴时期人文主义者的典型。当他从父王的鬼魂那里得知奸王克劳狄斯杀父占母，内心既充满疑虑，又十分悲愤，他酷爱思索，再三推延复仇行动。他意识到自己的责任不是简单复仇，而是要重整乾坤、消灭罪恶，按照人文主义理想来改造现实。后来，他在叔父克劳迪斯安排的比剑中死去，临死前刺死了克劳迪斯，但其改变现实的远大理想并未实现。

本选段对于全剧情节有很大推动作用。描述篡位的克劳迪斯对哈姆莱特的装疯疑虑重重，因此借王子与奥菲利娅的恋情来刺探其内心世界。选段中不少独白，生动地表现出哈姆莱特内心的矛盾想法，也因准确把握社会脉络，成为传颂的经典名句。

思考与练习：

1. 你认为导致哈姆莱特悲剧的重要原因是什么？
2. 试分析哈姆莱特这一艺术形象。

约翰·克利斯朵夫（节选）

[法] 罗曼·罗兰

[题解]

罗曼·罗兰（1866—1944）是19世纪末和20世纪前半期法国最杰出的批判现实主义作家、音乐史学家和评论家、社会活动家。出生在法国中部高原克拉姆西。15岁随父母迁居巴黎。早期受托尔斯泰影响较深，主张全人类抽象的“爱”，以“英雄精神”对抗社会沦丧和文化堕落，提倡艺术为普通人服务。早期剧本《群狼》（1898年）、《丹东》（1900年）、《7月14日》（1902年）、《理智的胜利》（1899年）等，题材皆为历史事件，目的即是呼唤英雄主义和激励民族信心。

20世纪初其创作进入崭新阶段，罗兰为具有巨大精神力量的英雄立传，连续写名人传记：《贝多芬传》（1903）、《米开朗琪罗传》（1906）和《托尔斯泰传》（1911）、《甘地传》（1926年），并发表长篇小说杰作《约翰·克利斯朵夫》。该小说于1913年获法兰西学院文学奖金，自此罗曼·罗兰被誉为法国当代最重要作家。1915年，为表彰“他的文学作品中的高尚理想和他在描绘各种不同类型人物所具有的同情和对真理的热爱”，罗兰被授予诺贝尔文学奖。

罗曼·罗兰卓越的艺术成就，集中于文笔豪爽质朴，刻画出时代背景下，为追求正义、光明而奋勇前进的知识分子形象。罗曼·罗兰世界观和创作中最突出的特点是民主主义、对资本主义世界及其文化的批判。“真诚”坦荡，可以概括罗曼·罗兰作品的艺术风格，也是他做人的准则。他被称为“连接两个世纪的文化的一座桥梁”，继承传统又不断开拓创新。这位具有世界性影响的作家，同时又是著名社会活动家，一生为争取人类自由、民主与光明进行不屈的斗争。

卷四·反抗
第二部沦落

…… ……

看了这一篇，克利斯朵夫整个上午不能工作；他又去找别的骂他的报纸，预备把失意的滋味饱尝一下。可是鲁意莎为了收拾屋子，老喜欢把所有散在外面的东西丢掉，那些报纸早给她烧了。他先是生气，随后倒也安慰了，把那份留下来的报纸递给母亲，说这一份也早该一起扔在火里的。

可是还有使他更难受的侮辱呢。他寄给法兰克福一个有名的音乐会的一阕四重奏，被一致的否决了，而且并不说明理由。科隆乐队有意接受的一阕序曲，在他空等了几个月之后也给退回来，说没法演奏。但最难堪的打击是出于当地的某音乐团体。指挥于弗拉脱是个很不差的音乐家，但和多数的指挥一样，一点没有好奇心；他有那种当指挥的特有的惰性：凡是已经知名的作品，他可以无穷尽的重复搬弄，而一切真正新颖的艺术品却被视为洪水猛兽，避之唯恐不及。他永不厌倦的组织着贝多芬、莫扎特或是舒曼的纪念音乐会：在这些作品里头，他只要让那些熟悉的节奏把自己带着跑就是了。反之，现代的音乐就教他受不住。但他不敢明白承认，还自命为能够赏识有天才的青年；实际是这样的：假如人家给他一件仿古的作品——仿一件五十年前算是新的作品——他的确极表欢迎，甚至会竭力教大众接受。因为这种东西既不妨害他演奏的方式，也不会扰乱大众感受作品的方式。可是一切足以危害这美妙的方式而要他费力的作品，他都深恶痛绝。只要开辟新路的作家一天没有成名，他鄙薄的心就一天不会消失。假使这作家有成功的希望，他的鄙薄就一变而为憎恨——直到作家完全成功的那一天为止。

克利斯朵夫当然谈不到有成功的希望，那才差得远呢。所以他间接知道于弗拉脱先生很愿意演奏他的作品，不禁大为诧异。这位指挥是勃拉姆斯的好朋友，也是被克利斯朵夫在杂志上痛诋过的别的几个音乐家的朋友，因此克利斯朵夫更觉得他的表示出乎意外。但他自己是好人，以为他的敌人也像他一样的宽宏大度。他猜想他们是看到他受到攻击，特意要表示他们决不作小心眼儿的报复：想到这点，他竟为之感动了。他送了一阕交响诗给予弗拉脱，附了一封情辞恳切的信。对方教乐队秘书复了信，措辞冷淡，可是很有礼貌，声明他的曲子已经收到，但照会章规定，作品在公开演奏之前必须提交乐队先行试奏。章程总是章程：克利斯朵夫当然没有话说。而且这纯粹是种手续，免得一般讨厌的鉴赏家多做议论。

两三个星期以后，克利斯朵夫接到通知，说他的作品快要试奏了。照规矩，这种试奏是不公开的，连作家本人也不能旁听。事实上所有的乐队都容许作家到场，他只是不公然露面罢了。每个人都知道他在这儿，而每个人都装作不知道。到了那天，一个朋友来把克利斯朵夫带进会场，拣着一个包厢坐下。他很奇怪地发觉，这个不公开的预奏居然差不多会客满，至少在楼下：大批的时髦朋友，有闲阶级、批评家，都在那里咭咭呱呱，非常兴奋。乐队照例是装作不知道有这些人的。

开场是勃拉姆斯采用歌德《冬游哈尔茨山》里的一段所作的狂想曲，有女低音独唱和男声合唱，由乐队伴奏的。克利斯朵夫早就讨厌这件作品的浮夸的感伤情调，以为这或许是勃拉姆斯党一种挺客气的报复，因为他从前很不恭敬的批评过这个曲子，特意强迫他听一遍。他想到这点不由得笑了，而听到以后又紧接着被他攻击过的两个别的作家的东西，他认为更有意思了：

可见他猜得不错，他们的用意不是很明显了吗？他一边装着鬼脸，一边想这究竟是挺公平的斗争：他虽不欣赏那音乐，可很能欣赏这种玩笑。群众对着勃拉姆斯和同一派的作品热烈鼓掌的时候，克利斯朵夫也俏皮的附和几下。

终于轮到克利斯朵夫的交响曲了。乐队和听众之间都有人向他的包厢瞟几眼，证明大家知道他在场。他尽量地躲起来。他等着，心跳得很厉害。音乐像河水般悄悄地集中在一处，但等指挥的棍子一动就马上决破堤岸：在这种情形之下，每个作曲家都会觉得惴惴不安。他自己还从来没听到这个作品演奏的效果。他所幻想的生灵究竟是什么面目呢？声音又是怎么样的呢？他觉得它们在他心中轰轰地响；他靠在音响的深渊之上浑身哆嗦，急于要知道出来的是什么。

出来的却是一种无名的东西，一片不成形的混沌。明明是支撑高堂大厦的结实的梁柱，出来的可是没有一组站得住的和弦，它们相继瓦解，好似一座只有断垣残壁的建筑物，除了灰土瓦砾之外，一无所有。克利斯朵夫竟不敢相信奏的是他的作品。他找不到他思想的线条和节奏，根本认不出自己的思想了：只觉得它嘟嘟囔囔、摇摇晃晃，好比一个扶墙摸壁的醉鬼；他羞死了，仿佛自己就在当众表现这副醉鬼的模样。他明知他写的不是这种东西，可是没用：一个荒唐的代盲人把你的话改头换面的变了样，你自己也会当场糊涂起来，弄不清你对这种荒谬的情形应不应当负责。至于群众，他们可不理会这些：他们相信表现的人，歌唱的人，相信他们听惯的乐队，正如相信他们读惯的报纸一样：他们是决不会错的；要是他们说了荒唐的话，一定是作者荒唐。这一回群众尤其不会起疑，因为他们原来就要相信作者可笑。克利斯朵夫还以为指挥也觉察到这种混乱的情形，会叫乐队停下来重新开始的。各种乐器都失去了联络。号角手插进来的时候，落后了一拍子，又继续吹了好几分钟，才若无其事地停下来倒去口水。有几段双簧管的部分竟消灭得无影无踪。哪怕是最精细的耳朵也没法找到乐思的线索，甚至不能想象它有什么线索可言。变化很多的配器法，幽默的穿插，都给恶俗的演奏变得可笑了。作品显得荒谬绝伦，简直是一个白痴，是一个完全不懂音乐的人开的玩笑。克利斯朵夫扯着自己的头发，竟想跑出去阻断乐队的演奏；可是陪着他的朋友把他挡住了，说指挥先生自会辨别出演奏的错误而全部纠正的——何况克利斯朵夫根本不该出头露面，他的指责只有把事情弄得更糟。他把克利斯朵夫硬留在包厢里。克利斯朵夫听他摆布，只是把拳头敲着自己的脑门；而每次听到一段太不像话的表演，就又愤怒又痛苦的咕噜几声："孽障！孽障！……"他一边呻吟，一边咬着手不让自己叫出来。

那时除了错误的音符，群众也开始骚扰，有了声音。先还不过是一种震颤的音浪；不久克利斯朵夫分明听到他们在笑了。乐师给他们暗示，有几个竟老实不客气表示忍俊不禁。群众明白了作品真的可笑时，便捧腹大笑起来，全场的人都乐死了。赶到一个节奏很强的主题又在低音提琴上出现，而给表现得特别滑稽的时候，大家更乐不可支。只有指挥一个人在喧闹声中不动声色的继续打着拍子。

曲于终于奏完了——（世界上最得意的事也要结束的）——那才轮到大众开口。他们高兴至极，闹哄了好几分钟。有的怪声嘘叫，有的大喝倒彩：更俏皮的人却喊着"再来一次!"花楼中有人用男低音模仿那个可笑的主题。别的捣乱分子跟上来争奇斗胜。还有人嚷着："欢迎作家!"——这些风雅人士好久没有这样的乐了。

等到喧闹声稍微静了一些，乐队指挥若无其事地把大半个脸对着群众，可是仍装作看不见群众——（因为乐队是始终认为没有外人在场的）——向乐队做了一个记号表示他要说话。有人嘘了一声，全场静默了。他又等了一会儿才用着清楚、冷酷、斩钉截铁的声音说：

"诸位，我一定不会让这种东西奏完的，要不是为了把胆敢侮辱勃拉姆斯大师的那位先生给大家公断一下的话。"

说完了，他跳下指挥台，在大众的欢呼声中走了出去。掌声继续到一二分钟之久，但他竟不再出场。乐队里的人开始散了。群众也只能走了。音乐会已经告终。

大家总算过了一天快乐的日子。

克利斯朵夫已经出了包厢。他一看见指挥走下台，便立刻冲出去，三脚两步的奔下楼，要去打指挥的嘴巴。陪他来的朋友在后面追着，想拦住他。克利斯朵夫把他一推几乎跌下楼梯：（——他很有理由相信这位朋友也是做这个圈套的一分子）——还算是于弗拉脱的运气，也是克利斯朵夫的运气，后台的门关着，尽管他用拳头乱敲也敲不开。而群众已经从会场里出来，克利斯朵夫不得不赶快溜了。

他当时的情形真是没法形容：他漫无目的地走着，舞动着手臂，骨碌碌地转着眼珠，大声地自言自语，活像一个疯子；愤慨与狂怒的叫声越来越响了。街上差不多没有什么人。音乐会场是上年在城外新盖的；克利斯朵夫不知不觉穿过荒地，向郊外走去；荒地上东一处西一处有几所板屋和正在建造的屋子，四周都有篱垣。他心中起了杀性，竟想把那个侮辱他的人杀死……可是即使杀了他，那些百般耻笑他的人——他们笑声至今还在他耳朵里响着——会把兽性改掉一点吗？他们人数太多了，简直无法可想；他们在多少事情上都意见分歧，但在侮辱他压迫他的时候却联合起来了。那不只是误解，而且还有一股怨毒在里头。他究竟在什么地方得罪了他们呢？他心中的确藏着些美妙的东西，教人愉快教人幸福的东西；他想说出来，让别人一同享受，以为他们也会像他一样的快乐。即使他们不能欣赏，至少也得感激他的好意，充其量可以用友好的态度指出他错误的地方；但他们因此而怀着恶意取笑他，把他的思想歪曲，诬蔑，踩在脚下，把他变成小丑来置他死命，真是从何说起！他气愤之下，把人家的怨毒格外夸大了，过分的当真了：其实那般庸碌的人压根儿没有什么当真的事。他嚎啕大哭地嚷着："我什么地方得罪了他们呢?"他闭住了气，觉得自己完了，像童年第一次看到人类凶恶的时候一样。

这时他向周围和脚下看了看，原来他走到了磨坊邻近的小溪旁边，几年以前父亲淹死的地方。投水自杀的念头立刻在他脑中浮起，他想马上往下跳了。

正当他站在岸上，俯瞰着清澈恬静的水光感到幻惑的时候，一只很小的鸟停在近边的树枝上开始唱起来，唱得非常热烈。他不声不响地听着。水在那里喁语。开花的麦秆在微风中波动，簌簌作响；白杨萧萧，打着寒噤。路旁的篱垣后面，园中看不见的蜜蜂散布出那种芬芳的音乐。小溪那一边，眼睛像玛瑙般的一头母牛在出神。一个淡黄头发的小姑娘坐在墙沿上，肩上背着一只轻巧的稀格的藤篓，好似天使张着翅膀，她也在那儿幻想，把两条赤裸的腿荡来荡去，哼着一个全无意义的调子。远远的，一条狗在草原上飞奔，四条腿在空中打着很大的圆圈……

克利斯朵夫靠在一株树上，听着，望着春回大地的景象；这些生灵的和平与欢乐的气息把他感染了……他忘了一切……突然他拥抱着美丽的树，把腮帮贴着树干。他扑在地下，把头埋在草里，浑身抽搐地笑了，快乐之极地笑了。生命的美，生命的温情，把他包裹了，渗透了。他想道：

"为什么你这样的美，而他们——人类——那样的丑?"

可是不管这些！他爱生命，觉得自己永远会爱生命，无论如何不会跟它分离的了。他如醉若狂的拥抱着土地，拥抱着生命：

"我抓住你了！你是我的了。他们决不能把你抢走的。他们爱怎么办就怎么办罢！便是要我受苦也无妨！……受苦，究竟还是生活！"

卷十・复旦

第一部

夏季有一天傍晚的时候，他在村子高头的山上漫步：手里拿着帽子，走着一条曲曲折折向上的路。有一处拐弯的地方，小路转入两个斜坡中间，两旁都是矮矮的胡桃树和松树，俨然是个与世隔绝的小天地。到拐角儿上，仿佛路尽了，只看见一片空间。前面是淡蓝的远景，明晃晃的天空。黄昏静穆的气氛一点一滴的蔓延开去，像藓苔下面的一条淙淙的流水……

在第二个拐角上，她出现了：穿着黑衣，背后给明亮的天空衬托得格外显著；后面跟着两个六岁到八岁的孩子，一男一女，采着花玩儿。他们一走近便彼此认出来了，眼神都表示很激动，可是没有惊讶的声音，只微微做了一个诧异的手势。他非常激动，她嘴唇也有点儿颤抖。双方停住了脚步，同时轻轻地说：

“葛拉齐亚！”

“你原来在这里！”

他们握着手，一言不发。结果还是葛拉齐亚打起精神先开口。她说出自己住的地方，又问他的地址。那些机械的问答，当场差不多谁也没有留神，直到分别以后才听见。他们彼此打量着。孩子们从后面跟上来；她教他们见过了克利斯朵夫。克利斯朵夫一声不出，对他们瞧了一眼，不但毫无好感，而且还带些恶意。他心中只有她一个人，全神贯注的研究她那张痛苦、衰老，而风韵犹存的脸。她被他瞧得不好意思了，便道：“你晚上来看我行吗?”

她把旅馆的名字告诉了他。

他问她丈夫在哪儿，她把身上戴的孝指给他看。他心里太激动了，没法再谈下去，便和她匆匆告别。走了两步，他又回到正在采摘杨梅的孩子旁边，突然搂着他们亲了一下，赶紧溜了。

晚上他到旅馆去。她在玻璃阳台下等着。两人离得远远的坐下。周围并没多少人，只有两三个上了年纪的。克利斯朵夫因为有外人在场觉得很气恼。葛拉齐亚望着他。他也望着葛拉齐亚，嘴里轻轻念着她的名字。

“我改变了很多，是不是?”她问。

他不禁大为感动的回答：“噢，你受过很多痛苦了。”

“你也是的，”她瞧着他被痛苦与热情鞭挞过的脸，非常同情。

然后，双方没有话说了。

过了一会，他问：“我们不能找个没人的地方谈谈吗?”

“不，朋友，还是待在这儿吧，咱们不是很好吗？又没有谁注意我们。”

“我可不能痛痛快快的说话。”

“这样倒是更好。”

他当时不懂为什么。过后他回想起这一段谈话，以为她不信任他。其实她是怕感情冲动，特意要找个安全的地方，使彼此不至于有什么心血来潮的表现，所以她宁愿在旅馆的客厅里受点拘束，好遮盖自己的慌乱。

他们把各人过去的事说了一个大概，声音很轻，话也是断断续续的。裴莱尼伯爵几个月以前在决斗中送了命。克利斯朵夫才明白她的夫妇生活不十分幸福。最大的一个孩子也死了。但她言语之间没有怨叹的口气，自动地把话搁在一边，探问克利斯朵夫的情形，听到他痛苦的经历非常同情。

教堂里的钟声响了。那天是星期日。大家的生命都告了一个小段落……

她约他过两天再去。这种并不急于跟他再见的表示使他心里很难过。他又是快乐又是悲伤。

第二天她推说有事，写了个字条要他去。他一看那几句泛泛的话高兴极了。这次她在自己的客室里接见他，和两个孩子在一起。他望着他们，心里还有点儿惶惑，同时也对他们非常怜爱。他觉得大的一个——那女孩子——相貌像母亲，可不考虑那男孩子像谁。他们嘴里谈着当地的风土，天气，在桌上打开着的书本——眼睛却说着另外一套话。他想和她谈得更亲切一些。谁知来了一个她在旅馆里认识的女朋友。葛拉齐亚很殷勤的招待着，似乎对两位客人不分亲疏。他心中怏怏，可并不怪怨她。她提议一块儿去散步，他答应了。但有了那个生客——虽则她也年轻可爱——他觉得非常扫兴，认为这一天完全给糟掉了。

以后过了两天，他才跟葛拉齐亚再见。那两天之内，他念念不忘的只想着约会。但见了面，他仍不能和她说什么知心的话。她很温柔，可绝不放弃矜持。

…… ……

（选自人民文学出版社1957年出版的傅雷译《约翰·克利斯朵夫》）

[提示]

《约翰·克利斯朵夫》为罗曼·罗兰代表作品，被高尔基称为“长篇叙事诗”，被世人誉为20世纪最伟大的小说。这部巨著共10卷，主线为主人公约翰·克利斯朵夫的生平际遇。时间从19世纪后期到第一次世界大战以前。描述这位音乐天才的成长、奋斗和终告失败，也对德、法、瑞士、意大利等国黑暗现实做了真实描绘，讽刺虚伪庸俗的社会风气，并谴责趋炎附势、钩心斗角等时弊。

小说犹如一部庞大的交响乐。每卷似乐章，都有一个不同的乐思、情绪和节奏。全书“不以故事为程序而以感情为程序”（罗曼·罗兰《约翰·克利斯多夫》定本序言），生活背景随人物意识而展现出来，结构十分独特。

选段一摘自第二部“反抗”，青年克利斯朵夫冲击当时德国和法国的社会谎言，受到虚伪艺术界围攻诋毁，几无立足之地。选段二摘自第四部，晚年克里斯多夫历经暴风骤雨，从热烈理想转为寻求内心宁静，成功和荣誉之外，他陶醉在青年时代的女友葛拉齐亚的爱情里，从而完成了反抗到失败，再到妥协的历程。

主人公几起几落，历经挫折而能不断奋进，个性鲜明。全篇贯穿心理分析。对克里斯多夫的性格刻画，既肯定正面，又不隐藏其缺陷。他鲁莽、轻信、不够灵活，不拘小节，凡此种种，让主人公形象生动起来，有立体感和感召力。由《约翰·克利斯朵夫》始，罗曼·罗兰开创了一种独特的小说风格。

思考与练习：

1. 试分析选段中“情感程序”的表现手法。
2. 怎样理解主人公奋斗的精神感召力？
3. 你认为选段中人物和情景描写的关系如何？

吉檀迦利（节选）

[印] 罗宾德·拉纳特·泰戈尔

[题解]

罗宾德·拉纳特·泰戈尔（1861—1941）是印度近代著名诗人、小说家、艺术家、教育家和社会活动家。出生于孟加拉邦加尔各答市一个有深厚艺术修养的家庭。泰戈尔8岁写诗，12岁写剧本，15岁即发表长诗《野花》。1876年赴英国学习法律，却喜爱英国文学。1880年回国专事文学创作。1890年前的创作属于早期，抒情诗集《暮歌》(1882年）和《晨歌》（1883年）一经发表，即震撼当时印度文坛。1941年写作控诉英国殖民统治和相信祖国必将获得独立解放的著名遗言《文明的危机》。对世界来讲，泰戈尔是具有巨大影响的作家。他共写了50多部诗集，被称为“诗圣”。另还有12部中长篇小说、100多篇短篇小说、20余部戏剧及大量哲学论著。

在六十多年写作生涯里，泰戈尔勤奋耕耘，留下多产美名。至今在全球仍然有影响力。作品反映印度人民要求改变自己命运的强烈愿望，描写不屈不挠的斗争和反抗精神，充满爱国主义情怀，富有鲜明的民族特色，具有很高的艺术价值。重要诗集有《故事诗集》《新月集》《收获集》《缤纷集》《梦幻集》《吉檀迦利》《颂歌》等。著名小说有短篇《还债》《素芭》《摩诃摩耶》等。散文集有《中国的谈话》《俄罗斯书简》等。剧本有《国王》《邮局》。这些作品极大地推动了印度诗歌浪漫主义运动的进程。1913年他以英文版抒情诗《吉檀迦利》获得诺贝尔文学奖，成为亚洲第一位获此殊誉的作家。

4

我生命的生命，我要保持我的躯体永远纯洁，因为我知道你的生命的摩抚，接触着我的四肢。

我要永远从我的思想中摒除虚伪，因为我知道你就是那在我心中燃起理智之火的真理。

我要从我心中驱走一切的丑恶，使我的爱开花，因为我知道你在我的心宫深处安设了座位。

我要努力在我的行为上表现你，因为我知道是你的威力，给我力量来行动。

10

这是你的脚凳，你在最贫最贱最失所的人群中歇足。

我想向你鞠躬，我的敬礼不能达到你歇足地方的深处——那最贫最贱最失所的人群中。

你穿着破敝的衣服，在最贫最贱最失所的人群中行走，骄傲永远不能走近这个地方。

你和那最没有朋友的最贫最贱最失所的人们作伴，我的心永远找不到那个地方。

12

我旅行的时间很长，旅途也是很长的。

天刚破晓我就驱车起行，穿遍广漠的世界，在许多星球之上，留下辙痕。

离你最近的地方，路途最远，最简单的音调，需要最艰苦的练习。

旅客要在每一个生人门口敲叩，才能敲到自己的家门，人要在外面到处漂流，最后才能走到最深的内殿。

我的眼睛向空阔处四望，最后才合上眼说“你原来在这里!”

这句问话和呼唤“呵，在哪儿呢?”融化在千股的泪泉里，和你保证的回答“我在这里!”的洪流，一同泛滥了全世界。

13

我要唱的歌，直到今天还没有唱出。

每天我总在乐器上调理弦索。

时间还没有到来，歌词也未曾填好；只有愿望的痛苦在我心中。

花蕊还未开放；只有风从旁叹息走过。

我没有看见过他的脸，也没有听见过他的声音；我只听见他轻蹑的足音，从我房前路上走过。

悠长的一天消磨在为他在地上铺设座位；但是灯火还未点上，我不能请他进来。

我生活在和他相会的希望中，但这相会的日子还没有来到。

19

若是你不说话，我就含忍着，以你的沉默来填满我的心。我要沉静地等候，像黑夜在星光中无眠，忍耐地低首。

清晨一定会来，黑暗也要消隐，你的声音将划破天空从金泉中下注。

那时你的话语，要在我的每一鸟巢中生翼发声，你的音乐，要在我林丛繁花中盛开怒放。

20

莲花开放的那天，唉，我不自觉地在心魂飘荡。我的花篮空着，花儿我也没有去理睬。

不时地有一段忧愁来袭击我，我从梦中惊起，觉得南风里有一阵奇香的芳踪。

这迷茫的温馨，使我想望得心痛，我觉得这仿佛是夏天渴望的气息，寻求圆满。

我那时不晓得它离我是那么近，而且是我的，这完美的温馨，还是在我自己心灵的深处开放。

22

在七月淫雨的浓荫中，你用秘密的脚步行走，夜一般的轻悄，躲过一切的守望的人。

今天，清晨闭上眼，不理连连呼喊的狂啸的东风，一张厚厚的纱幕遮住永远清醒的碧空。

林野住了歌声，家家闭户。在这冷寂的街上，你是孤独的行人。呵，我唯一的朋友，我最爱的人，我的家门是开着的——不要梦一般地走过罢。

27

灯火，灯火在哪里呢？用熊熊的渴望之火把它点上罢！

灯在这里，却没有一丝火焰——这是你的命运吗，我的心呵！你还不如死了好！

悲哀在你门上敲着，她传话说你的主醒着呢，他叫你在夜的黑暗中奔赴爱的约会。

云雾遮满天空，雨也不停地下。我不知道我心里有什么在动荡，——我不懂得它的意义。

一霎的电光，在我的视线上抛下一道更深的黑暗，我的心摸索着寻找那夜的音乐对我呼唤的径路。

灯火，灯火在哪里呢？用熊熊的渴望之火把它点上罢！雷声在响，狂风怒吼着穿过天空。夜像黑岩一般的黑。不要让时间在黑暗中度过罢。用你的生命把爱的灯点上罢。

35

在那里，心是无畏的，头也抬得高昂；
在那里，知识是自由的；
在那里，世界还没有被狭小的家国的墙隔成片段；
在那里，话是从真理的深处说出；
在那里，不懈的努力向着“完美”伸臂；
在那里，理智的清泉没有沉没在积雪的荒漠之中；
在那里，心灵是受你的指引，走向那不断放宽的思想与行为——
进入那自由的天国，我的父呵，让我的国家觉醒起来罢。

84

离愁弥漫世界，在无际的天空中生出无数的情境。

就是这离愁整夜地悄望星辰，在七月阴雨之中，萧萧的树籁变成抒情的诗歌。

就是这笼压弥漫的痛苦，加深而成为爱欲，而成为人间的苦乐；就是它永远通过诗人的心灵，融化、流涌而成为诗歌。

101

我这一生永远以诗歌来寻求你。它们领我从这门走到那门，我和它们一同摸索、寻求着，接触着我的世界。

我所学过的功课，都是诗歌教给我的；它们把捷径指示给我，它们把我心里地平线上的许多星辰，带到我的眼前。

它们整天地带领我走向苦痛和快乐的神秘之国，最后，在我旅程终点的黄昏，它们要把我带到哪一座宫殿的门首呢？

（选自人民文学出版社2000年出版的冰心、石真、郑振铎、黄雨石译《泰戈尔诗选》）

[提示]

诗集《吉檀迦利》被誉为20世纪世界经典著作，是泰戈尔中期诗歌创作的高峰，也是最能代表其思想和风格的作品。泰戈尔的诗优美纯净，有一种特别的宁静感。《吉檀迦利》共收录了103首诗。这部诗集是献给“神”的歌，也即“生命之歌”，歌颂对自然的爱，颂扬生命及现实生活的喜乐悲哀，表达对祖国前途的关怀，也凝聚着泰戈尔对艺术的独特见解。作品轻快欢畅，清新淳朴，带着泥土花草的芬芳，给读者以灵魂震撼。

著名诗人徐志摩曾说，在泰戈尔的《吉檀迦利》中，以歌颂神灵的形式与文学结合，但并非是在表达一种超凡脱俗的思想，他借以表达的是一种对生命的歌唱，表达对人生理想的思索和追求。戈斯在《论泰戈尔的散文诗》中的评语：这是“一直贯穿在他生活之中的美和神秘的理想”（《泰戈尔散文诗全集》浙江文艺出版社 1990 年）。

思考与练习：

1. 为什么说《吉檀迦利》有永恒的价值？
2. 你认为泰戈尔抒情诗有何独特之处？

[平行阅读]

棉被

［日］田山花袋

正殿左右各有一间六铺席大小的房间。右边的房间向阳，冬天好过，夏天却热得不行。因此决定借用左边的房间。住持从别处卸下合适的拉门，给安装在这间屋子的门上。住持夫人把水桶提到走廊里，擦干净铺席，桌子摆在当中，带来的书箱放在旁边，茶具往火盆架上一放，一间赏心悦目的漂亮书房就这么布置好了。荻生正好邮局里得空，向同事交代了一下就来到寺里，割去院子里的杂草。等清三上完课回来时，周围全收拾得干干净净了。住持和荻生把茶具放在中央，面对着如此明亮的房间，大家兴高采烈地笑谈开了。

“这一下可是干净喽？真像是换了个房间似的。”清三这么说着，脸上现出了微笑。

“是荻生君给我们割掉杂草的。”住持笑着说。

“是荻生君？太感谢啦！”

“没什么！割掉杂草，使院子里清爽些，这也是一种乐趣嘛！”荻生说。

那里摆着用竹皮包着的江米点心，也是荻生带来的。清三说：“我可不客气喽！”随手抓起，津津有味地一连吃了三个。因为只吃了点方便饭，又走了这么远的路，肚子已经饿得不行了。

当天的晚饭是寺里给做的，有青芋和嫩荀片，酱汤里加进长老的土当归。住持让人把他那一份也拿到这里来，又添了两瓶啤酒，三个人在一起聚餐。吃饭时谈到了文学，谈到了人生问题，谈到了附近的事和小学的事，住持还谈到了他得意的修禅打坐。住持身子倚在靠近院子的柱子上，那张苍白的脸色在黄昏时节的天空下看得清清楚楚。

（选自江苏人民出版社 1987 年出版的田山花袋《棉被》）

华伦夫人的职业（节选）

[英] 萧伯纳

[题解]

萧伯纳（1856—1950）是英国现代杰出的戏剧家，也是闻名世界的擅长幽默与讽刺的大师。生于爱尔兰首都都柏林一个没落的中产家庭。受母亲熏陶，萧伯纳从小就爱好音乐和绘画。他深受易卜生影响，艺术主张旗帜鲜明：必须反映社会迫切问题，反对“为艺术而艺术”。他大力倡导和创作以讨论社会问题为主旨的“新戏剧”。

他早期著名剧作有：《鳏夫的房产》(1892 年)、《华伦夫人的职业》(1894 年)、《武器与军人》(1894 年)、《魔鬼的门徒》(1897)、《恺撒和克莉奥佩屈拉》(1898)。

进入 20 世纪，萧伯纳创作进入高峰，发表著名剧本《人与超人》(1903)、《巴巴拉少校》(1905)、《伤心之家》(1913)、《圣女贞德》(1923)、《苹果车》(1929) 等。

萧伯纳的成功在于妙语连珠的精彩剧本，擅长表达对当代意识和道德问题的思考，反对暴力，特别关注英国阶级状况和社会改革，一一戳穿堂皇借口粉饰的丑陋。萧伯纳剧作独特在于融合严肃性与喜剧性。其剧种十分丰富，喜剧、闹剧、历史剧、哲理剧等，但贯穿其中的讽刺批判精神始终不变。

萧伯纳杰出的戏剧创作活动，使他独享“20 世纪的莫里哀”之美誉。“因为他的小说诗歌文学作品具有理想主义和人道精神，其令人激励和讽刺往往蕴含着独特的诗意之美”，“他的戏剧使他成为我们当代最迷人的作家”，1925 年萧伯纳获得该年度诺贝尔文学奖。

第二幕

黄昏后，茅屋内。从里头往东看，从外头往西看，那扇大格子窗——窗帘已经拉上了——现在是在茅屋前墙的正中，通门廊的门在窗子左边。左墙有一扇门通厨房。靠后一边，仍贴着左墙，有一只食具柜，上面有一枝蜡烛和一盒火柴，富兰克的枪靠在旁边，枪筒贴着碗碟架。屋子当中有一张桌子，桌上点着一盏灯。窗户右边靠墙一张桌子上堆着薇薇的书籍文具。壁炉在右边，前面有一张高背靠长椅，壁炉里没有火。桌子左右各有一把椅子。

茅屋门开着，可以看见外面星光灿烂的夜空。华伦夫人裹着向薇薇借的一件披肩从外面走进来，富兰克跟在她身后。他把便帽往窗座上一扔。华伦夫人走累了，她一边拔针摘帽子，一边嘘了口气，帽子摘下之后，她把别针插在帽顶上，把帽子搁在桌子上。

华伦夫人 哦，天啊！在乡下过日子，不知是走道儿受罪，还是没事在屋里憋着更受罪。要是这儿有威士忌苏打水的话，我现在倒很想喝一杯。

富兰克 说不定薇薇有。

华伦夫人 胡说！她那么个年轻女孩子哪儿有这些东西！不要紧，没关系。我不能想像她在这儿怎么过日子！我宁可住在维也纳。

富兰克 我陪你上维也纳。（他一边帮她卸披肩，一边温存地把她肩膀轻轻捏一下。）

华伦夫人 哦！你陪我去？现在我才知道你活像你父亲。

富兰克 像我老头子？（他把披肩挂在最靠近的椅子上，坐下。）

华伦夫人 少打听。这种事你懂得什么？你还是个小孩子。（她走到壁炉旁边，离他远些，免得容易动心。）

富兰克 跟我上维也纳去吧？那才有意思呢。

华伦夫人 谢谢。维也纳不是你去的地方——至少得等你年纪大点儿。（她对他点点头，加重这个劝告的语气。他装出一副可怜相，可是眼睛里的笑意表明了他的虚假。她对他瞧瞧，又回到他身边）喂，小孩子，（两手捧着他的脸，把脸托起来冲着她自己）因为你像你父亲，所以我看透了你是怎么样的一种人，我看得比你自己还清楚。别在我身上胡打主意。听见没有？

富兰克 （娇声求爱）可是我自己也没有办法，亲爱的华伦夫人，这是我们的家风。（她假装要打他嘴巴，可是对他那仰着的漂亮笑脸瞅了会儿，情不自禁，到底跟他亲了个嘴，亲完了嘴，赶紧躲开，自己心里不耐烦。）

华伦夫人 哎！我不该那么着，我这人不老实。没关系，亲爱的，这是妈妈疼孩子．你去跟薇薇亲热吧。

富兰克 我已经跟她亲热上了。

华伦夫人 （吃惊质问）什么！

富兰克 薇薇跟我是好朋友。

华伦夫人 这话什么意思？听着：我不准无赖子弟勾引我的女孩子。听见没有？我不准你胡闹。

富兰克 （满不在乎）亲爱的华伦夫人，别着急。我打的是正经主意，绝不是胡闹，并且你那女孩子自己很会照管自己，她还不像她母亲那么要人照管。你知道，她长得不像你这么漂亮。

华伦夫人 （他这么大言不惭，她倒吃了一惊）哼，我看你的脸皮足有两寸厚。我不知道你这张厚脸皮是哪儿来的。反正不是你父亲给你的。

克罗夫 （在花园里）大概是吉卜赛人吧？

赛密尔牧师 （答话）那些做扫帚的流浪人比他们坏得多。

华伦夫人 （向富兰克）嘘！记着！我警告过你了。

克罗夫和赛密尔从花园里进来，牧师一边走一边接着谈话。

赛密尔牧师 温其斯脱巡回法庭上那件发假誓的案子才糟糕呢。

华伦夫人 怎么样？你们俩干什么呢？普瑞蒂和薇薇上哪儿去了？

克罗夫 （把帽子搁在长靠椅上，把手杖靠在壁炉犄角里）他们上山去了。我们俩到村子里去了一趟，我去喝了杯酒。（他在长靠椅上坐下，把两条腿平放在座位上。）

华伦夫人 哼，薇薇不应该不告诉我一声就走了。（向富兰克）给你父亲搬把椅子，富兰克，你的规矩上哪儿去了？（富兰克跳起来，斯斯文文把自己坐的椅子让给父亲，然后从靠墙那边另外搬了一张，搁在桌边坐下，自己居中，父亲居右，华伦夫人居左）乔治，今儿晚上你打算住在哪儿？这儿你不能过夜。普瑞蒂打算怎么办？

克罗夫 格阿德纳留我过夜。

华伦夫人 哦，你自己固然不愁了！可是普瑞蒂怎么办呢？

克罗夫 不知道。我想他可以住在客栈里。

华伦夫人 赛姆，你那儿有地方给他住吗？

赛密尔牧师 嗯——呃——你看，我是本地教区长，我不能自己做主。呃——普瑞德先生是什么社会身份？

华伦夫人 哦，他没问题，他是建筑师。你真是个老顽固，赛姆！

富兰克 对，没问题，老头子。在威尔士给公爵盖那座赛纳纹宫的就是他。你一定听说过。（他向华伦夫人飞了个眼，斯斯文文对着他父亲。）

赛密尔牧师 要是这样的话，好极了，我们愿意招待他。他大概认识公爵吧。

富兰克 哦，熟得很！咱们把他塞在乔菊娜从前住的那间屋子里。

华伦夫人 好，这件事算是决定了。现在只要那两个一回来，咱们就可以吃晚饭了。他们不应该天黑了还在外头呆着不回来。

克罗夫 （盛气相向）他们碍着你什么啦？

华伦夫人 不管碍着我碍不着我，反正我不喜欢这样子。

富兰克 别等他们了，华伦夫人。普瑞德能在外头多呆一会儿一定多呆一会儿。他从来没尝过夏天晚上跟我的薇薇在草坡上溜跶是什么滋味儿。

克罗夫 （吃惊，挺直身子）哦，什么话！喂！

赛密尔牧师 （站起来，吓得丢了牧师架子，说话老实而有力）富兰克，干脆一句话，这事办不到。华伦夫人会告诉你：这事想都不必想。

克罗夫 当然。

富兰克 （温婉动人）真的吗，华伦夫人？

华伦夫人 （沉吟）赛姆，这话难说。要是我那女孩子想结婚，拦着她不许结婚也没有好处。

赛密尔牧师 （吃惊）可是怎么能跟他结婚！你的女儿跟我的儿子结婚！你想：那怎么行。

克罗夫 当然不行。别胡闹，凯蒂。

华伦夫人 （生气）为什么不行？是不是我女儿配不上你儿子？

赛密尔牧师 不是那个，华伦夫人，可是你知道里头有原因……

华伦夫人 （不把他放在眼里）我不知道什么原因。要是你知道，尽管告诉你儿子，告诉我女儿，再不就告诉听你讲道的教友。

赛密尔牧师 （毫无办法，倒在椅子里）你明知道我不能把原因告诉别人。可是要是我告诉我儿子其中有原因，他会信我的话。

富兰克 不错，爹爹，你儿子会信。可是你儿子听你讲了原因之后，他做事改过一回样儿没有？

克罗夫 你不能跟她结婚，话只有这么一句。（他起身站在炉前砖台上，背冲着壁炉，紧皱着眉。）

华伦夫人 （厉声质问）请问跟你什么相干？

富兰克 （用他最好听的抒情调子）我也正要客客气气问他这句话。

克罗夫 （向华伦夫人）我想你大概不愿意把女儿嫁给一个年纪比她小、没有职业、没有钱养活她的男人吧。要是你不信我的话，问问赛姆。（向牧师）你还打算给他多少钱？

赛密尔牧师 一个大钱都不给了。他应得的祖产已经拿到手，去年七月花得干干净净了。（华伦夫人把脸一沉。）

克罗夫 （盯着瞧她）怎么样！我跟你说过了。

他重新在长靠椅上坐下，又把两条腿搁起来，好像这事已经结束了。

富兰克 （哀诉）这太金钱主义了。难道华伦小姐结婚为的是钱？要是她跟我彼此相爱……

华伦夫人 谢谢。孩子，你的爱情是很不值钱的货色。要是你没钱养活老婆，那就没话可说了；你不用打算跟薇薇结婚。

富兰克 （觉得非常好笑）你怎么说，老头子？

赛密尔牧师 我的意见跟华伦夫人一样。

富兰克 克罗夫老先生也发表过他的高见了。

克罗夫 （支着胳臂很生气地把身子转过来）听着，我不许你这么油腔滑调。

富兰克 （老实不客气）我本不愿意招你生气，克罗夫。可是刚才你大模大样冲我说话好像是我父亲一样。对不起，一个父亲就够受的了。

克罗夫 （瞧不起他）呸！（他又把身子转过去。）

富兰克 （站起来）华伦夫人，就是为了你，我也不能舍了我的薇薇。

华伦夫人 （咕哝）小流氓！

富兰克 （说下去）你一定想给她提别的亲事，所以我得赶紧先下手。（他们都用眼睛瞪他，他倒文文雅雅朗诵起来了。）

不是怕自己的命运靠不住，

就是担心自己的长处算不得数，

所以他不敢泼出胆子试一试，

究竟是一战成功还是满盘输。

他正在朗诵的时候茅屋门开了，薇薇和普瑞德走进屋子。他立刻打住。普瑞德把帽子搁在食器柜上。屋子里的人登时规矩起来。普瑞德走到壁炉旁边凑近克罗夫的时候，克罗夫把搁在椅子上的两条腿放下来，正襟危坐起。华伦夫人也不像刚才那么自在了，只好借着埋怨别人掩盖自己的局促心情。

华伦夫人 你们究竟上哪儿去了，薇薇？

薇薇 （摘下帽子，随手往桌上一扔）上山去了。

华伦夫人 你不应该不告诉我一声就这么去了。我怎么知道会不会出什么事儿？天又黑下来了！

薇薇 （走到厨房门口，不睬她母亲）吃晚饭吧？（大家都站起来，只有华伦夫人不动身）里边恐怕太挤了。

华伦夫人 我说的话你听见没有，薇薇？

薇薇 （文文静静）听见了，妈妈。（回到吃晚饭的困难问题上）咱们有几个人？（数）一，二，三，四，五，六。四个人先吃，两个人得等着，爱力森太太的刀叉只够四个人使的。

普瑞德 哦，我没关系。我……

薇薇 普瑞德先生，你走了那么些路，肚子饿了，你应该马上就吃。我自己等一会儿不要紧。还得有一个人陪我等着。富兰克，你饿不饿？

富兰克 一点儿都不饿——简直不想吃东西。

华伦夫人 （向克罗夫）乔治，你也不饿。你也可以等一等。

克罗夫 哦，那就要命了，吃了茶点之后我还没吃过东西。赛姆是不是可以等一等。

富兰克 你想让我父亲挨饿吗？

赛密尔牧师 （含怒）不必费心，让我自己说。我很愿意等着。

薇薇 （不许别人出主意）不必。两个人等着就够了。（她开厨房门）格阿德纳先生，请你搀我母亲进去。（牧师过去搀着华伦夫人，一同走进厨房。普瑞德和克罗夫跟在后边。除了普瑞德，谁都不赞成这办法，可是没法子反对。薇薇站在门口，冲着里面瞧他们）那个墙角儿你挤得进去吗，普瑞德先生？那儿太窄了点儿。留神你的衣服，别擦上墙上的白粉，好了。大家都坐舒服了吗？

普瑞德 （在里面）很好，谢谢。

华伦夫人 （在里面）把门敞着别关，宝贝。（薇薇皱一皱眉，可是富兰克赶紧打招呼拦住她，悄悄走到茅屋门口，轻轻把门完全敞开）嗬，这股子风真厉害！你还是把门关上吧。

薇薇砰的一声把门关上，看见她母亲的帽子和披肩在屋里乱扔着，心里很腻烦，把东西齐齐整整搬到窗座上，在这当口富兰克轻轻又把茅屋门关上。

富兰克 （高兴）哈哈！把他们都打发开了。薇芬，你看我父亲这人怎么样？

薇薇 （心里有事，一本正经）我差不多没跟他谈过话。我不觉得他怎么能干。

富兰克 你要知道，其实这老头子心里不像外面看着那么傻。你知道，当初他是硬让家里塞进了教会，为了叫人看着像个牧师，他就装得比原来傻多了。其实我不太讨厌他。他这人居心不坏。你看你能跟他合得来吗？

薇薇 （冷冰冰地）我觉得我将来过日子不大会跟他有什么相干，不但他，也许除了普瑞德，我跟母亲那伙子熟人也都不相干。（她在长靠椅上坐下）你看我母亲这人怎么样？

富兰克 是不是说老实话？

薇薇 对，说老实话。

富兰克 她这人很有意思，可是有点儿怪，你说是不是？要说那个克罗夫！哦，天啊，克罗夫！（他挨着她坐下。）

薇薇 那一伙子东西，富兰克！

富兰克 那一帮子家伙！

薇薇 （非常瞧不起那班人）要是我知道将来我是那么个废物，一顿挨着一顿地混饭吃，没目的，没主见，没胆量，那我宁可割开一根血管，放血死掉，丝毫不踌躇。

富兰克 哦，你不会那样做。他们能够享福又何必操心吃苦呢？我倒羡慕他们运气好。我就是不赞成他们的样子。不像一回事，太懒散，懒散得厉害。

薇薇 要是你不做事，将来到了克罗夫的年纪，你说你的样子能比他高明吗？

富兰克 那还用说。一定比他高明得多。薇芬别教训人了，她的孩子已经管不好了。（他想把她的脸捧在手里温存一下。）

薇薇 （一伸手把他两只手打下去）走开，今儿晚上薇芬不高兴逗她的孩子。（她站起来，走到屋子那头去。）

富兰克 好狠心！

薇薇 （对他跺脚）正经点儿。我不是跟你开玩笑。

富兰克 好。咱们谈谈学问吧。华伦小姐，你知道不知道，所有最先进的思想家都承认，现代文明的毛病，一半是出于年轻人爱情的饥饿。喂，我——

薇薇（截断他的话）你真讨厌。（她开了里屋的门）你们有地方给富兰克没有？他在这儿抱怨挨饿呢。

华伦夫人 （在里面）当然有。（她移动桌上东西的时候，刀叉杯盘丁当作声）来吧！我旁边有地方。进来，富兰克先生！

富兰克 薇芬的孩子将来要跟薇芬清算这笔账。（他走进厨房。）

华伦夫人 喂，薇薇。你也进来，孩子。你肚子一定也饿了。（她从厨房走出来，克罗夫跟在后面，恭恭敬敬拉着门，等薇薇走过去。薇薇走出去的时候根本没用正眼瞧他一下，他随手把门关上）乔治，你一定没吃饱。你没吃什么东西。你怎么啦？

克罗夫 哦，我进去本来只要喝杯酒。（他把两手往衣袋里一插，在屋里晃来晃去，心烦意躁，闷闷不乐。）

华伦夫人 我倒喜欢吃东西。可是吃了点儿那种冷牛肉、酪干和莴苣，也就够了。（嘘了一口气，好像只半饱，在长靠椅上懒洋洋坐下。）

克罗夫 你为什么这么抬举那只小狗儿？

华伦夫人 （立刻警惕起来）我问你，乔治，你在我那女孩子身上打什么主意？我一直在注意你用眼睛瞧她的神情。记着：我知道你这人，我也知道你那么瞧她是什么意思。

克罗夫 瞧瞧她难道有什么坏处？

华伦夫人 要是你有一点儿不规矩的行为落在我眼睛里，我会马上打发你回伦敦。在我看起来，我女儿的小拇指比你整个儿一条身子还名贵。（克罗夫听了这句话冷笑了一声。华伦夫人本想装出戏台上痴心母亲的面目压服他，不料没做到，脸一红，声音低了些）你放心，那只小狗跟你一样地吃不到嘴。

克罗夫 难道一个男人不许关心一个女孩子吗？

华伦夫人 像你这样的男人不许。

克罗夫 她多大年纪了？

华伦夫人 你不用管她多大年纪。

克罗夫 你为什么把她的岁数瞒得这么紧？

华伦夫人 因为我高兴。

克罗夫 我今年还没到五十，我的产业还跟从前一样多……

华伦夫人 （截住他的话）这是因为你又吝啬又卑鄙。

克罗夫 （接着说）并且一个准男爵也不是天天都找得到的。像我这种身份的人谁都受不了你这么个丈母娘。她凭什么不嫁给我？

华伦夫人 嫁给你？

克罗夫 咱们三个人在一块儿过日子，可以过得很舒服。我先死了，她就是一个肥肥实实有钱的小寡妇。这门亲事为什么做不得？刚才我在那边跟那傻瓜一块儿散步的时候，我心里一直都在盘算这件事。

华伦夫人 （起反感）对，你心里就会盘算这种事。

他站住不走了。两个人对瞧着：她直着眼盯他，一面鄙视他，一面暗暗地也有点儿怕他；他斜着眼瞟她，带着两道色迷迷的眼光和一张不正经的笑脸。

克罗夫 （看她毫不同情，登时慌张起来）喂，凯蒂，你是一个懂事的女人，你不用装假道学。我不再问你什么了，你也不必再回答什么了。我把我的全部产业指定留给她，在我结婚那天，你自己要多少钱，尽管说一个数目——只要在情理之中。

华伦夫人 乔治，你也像那些不中用的老家伙似的，落到这种地步了！

克罗夫 （恶狠狠）该死！

她还没来得及还嘴，厨房门开了，外面已经可听见那几个人正在走出来的说话声音。克罗夫来不及把神定下来，只好慌忙走出茅屋。牧师在厨房门口出现。

赛密尔牧师 （四面张望）乔治爵士哪儿去了？

华伦夫人 上外头抽烟去了。（牧师从桌子上拿了帽子，走到壁炉旁边挨近华伦夫人。这当口，薇薇也进来了，后面跟着富兰克。他一进门就倒在一张最靠近门的椅子里，像是精疲力竭的样子。华伦夫人转过脸来，冲着薇薇说话，母亲的派头装得比平常更加勉强）宝贝，你晚饭吃饱了没有？

薇薇 你知道，爱力森太太家里的晚饭还不就是这么回事。（她转过去冲着富兰克，像逗孩子似的）富兰克，怪可怜的，是不是牛肉都没有了？你是不是只吃了面包、酪干、姜汁汽水，没吃别的？（忽然一本正经起来，好像今晚玩笑已经开够了）爱力森太太的黄油真要不得。我得下山上铺子里买点儿去。

富兰克 对，真该买点儿。

薇薇走到写字桌前把买黄油的事记了一笔。……

（选自漓江出版社2001年出版的潘家洵译《圣女贞德》[上]）

[提示]

《华伦夫人的职业》是萧伯纳早期代表作。华伦夫人的女儿薇薇是剑桥大学高才生，曾经获得数学优胜奖，颇为清高。但她发现自己成长所获教育的钱是母亲开妓院赚来的，因此谴责华伦夫人，试图以自己的劳动养活自己。选段为第二幕，发生在伦敦附近的乡间别墅。青年富兰克正想方设法追求薇薇，富兰克父亲赛密尔牧师因害怕薇薇是自己的女儿，坚决反对两人往来。华伦夫人也持反对意见，因为怕富兰克不富裕。老伯爵克罗夫想以金钱引诱骗娶薇薇。

母女之争是全剧第一次高潮。薇薇追问生父，华伦夫人否认薇薇与克罗夫有任何血缘关系，但不愿说出究竟是谁。台词揭露了卖淫这一丑恶现象的社会根源，着力批判了逼良为娼的世弊。这也是萧伯纳的戏剧最突出的特点——紧密结合现实，暴露丑恶和阴暗，勇敢挖掘社会问题的实质。

萧伯纳的戏剧语言充满智慧，对白诙谐泼辣，常浮现妙语警言。情节常用转换手法，令观众难以预料结局。艺术手法上，他善于设计人物对白和感情交锋，以此来展现性格冲突和主旨。新女性薇薇有人生理想，一心向往能够证明自己的才华，鄙视那些庸俗、无所事事的寄生虫。后来她去伦敦一个法律事务所工作，实现了自食其力的梦想。萧伯纳在她身上展示了新一代的精神风貌，后期剧作更进一步刻画了这类新青年形象。

思考与练习：

1. 试分析萧伯纳剧作的语言特色。
2. 选段用哪些方法来刻画个性鲜明的人物形象？

[平行阅读]

驿站长

[俄] 普希金

……

1816年5月，我有事沿着现已废弃的某驿道经过某省。当时我官职卑微，只能乘坐到站换马的驿车，付两匹马的公费。因此站长们对我不讲客气，我得常常据理力争方能得到我自认为有权得到的东西。我年轻，火气大，一看到站长把为我准备的三匹马套到某位老爷的轿车上，我便恼恨站长卑鄙，骂他没有骨头。同样，在省长的宴会上，精明势利的奴仆按官阶次第上菜，走过我跟前而不予理睬，这种事，也令我长久耿耿于怀。上述两件事，现在我倒觉得是天经地义的了。倘若废弃通行的规矩："小官敬畏大官"，而改换另一个规矩："猩猩爱惜好汉"，那么，实际上我们将怎么办？那会争得打破头！仆役上菜从谁开始？闲话少说，再来说我的故事要紧。

那一日天气炎热。车子距离＊＊站还有三俄里，开始下小雨了，不一会，大雨倾盆，淋得我浑身不剩一根干丝。到了站，我第一件事便是赶紧换衣，第二件事便是要茶。

“喂，冬妮娅!”站长叫道，“茶炊拿来，再拿点奶油。”

他说了这话，从屏风后边走出一个约莫十四岁的女娃，跑进了前堂。她的美貌令我一惊。

“她是你的女儿?”我问站长。

“是女儿，大人!”他说，神态怡然自得。“她脑子聪明，手脚麻利，就像她下世的娘。”

……

我还没来得及给老车夫付清车钱，这时，冬妮娅捧着茶炊回来了。这小妖精瞅我第二眼便看出了她已经赢得了我的好印象，垂上蓝蓝的大眼睛。我找她谈话，全无半点扭捏之态，俨然像个见过世面的大姑娘了。我请她父亲喝杯果露酒，给冬妮娅倒了一杯茶。我们三人便开始聊天，好似我们早就是熟人了。

……

(选自湖南文艺出版社 1991 年出版的戴启篁译《普希金小说集》)

复活（节选）

[俄]列夫·尼古拉耶维奇·托尔斯泰

[题解]

列夫·尼古拉耶维奇·托尔斯泰（1828—1910），19世纪俄国最伟大的作家、思想家、改革家。他出生于莫斯科以南亚斯纳亚波利亚纳，16岁进入喀山大学。1851年参军去高加索，1854年参加克里米亚战争。军旅生活使他看到腐败的上流社会，而且为以后巨著《战争与和平》逼真描绘战争场面打下了基础。1855年11月到彼得堡进入文学界，其成名作——自传体小说《童年》《少年》反映出他批判贵族生活的态度，以及强调“道德自我修养”的理想和擅长心理分析的特色。他的一系列短篇小说，均把题材集中于道德问题。1862年后的15年，创作了两部杰作：《战争与和平》和《安娜·卡列尼娜》。《复活》（1889—1899）是托尔斯泰晚年历时十余年写成的长篇巨作，也是托尔斯泰一生思想和艺术探索的总结，堪称一部史诗，也被视为19世纪俄国生活的百科全书。

……

另一封信是经管他的田产的总管写来的。总管写道，他聂赫留朵夫务必亲自来一趟以便确定他的继承权，此外关于如何继续经营田产的问题也好做出决定：究竟是依然按照已故的公爵夫人生前那种办法经营呢，还是按照他以前向已故的公爵夫人提出过而如今又向年轻的公爵重提的办法来经营，也就是增加农具，并且把租给农民的土地全部收回，由自己来经营。总管写道，这样的经营方式划算得多。同时总管道歉，说是按预定计划本月初应当汇上三千卢布，不料略微耽搁了一下。这笔钱随下一班邮车汇出。他所以推迟汇款，是因为无论如何也收不齐农民的钱，他们过于不老实，因而他不得不求助于官府，强制他们拿出钱来。这封信对聂赫留朵夫来说是又愉快又不愉快的。感到自己拥有广大的家业，那是愉快的。不愉快的是当初他年纪很轻的时候原是赫伯特·斯宾塞[1]的热烈的信徒，而且由于他自己是大地主，斯宾塞在《社会静力学》[2]一书中所提出的“正义不容许土地私有”的原理就特别使他震动。他凭青年人的耿直和果断，不但口头上说土地不能成为私有财产的对象，不但在大学里就这个原理写成论文，而且当时在实际行动上把一小部分土地发给农民了（那块土地不属他母亲所有，而是他本人从他父亲名下继承来的），因为他不愿意违背自己的信念而占有土地。现在他继承母亲的田产而成为大地主，就必须在两种办法当中选择一个：要么照十年前他处理父亲的二百俄亩[3]土地那样放弃他的财产，要么用默认的方式承认他以前的一切思想都是错误而虚伪的。

第一个办法他做不到，因为他除了土地以外没有任何生活资料。他不愿意去做官，可是他又已经养成奢侈的生活习惯，认为要丢掉这种生活习惯已经不可能。再者，他也感觉不到改变生活有什么必要，因为他青春时代那种信念的力量、那种果断、那种要做一番惊人事业的好胜心和愿望，已经一概不存在了。至于第二个办法，那么"占有土地是不正当的"这个明白确凿的道理原是他以前从斯宾塞的《社会静力学》里汲取来的，过了很久以后又在亨利·乔治[4]的著作里找到光辉的论证，现在要加以否定，在他也是无论如何办不到的。

就因为这个缘故，总管的信才使他感到不愉快。

聂赫留朵夫喝完咖啡后，就到书房里去查一下通知，看他应该几点钟出庭，此外他还想给公爵小姐写一封回信。要到书房去就得先穿过一个画室。画室里立着一个画架，上面反放着一幅已经开了头的画。墙上挂着些画稿。他看到那幅他下过两年功夫的画，看到那些画稿，看到整个画室，心里就不由得生出一种近来常常特别强烈地出现的感觉，那就是他在绘画方面已经无力前进了。他把这种感觉解释为他的审美感发展得过于精致。话虽如此，这种感觉毕竟是很不愉快的。

七年前，他断定自己有绘画的才干而辞去了军中的职务。他站在艺术事业的高峰上，有点看不起其他的各种工作。现在事实证明他没有权利那样做。正是因为这个缘故，一切牵连到绘画的回忆都是不愉快的。他怀着沉重的心情打量画室里的种种奢华设备，带着闷闷不乐的心绪走进了书房。那是个又高又大的房间，有种种的摆设、用具和舒适的设备。

聂赫留朵夫立刻在大写字台上一个标明"紧急"字样的抽屉里找到那份通知，上面写着他必须十一点钟出庭。然后他坐下来给公爵小姐写信，说明他感激她的邀请，他会尽力赶去吃饭。可是他写完信后却把它撕碎，因为信上的口气过分亲热。他又写了一封，这一回口气却又太冷淡，几乎会得罪人。他又把信撕掉，按了按墙上一个电铃的电钮。一个上了年纪、面貌阴沉的听差从房门口走进来，他留着络腮胡子，上唇和下巴剃得光光的，腰上系着一条灰色细布围裙。

"劳驾，去叫一辆出租马车来。"

"是，老爷。"

"还有，您去告诉柯察金家那个在等回音的来人，让她替我道谢，就说我会尽力赶到。"

“是。”

“这是不礼貌的，然而回信我又写不成。反正今天我会跟她见面，没关系，”聂赫留朵夫暗想，走出书房去穿衣服。

等到他穿好衣服，走出去，到了门廊上，一辆熟悉的、装着胶皮轮胎的出租马车已经在等他了。

“昨天，您刚刚离开柯察金公爵家，”马车夫把他那晒黑的而且结实的脖子从衬衫的白领口里微微扭过来，说。“我就赶着马车到了他们家门口。看门人说：‘他老人家刚走。’”

“就连这些马车夫都知道我跟柯察金家的关系，”聂赫留朵夫暗想，于是他面前又出现了近来经常在他心头盘旋而得不到解决的一个问题：应不应该跟柯察金娜结婚呢？他对这个问题如同对当前他所遇到的大多数问题一样，无论如何也没法决定究竟该照这样办还是该照那样办。

应当结婚的理由，大体说来无非是，第一，结婚除了给予他家庭的温暖和快乐，消除他的性生活的不正常以外，还使得他有可能过一种合乎道德的生活；第二，聂赫留朵夫主要把希望寄托在这一方面：家庭和子女会给他目前这种毫无内容的生活添上一种意义。这就是赞成结婚的一般理由。至于不宜结婚的理由，大体说来不外是，第一，生怕失去自由，这是一切年纪已经不轻的单身汉所共同有的顾虑；第二，对女人这种神秘的生物抱着不自觉的恐惧心理。

至于具体说来应当不跟别人而单跟米西（柯察金娜的名字是玛丽雅，可是如同上流社会某些家庭里的情形一样，她得了这样一个诨名）结婚的理由，第一是她出身于贵族血统的家庭，在各方面，从装束到谈话、走路、发笑的风度，都跟普通人有所不同，这倒不是因为她有什么超群出众的地方，而是因为她“正派”，他找不出别的字眼来形容这种品质，不过他是把它看得很重的；第二是她把他看得高人一等，因而依他看来她是了解他的。这种对他的了解，换句话说，这种对他的高尚品格的承认，对聂赫留朵夫来说，证明了她才智过人，判断正确。至于具体说来不应当跟米西结婚的理由，第一是他很可能找到一个比米西具备更多长处，因而更配得上他的姑娘；第二是她已经二十七岁，因此以前她一定有过恋爱的事，这个想法使得聂赫留朵夫很不好受。他想到那时候她不爱他，哪怕已经是以前的事，他的自尊心也还是受不了。不消说，以前她不可能知道她日后会遇见他，可是他一想到她以前可能爱过别人，却仍旧感到受了侮辱。

所以赞成的理由和反对的理由正好不相上下，至少这两类理由具有同等的力量。聂赫留朵夫不由得笑他自己，管他自己叫做布里丹的“驴子”[5]。他始终拿不定主意，不知道在两捆干草当中该选哪一捆好。

“不过，既然我没有接到玛丽雅·瓦西里耶芙娜（首席贵族的妻子）的回信，没有跟她完全断绝关系，那我也的确不能采取任何行动，”他对自己说。

他想到他可以而且必须拖延一阵才能做出决定，不由得感到愉快。

……

（选自人民文学出版社1979年出版的汝龙译《复活》）

注释：

1. 赫伯特·斯宾塞（1820—1903）是英国社会学家和实证论者。他在《社会的有机的理论》一书中为阶级的不平等和资产阶级社会关系的矛盾进行辩护，把它们比作对于有机体的生存和活动同等必要并执行各种生物学职能的生理器官的相互作用，同时他站在抽象的“正义”立场上主张无政府主义的、人人摆脱政府的自由，主张人人有权不加限制地享用一切天然的福利。——俄文版译者注。

2.《社会静力学》，斯宾塞的最早和最著名的作品之一（1850年出版），该书论证了土地私有制的不公平，认为不应该使某些人有权占有土地而使另外的人无权占有。后来斯宾塞放弃了这个观点。——俄文版译者注。

3. 一俄亩约等于中国十七亩。

4. 亨利·乔治（1839—1897），美国经济学家和社会活动家。他在他的一系列著作中，包括《土地问题》《伟大的社会形态》《进步和贫困》，发展了斯宾塞在《社会静力学》一书中所论述的关于土地私有制的观点，阐明了土地收归国有的理论，办法是由国家征收统一的土地税。托尔斯泰是亨利·乔治的平均使用土地学说的热烈拥护者，对这个学说进行了广泛的宣传，认为它为解决俄国土地问题开辟了道路。——俄文版译者注。

5. 相传是14世纪法国哲学家布里丹所写的一个故事：有一匹驴子，看到两捆外形和质量完全一样的干草，犹豫不决，不知道该选哪一捆好，结果反而饿死。——俄文版译者注。

[提示]

本选段情节是玛丝洛娃被押解到地方法院受审时的故事。

长篇小说《复活》是托尔斯泰思想观念变化的代表作。其情节取自一个真实故事。透过小说主人公聂赫鲁多夫“心灵净化”过程，托尔斯泰对地主资产阶级做了尖锐批判，揭露沙皇专制官僚制度的本质及教会的丑恶罪行，是全面反映托尔斯泰世界观的代表作品，小说描写地主养女喀秋莎·玛丝洛娃受辱、堕落以及下狱、流放的悲剧，也表现托尔斯泰对被侮辱、被伤害者的深切同情。相比从前的作品，《复活》更强调道德内省，使它成为辩论家托尔斯泰的经典。

作品最成功之处在于塑造了聂赫鲁多夫和玛丝洛娃的形象。聂赫鲁多夫是一个忏悔的贵族。通过他诱骗玛丝洛娃，忏悔以至追随到流放地为其冤案奔走的全程，表现该形象的复杂矛盾，托尔斯泰在他身上概括出19世纪末俄国进步贵族的思想特征。

不幸的玛丝洛娃更彰显托尔斯泰深刻的批判精神。虽为养女，实为半奴婢地位，被诱奸后沦落底层，备尝艰辛。更为不幸的是遭诬陷判刑，押赴西伯利亚服苦役四年。她的遭遇概括了俄国受压迫妇女的悲惨命运，体现了托尔斯泰现实主义创作的深度与高度。

小说艺术成就极高。情节起伏跌宕，擅长心理描写，刻画人物入木三分。语言带讽刺色彩，对俄国神职人员的描写充满讽刺意味。

思考与练习：

1. 怎样看待托尔斯泰对“宽恕”的理解？
2. 试分析玛丝洛娃形象的典型意义。

[平行阅读]

芥川龙之介（1892—1927），日本短篇小说的经典作家，是新思潮派的柱石。与夏目漱石、森鸥外，并称为“日本现代文学教养的基础”。

鲁迅曾说：“芥川龙之介的作品所用的主题最多的是希望已达之后的不安，或者正不安时的心情。”他的短篇小说，不论是历史题材的《罗生门》《鼻子》《地狱图》《蜘蛛丝》，还是现代题材的《魔术》《秋》《一块地》等，都以典雅语言，细致的心理描绘，结构精巧，情趣机智，独步日本现代文坛。创作上既有浪漫主义的特色，也有现实主义的光芒。芥川龙之介一共写出 148 篇小说，55 篇小品文，66 篇随笔，还写了评论、游记诗歌等。1950 年，日本著名导演黑泽明将他的两篇作品《竹林中》《罗生门》合二为一，改编为电影《罗生门》，在国际上获多项大奖，令日本电影为世界所关注。“罗生门”更成为华语地区表述事件“扑朔迷离、说法不能统一”的代名词。为了纪念他，日本于 1935 年设立“芥川文学奖”，每年颁奖。许多日本青年作家皆因获得此奖而享誉日本。

国富论·商品的真实价格和名义价格（节选）

［英］亚当·斯密

[题解]

本文节选自《国富论》第一篇第五章。《国富论》是18世纪英国经济学家亚当·斯密（Adam Smith，1723—1790）的代表作，是世界经济史上两大名著之一。另一部是马克思的《资本论》。《国富论》一经问世，就受到欧洲各国学者的重视。马克思曾对亚当·斯密的学说做了详尽、深入和透彻的研究。他评价说："在亚当·斯密那里，政治经济学已经发展为某种整体，它所包括的范围在一定程度上已经形成。"（《马克思恩格斯全集》第二十六卷第二分册第18页）因而他在欧美被称为"经济学之父"。

《国富论》始终围绕一个主题，就是如何促进国家财富增长。第一篇第五章讨论商品的真实价格和名义价格。亚当·斯密明确提出："劳动是衡量交换价值的真实尺度"，"每样东西的真实价格就是任何一个想要得到它的人在获得这件东西时所需付出的劳动和艰辛"。亚当·斯密的价值论是古典政治经济学关于价值理论最早的、系统的阐述，为劳动价值论奠定了基础。

一个人是富裕抑或贫穷是依据他对人类生活必需品、便利品和娱乐所能享受的程度而区分的。然而在劳动分工一经完全确立以后，一个人自己的劳动所能提供的仅是这些需要中的极小的一部分。其中的极大部分他必须从别人的劳动成果中去获取；而他是富裕还是贫穷，就要看他能够支配多少劳动量，即他能提供多少劳动量去购买自己的必需品。因而，任何商品的价值对于其占有者和自己不打算使用或消费而只是想用它去与其他商品交换的人来说，任何商品的价值就等于他能够用以去购买其必需品的劳动量或他所能支配的劳动量。因此，劳动量是衡量商品交换价值的真实尺度。

每样东西的真实价格就是每样东西对于任何一个想得到它的人，在获得这件东西时所需要付出的劳动量和艰辛。每样东西对已经获得了它的人和要处置它的人或要用它去交换别的东西的人来说，其真实坐标就是它能为他节省多少劳动量和艰辛，和它可以为他利用多少别人的劳动量和艰辛。以货币或货物购买的东西就是以劳动量购买的东西，跟我们在获取它时所付出的自身劳动量相等。那些货币或货物确实节省了我们的这些劳动，它们含有我们想用以交换的含有同等数量劳动价值的一定数量的劳动。劳动是我们购买一切东西所付出的原始货币，是第一价格。世间的一切财富原先都是以劳动，而不是以黄金或白银来购买的。而且它的价值对于占有它的人以及想用它去交换某些新的产品的人来说，是完全等于它能使人们进行购买或支配的劳动量。

如同霍布斯先生所说：财富就是权力。但是获得或继承了一大宗财产的人不一定获得或继承了任何政治权力——民事或军事权力。他的财富也许可以提供他获得两者，即获得民事或军事权力的手段；但是仅仅占有那份财富并不一定能给予它民事或军事的权力。对财富的占有能够立即并直接给予他的权力的是购买力，是对所有劳动，或对当时市场上所有劳动产品的一定支配权。他的财富是大还是小，完全与这个权力的大小成正比。或者说，与别人的劳动量，换句话说，其实也是一回事，与使他能够购买支配的别人劳动的产品成正比。

每一样东西的交换价值必须总是相等于它给予所有者的这种权力的大小。虽然，劳动是一切商品交换价值的真实尺度，但是一切商品的价值通常并不就是根据劳动量来估定的。要确定两种不同量的劳动间的比例时常是很困难的。花费在两种不同工作中的时间经常并不就能决定这个比例。工作中经历的不同程度的困难，工作时所表现出的独创，这些都必须考虑进去。一小时的艰难的工作可能比两小时轻松的工作所花费的劳动还要多些。或者说，从事一项需要花费十年时间的劳动去学习的行业的一小时，比从事一件普通容易的工作一个月的辛劳还要大。然而却不容易找到一种准确的尺度来衡量其困难或独创。在两种不同劳动的产品的相互交换中，通常双方都要打一些折扣。虽然，这种调整不是通过什么准确的尺度，而是通过市场上的讨价还价和协商。然而根据这种虽不准确，但是大致上的平等，却足以维持日常生活中的商业往来了。

此外，每一种商品在绝大多数场合是与其他商品交换，因而也与之比较，而不是与劳动比较。因而估价一件商品的交换价值自然而然地更多的是用另外某种商品的数量，而不是一件商品所能购买的劳动量。大部分的人也都只懂得一定量的某一商品意味着什么，但并不懂得一定量的劳动意味着什么。因为一个是普通而可触摸的实物，一个是抽象的概念，尽管这个概念可以讲得充分地清楚，然而总不是那么自然而明显。

但是当以货易货停止了，货币变成了商业的共同媒介时，每一特定商品就经常更多的是与货币交换，而不是与其他任何商品交换了。屠夫很少再携带牛肉或羊肉到面包师或酿酒师家里去换取面包或啤酒了。相反他把牛肉或羊肉带到市场上去，在那里他用它们换取货币，而后用那些货币去换取面包和啤酒。他用牛肉或羊肉换取的货币的数量也调控着他可以购买的面包和啤酒的数量。因而对他来说，用他即刻可交换到的一定数量的商品所花费的货币的数量来估价牛羊肉的价值要比用面包和啤酒，即比他必须通过另一商品作为中介而交换的商品来估价牛羊肉的价值要更自然和更一目了然得多。他宁肯说他的肉值3便士或4便士1磅，比说值三四磅面包或三四夸特淡啤酒要方便得多。因此也就产生了这样一种现象，那就是商品的交换价值，更多的是用货币的数量来估价，而不是用它所能交换的劳动量或任何其他商品量来估价。

黄金白银虽然像其他任何商品一样，它们的价值是变动的，有时便宜一些，有时贵一些；有时比较容易购买到，有时比较难以购买到。一定量的黄金白银能够购买或支配的劳动量，或者它所能交换的其他货物的数量则总是取决于进行交换时当时矿山产量的多寡。16世纪美洲发现了丰富的金矿，使欧洲的金银价值比原先降低了约1/3。由于把这些金属从矿山运到市场所需要的劳动少些，所以当它们被送到市场上时，它们所能购买或支配的劳动量也就少些了。金银价值上的这场革命虽然也许是最大的，但绝不是历史上唯一的一次。

但是作为一个衡量的尺度，譬如一步、一嚼或一把，它们的量也是一直在变动的，它们不可能作为其他事物的一个准确尺度，因而一件商品如果其自身的价值一直是在变动之中，当然也就不可能成为其他商品的价值的准确尺度。而同等量的劳动在任何时候和任何地方对劳动者来说则可以说是具有同等价值的。因为在正常的健康、体力和精神状态下，在技能和娴熟程度正常发挥的条件下，一个劳动者必须总是要付出自己同等分量的舒适、自由和快乐。因而不论作为回报他所获得的货物的量是多少，它必须总是与他所付出的代价相同。

诚然，它可以购买的这些货物有时会多一些，有时会少一些。但是这是由于这些货物的价值在变动，而不是购买货物的劳动价值在变动。任何时候任何地方总是难于得到的东西贵，或者需要花费较多的劳动才能获得的东西贵；易于得到或只需花费极少劳动就能获得的东西便宜。所以只有其价值从不变动的劳动是任何时候任何地方一切商品的价值可以据之估价和可以与之比较的最终以及真实的标准，才是他们的真实价格，货币只是他们的名义价格。

不过，虽然等量的劳动对于劳动者来说总是同等的价值，然而对于他们的雇主来说，等量的劳动有时价值显得大些，有时显得小些。他在购买这些劳动时有时花费的货物要多些，有时要少些。对他来说劳动的价格似乎也像其他商品一样是变动的。时而显得贵，时而显得贱。实际上，是货物时而贱，时而贵。

所以在这个通俗的意义上，劳动像商品一样可以说也有一个真实价格和一个名义价格。其真实价格可以说存在于为报酬劳动所给予的生活必需品和便利品的数量之中。其名义价格则存在于所给予的货币量之中。因而劳动者是富裕还是贫穷，是得到了优厚的回报还是极差的回报与其劳动的真实价格，而不是名义价格成比例。

商品和劳动的真实价格和名义价格的区分不是一个单纯的推测问题，有时可以具有相当大的实际用处。同一真实价格总是具有同一价值；但是由于金银价值的变化，同一名义价格有时却具有极其不同的价值。因而当一份地产在出售时保留有永久租佃的权利，如果他打算让这个租金永远具有相同的价值，那么对于保留有这个权利的家庭来说，租金不表现为一定数额的货币就具有重要的意义了。因为在这种场合下，货币的价值可能受到两种不同的变动的影响：一种是来源于不同时期同一硬币单位内所含的金银量不同；一种是来源于不同时期同等量的金银价值的不同。

各国君主和一切主权国家总是想象减少硬币中的含金量对他们有一种暂时的利益，但是他们却很少想到增加硬币的含金量。因之，我相信各国硬币中的含金量差不多是一直在减少，……而从未增加。因而这种变动几乎总是促使货币租金贬值。

美洲金矿的发现降低了欧洲黄金和白银的价值。这种跌价，普遍认为是一直在逐渐地进行着，而且看来还会要持续一段长时间。对此虽然我拿不出什么证据，但是我是理解的。根据这种假设，即使地租规定了不以某一数量的某一单位的铸币（比如多少磅）支付，而以多少盎司的纯银或某一标准的白银支付。这种变动只会降低租金的价值，而不会提高其价值。

谷物地租，即使在硬币单位没有发生变动的地方，其价值也远高于货币地租。伊丽莎白十八世以前立法规定所有学院地租 1/3 为谷物地租，或以实物交付，或者根据附近公共集市现行价格交付。谷物地租原仅占 1/3，然而由其所征收之货币，根据布莱克斯顿博士的统计，在现在通常已将近其他 2/3 的地租的两倍了。根据这个计算，学院的旧时的货币地租几乎已降低到其古代价值的 1/4，或者说它们现今所值几乎与它们从前的谷物价值的 1/4 相差无几了。但是自菲力普王和玛丽女王迄今，英国硬币的单位几乎没有什么变化，同一数量的英镑、先令和便士所含纯银量几乎未变，因此，学院货币地租价值的降低完全来自白银价值的降低。

当白银价值的降低还伴随着硬币中含银量的减少时，那么货币地租的损失就更大了。在苏格兰，硬币的含银量经历了比英国大得多的变化，而法国硬币的含银量的变化又比苏格兰还大，以致有些古代的地租原先是具有相当可观的价值的，如今由于这种含金量的变化，其价值已降至几乎等于零的地步。

在远古时代以等量的劳动购买等量的谷物——劳动者维持生活的必需品要比购买等量的金银或其他商品更加接近。因而，在远古时代等量的谷物常可具有同等的真实价值；或者说，它使其所有者可以购买或支配几乎同量的别人的劳动。在这一点上同量的谷物几乎比同量的其他任何商品要完成得好些。尽管同量的谷物的真实价值也不是绝对不变。劳动者的生活资料，换言之，劳动的真实价格如随后我要尽力说明的，在不同的场合是极端不同的。在一个迈向富裕的社会里劳动者的生活资料要比在一个停滞的社会里丰富；而在一个停滞的社会里又要比在一个倒退的社会里丰富。然而，任何其他商品在任何特定的时间能够购买的或大或小的劳动量是与它在当时所能购买的生活必需品成正比的。因而谷物地租只能适应购买一定量的谷物的劳动量的变动。而用任何其他商品支付的地租则不仅可以适应能购买任何定量的谷物的劳动量的变动，而且还可以适应一定量的商品可以购买一定量的谷物的变动。然而，据观察谷物地租的真实价值的变动，虽然以一个世纪一个世纪来说比货币地租的真实价值的变动要少得多；但是就一年一年来说，却比货币地租的真实价值的变动要多得多。而劳动的货币价值，如同我将在后面章节所要讲明的，却并不随谷物的货币价格逐年波动。这一点各地都是一样，它似乎总是不与生活必需品的暂时或偶然的价格相适应，而是与其平均或普通价格相适应。而谷物的这个平均或普通价格，这一点我以后还将阐述，又是由白银的价格，由矿山能向市场提供的白银的多少，生产白银所需的劳动量，以及从矿山把一定量的白银运送到市场所必须消费的谷物来调整的。而白银的价格就一个世纪一个世纪来说，有时虽然变动很大，但就一年一年来说，却变动极少。往往是一连五十年甚或一个世纪价格都没有什么变动或几乎相同。因之劳动的平均或普通货币价格也可持续或保持很长一段时间不变或几乎不变，只要社会的其他方面不变或变动不大的话。然而谷物的暂时和偶然价格却时常可以是今年比去年翻一番。比方说，由 1 夸特 25 先令涨到 50 先令。但是当谷物 50 先令 1 夸特时，不仅谷物地租的名义价值，而且谷物地租的真实价值都将比谷物为 25 先令时要增长一倍。或者说，它将能获得两倍的劳动量或两倍的绝大部分其他货物。而劳动的货币价格以及大多数的其他商品的货币价格则将在这所有波动过程中保持原样不变。

因此，可以明显看出劳动是唯一通用的也是唯一准确的价值的尺度。或者说是我们可以在一切时代和一切地方用来比较不同货物的价值的唯一标准。我们不能用一百年前不同货物所换取的银量来估价一百年后该货物的真实价值。这一点是我们已经承认了的。就一年一年来说，我们也不能用它们所能换取的谷物量来估价它们的真实价值。而用劳动量我们则可以准确地估价它们的真实价值；不论是就一年一年来说，还是就一百年一百年来说。就一百年一百年来说，谷物是一个比白银更好的尺度。因为就一百年一百年来说，同等数量的谷物可以换取同等数量或几乎同等数量的白银。反之，就一年一年来说，白银则又是一个比谷物要好的尺度，因为同等数量的白银可以换取同等或几乎同等数量的劳动。

（选自中南大学出版社 2003 年版出版的谢祖钧等人译《国富论》第一篇第五章）

思考与练习：

1. 亚当·斯密是怎样论证“劳动是衡量交换价值的真实尺度”这一重要观点的？
2. 本文在理论论证方面具有很强的逻辑性，请分析体会。

后 记

"大学语文"是高等院校公共基础核心课程之一，同时也是当代大学生一门重要的通识课程。它能够在更高层次上增强当代大学生的人文精神，弘扬中华文化，传承民族精神，帮助大学生提升其语言文字的阅读、理解、欣赏及表达交流能力，使大学生在阅读和欣赏中外传统经典文学作品的过程中感悟中国文化的博大精深，感悟世界文化的灿烂辉煌。

编写一本适合当代大学生大学语文通识教育，服务于各类读者人文素质培养的普及性教材，一直是我们长期从事"大学语文"课程教学的教师的愿望。本教材充分发挥语文学科的人文性特点，适应当代人文学科与财经学科及其他理工类学科日益交叉融合的发展趋势，突出财经特色的通识教育，体现了人文智慧、人生哲理、人才素质的教育理念，同时也充分考虑了高等院校其他各类专业学生的专业特点。

本教材试图从以下三个方面做出探索：

一、较全面地展现中国古代文学与现代文学的面貌，帮助当代大学生梳理中学期间所学文学知识，使学生能够比较清晰地了解中国文学的发展历程，从源远流长的中国古典文学的历史长河中去追根溯源，并自由徜徉在博大精深的中国古代文学和现代文学的历史长河中。

二、精心挑选每一篇作品，力争其是某个时期或某个体裁的经典作品，能够代表那一时期文学的成就。这些作品不仅是当代大学生必须熟悉的，而且也应当是他们人生成长中必备的人文素质养分。

三、具有较广泛的通识教育实用性，既适用于高等院校本科通识教材，又适用于专科教材、成人教育教材、网络教育教材。

本教材分为精读和泛读两个部分，精读部分主要用于教师课堂讲授，泛读部分主要用于学生课外自学。为了适应财经院校"大学语文"的教学特点，本教材还选编了几篇中国古代和西方近代经典的财经论文，以提高学生财经论文的写作能力。

全书由主编方琦规划并统稿，副主编伍韧、黄益倩参加了筹划工作。以下教师参加了编写工作（以姓氏笔画为序）：丁勇、方琦、孙莉、伍韧、肖锡彤、周涛、涂庆红、黄益倩。由于编写者学识有限，本教材在编写过程中不可避免会出现一些疏漏和错误，欢迎广大读者批评指正。

本教材的出版得到了西南财经大学各方面的帮助。原校长王裕国教授强调本科通识教育的教育理念使我们明确了宗旨，原副校长刘灿和原教务处副处长唐晓勇给予了真心指导，西南财经大学出版社各位领导给予了大力支持，责任编辑也为本教材的出版付出了辛勤劳动，在此表示衷心感谢！

方　琦